Technology and Practice of Green Highway Construction in the New Era

新时代 绿色公路建设技术与实践

龚巍巍　刘　杰　徐洪磊　等　编著

人民交通出版社股份有限公司
北　京

内 容 提 要

本书在全面梳理国内外绿色公路管理现状、工程实践及存在问题的基础上，针对绿色公路建设面临的政策瓶颈、制度约束、技术缺乏等问题，从推进政策、管理措施、关键技术和标准规范等方面入手，对我国绿色公路建设的政策体系、技术体系和标准规范体系等进行了系统研究，并依托绿色公路建设典型示范工程进行推广应用。

本书适合绿色公路、旅游公路等领域相关管理、技术人员阅读，也可供其他感兴趣的读者参考。

图书在版编目（CIP）数据

新时代绿色公路建设技术与实践/龚巍巍等编著
.—北京：人民交通出版社股份有限公司，2023.10
ISBN 978-7-114-18967-8

Ⅰ.①新… Ⅱ.①龚… Ⅲ.①道路工程—道路建设—技术政策—研究—中国 Ⅳ.①U41

中国国家版本馆 CIP 数据核字（2023）第 163697 号

Xin Shidai Lüse Gonglu Jianshe Jishu yu Shijian

书　　名：新时代绿色公路建设技术与实践
著 作 者：龚巍巍　刘　杰　徐洪磊　等
责任编辑：屈闻聪　杨丽改
责任校对：赵媛媛
责任印制：张　凯
出版发行：人民交通出版社股份有限公司
地　　址：（100011）北京市朝阳区安定门外外馆斜街 3 号
网　　址：http://www.ccpcl.com.cn
销售电话：（010）59757973
总 经 销：人民交通出版社股份有限公司发行部
经　　销：各地新华书店
印　　刷：北京建宏印刷有限公司
开　　本：720 × 960　1/16
印　　张：17.5
字　　数：279 千
版　　次：2023 年 10 月　第 1 版
印　　次：2023 年 10 月　第 1 次印刷
书　　号：ISBN 978-7-114-18967-8
定　　价：80.00 元

《新时代绿色公路建设技术与实践》

编　写　组

龚巍巍　刘　杰　徐洪磊　李齐丽　高嘉蔚

程逸楠　高玉健　吴　睿　徐东辉　毛　宁

鲍志远　于　琦　潘瑞琦

前　言

FOREWORD

绿色是生命的象征、大自然的底色。绿色作为五大新发展理念之一，在十八届五中全会中被正式提出，已成为推动国民经济和社会发展的基本准则。党的十九大报告提出，“建设生态文明是中华民族永续发展的千年大计”，要坚决打好污染防治攻坚战。习近平总书记在2018年全国生态环境保护大会上强调，“生态文明建设是关系中华民族永续发展的根本大计”，“生态环境是关系党的使命宗旨的重大政治问题，也是关系民生的重大社会问题”[1]。2018年6月，中共中央、国务院印发《关于全面加强生态环境保护　坚决打好污染防治攻坚战的意见》，要求“全面加强生态环境保护，打好污染防治攻坚战，提升生态文明，建设美丽中国”。中共中央办公厅、国务院办公厅2020年印发的《关于构建现代环境治理体系的指导意见》提出：“到2025年，建立健全环境治理的领导责任体系、企业责任体系、全民行动体系、监管体系、市场体系、信用体系、法律法规政策体系，落实各类主体责任。”党的二十大报告提出：“推动绿色发展，促进人与自然和谐共生。”“绿色发展”无疑已成为指导全社会各行业健康、可持续和高质量发展的重大治国方略。

改革开放以来，我国公路基础设施建设取得了巨大成就，路网规模迅速扩大，公路等级不断提高，公路交通服务经济社会的能力和水平显著提升。高速公路从无到有，建成了全球规模第一的高速公路网，基本建成了现代化高质量全国公路网，公路货运量及货物周转量世界第一，公路交通行业强力支撑了我国经济的快速发展，我国已经成为名副其实的公路交通大国。公路建设的跨越式发展在促进沿线各地区社会、经济快速发展的同时，给当地的资源和环境造成的压力与日俱增。公路建设对农田林地等土地的占用、对能源的消耗、对环

[1] 引自《习近平：坚决打好污染防治攻坚战　推动生态文明建设迈上新台阶》，《人民日报》2018年5月20日1版。

境的污染以及对生态平衡的破坏情况，直接关系到公路能否健康、可持续地发展。随着我国社会经济的发展、科技实力的提升、人们生态环保意识的增强，公路建设领域越来越重视绿色发展。多年来，在公路建设的实践过程中，人们不断探索和总结新发展理念，坚持试点先行、示范引领，加强新技术、新材料、新工艺、新产品的研发与应用，建设理念不断提升、技术水平不断提高、建造能力不断进步，在不同的历史时期先后建成了一批代表性工程，为深化绿色公路建设奠定了坚实基础。

但与新时代的新形势、新要求及自身发展的新需求相比，绿色公路建设仍存在缺乏明确的概念内涵界定、行业推进绿色公路的政策路径尚不清晰、绿色公路建设成效还缺少精确的度量、绿色公路建设技术措施尚未提出等亟须解决的问题。本书在全面梳理国内外绿色公路管理现状及存在问题的基础上，针对绿色公路建设面临的政策瓶颈、制度约束、技术缺乏等问题，从推进政策、管理措施、关键技术和标准规范等方面入手，对我国绿色公路建设的政策体系、技术体系和标准规范体系进行了系统研究，并依托绿色公路建设典型示范工程进行验证评价，以期为全国绿色公路建设提供必要的理论支撑、为不同地区绿色公路建设提供有效方法借鉴，进而提升绿色公路建设评估的科学性与合理性，指导全国不同区域绿色公路的建设工作。

本书在编写过程中，力求做到内容科学、先进、实用，希望能为绿色公路建设提供有益的参考。但由于公路工程建设和环境影响的复杂性，作者水平有限，书中仍不免有疏漏、不妥之处，望读者不吝提出批评和指导意见。

作　者

2023年1月

目　录

CONTENTS

第1章 CHAPTER 1

概述

1.1 背景意义

1.1.1 背景要求

1.1.1.1 贯彻生态文明建设的必备要求

生态兴则文明兴，生态衰则文明衰。保护生态环境就是保护生产力，改善生态环境就是发展生产力。党的十八大将生态文明建设提升到了前所未有的高度，具有重大的现实意义和深远的历史意义。党的十八届三中全会从工程建设和制度体系两方面提出了生态文明建设的具体要求。2015 年 4 月，中共中央国务院颁布实施《关于加快推进生态文明建设的意见》，要求“坚持把节约优先、保护优先、自然恢复作为基本方针”，“坚持把绿色发展、循环发展、低碳发展作为基本途径”。2015 年 9 月，《生态文明体制改革总体方案》提出生态文明建设“必须放在突出地位，融入经济建设、政治建设、文化建设、社会建设各方面和全过程”。

2017 年 10 月 18 日，党的十九大报告指出，要“加快生态文明体制改革，建设美丽中国”。2018 年 5 月，党中央召开全国生态环境保护大会，正式确立习近平生态文明思想。随后，中共中央、国务院印发《关于全面加强生态环境保护 坚决打好污染防治攻坚战的意见》，要求“坚持生态兴则文明兴”“坚持人与自然和谐共生”“坚持绿水青山就是金山银山”“坚持良好生态环境是最普惠民生福祉”“坚持山水林田湖草是生命共同体”“坚持用最严格制度最严密法治保护生态环境”“坚持建设美丽中国全民行动”“坚持共谋全球生态文明建设”。这是民意，也是民生，更是全社会各行业持续健康发展的普适原则。

2020 年，中共中央办公厅、国务院办公厅印发的《关于构建现代环境治理体系的指导意见》提出，到 2025 年，建立健全环境治理的领导责任体系、企业责任体系、全民行动体系、监管体系、市场体系、信用体系、法律法规政策体系，落实各类主体责任。

2022 年，党的二十大报告提出，“推动绿色发展，促进人与自然和谐共生”，“必须牢固树立和践行绿水青山就是金山银山的理念，站在人与自然和谐共生的高度谋划发展”。

交通运输部认真落实生态文明建设要求，2017年印发《推进交通运输生态文明建设实施方案》，要求坚持保护优先、自然恢复为主，加强交通基础设施生态保护和修复，推进交通运输资源节约循环利用，优化交通基础设施布局，因地制宜强化生态环保举措，加快形成节约资源和保护环境的空间格局和生产方式，为公路建设贯彻生态文明建设要求指明了方向。

公路建设必须坚持"最小破坏就是最大的保护、循环利用就是最大的节约、自然合一就是最大的协调、以人为本就是最大的和谐"的方针，从侧重公路的功能因素、强调经济效益的传统建设思维转变为整体考虑区域经济、环境、社会综合系统的可持续发展思维，统筹协调交通运输与自然资源、生态环境的关系，充分做到尊重自然、保护环境，与自然和谐发展。

1.1.1.2 践行绿色发展理念的重点领域

2015年10月，党的十八届五中全会提出了"创新、协调、绿色、开放、共享"新发展理念，这是关系我国发展全局的理念集合体。绿色是永续发展的必要条件和人民对美好生活追求的重要体现，"绿水青山就是金山银山""良好的生态环境是最公平的公共产品，是最普惠的民生福祉"等理念已经深入人心。绿色发展理念洞悉发展规律、深察民生福祉、彰显执政担当，是全体人民在发展问题上的"最大公约数"之一。"绿色发展"理念在未来一段时期将融入经济社会发展各领域各环节。树立绿色发展理念，就必须坚持节约资源和保护环境的基本国策，坚持可持续发展、坚定走生产发展、生活富裕、生态良好的文明发展道路，加快建设资源节约型、环境友好型社会，形成人与自然和谐发展现代化建设新格局。

社会经济发展对公路交通的需求量大，使得公路建设具有规模体量大、覆盖面广及对土地、通道、能源等资源需求量大的特征。未来一段时期，依然繁重的交通运输发展任务与刚性日益增强的资源环境约束之间的矛盾将会愈加凸显，交通运输绿色发展任务十分艰巨。交通运输不仅要做发展的"先行官"，更应做绿色发展的"先行官"。在未来一段时期，交通运输行业要把绿色发展理念融入交通运输发展的各方面和全过程，以绿水青山、永续发展为目标追求，着力提升交通生态环境保护品质，通过制度设计、技术进步、结构调整等手段，促进资源集约节约循环高效利用，实现交通运输与经济社会和自然环境的协调发展，回应人民群众期盼。绿色公路建设是交通运输行业践行绿色发展理念的重要抓手，对推进行业节约资源、保护生态具有重要意义。公路绿色发展从单纯注重公路本身经济合理性、技术可行性，转变为注重综合经济、节能、环保、景观、可持续发展的多目标最优，坚持“高效能、高效率、高效益”“低消耗、低排放、低污染”“全寿命、全要素、全方位”的绿色发展方式，做到公路建设全过程更加注重与环境、社会等多系统的统筹协调，更加注重资源节约、环境友好等要求的贯彻和落实，更加注重公路建设及运行管理的质量和效率，更加注重需求引领下公路的服务提升。

1.1.1.3 助力美丽中国建设的重要支撑

党的十八大报告将生态文明建设纳入社会主义现代化建设总体布局，提出“坚持节约优先、保护优先、自然恢复为主”的方针，吹响了“建设美丽中国”的号角。党的十九大报告提出，“建设生态文明是中华民族永续发展的千年大计”，要求打好污染防治攻坚战。党的二十大报告提出，“推动绿色发展，促进人与自然和谐共生”。为建设天蓝、地绿、水净的“美丽中国”，我们必须坚定不移地贯彻新发展理念，形成绿色发展方式和生活方式，改善环境质量，与自然和谐共处，还自然以宁静、和谐、美丽。让城镇留白增绿，使居民享有惬意生活、休闲空间；让城市融入大自然，使居民望得见山、看得见水、记得住乡愁；利用自然优势发展乡村旅游等特色产业，注意乡土味道，保留乡村风貌，打造美丽乡村，实现美丽经济，为人们留住鸟语花香、田园风光；深入实施大气、水、土壤污染防治行动计划，还人们以蓝天白云、繁星闪烁，清水绿岸、鱼翔浅底的景象，让大家吃得放心、住得安心。我国已明确提出，到2035年基本实现美丽中国目标，到21世纪中叶建成美丽中国。

公路交通建设与沿线生态环境息息相关、相辅相成，是美丽中国建设不可或缺的组成部分。公路既要线形流畅、桥隧美观，实现自身美，又要积极提升综合景观和服务功能，充分融入沿线自然与人文环境，实现环境美。绿色公路合理使用“露、透、封、诱”等手段，使绿化和文化相结合、借景和造景相结合，赋予公路文化色彩和美学价值，形成“人、车、路、景”和谐画面。建设观景台、慢行系统、汽车露营地、旅游服务站等特色设施，因地制宜拓展完善公路服务和旅游功能。构筑“畅通、安全、舒适、美观”的生态景观大道，让人们在美丽公路上欣赏美丽中国。

1.1.1.4 推进交通强国建设的关键载体

党的十九大明确提出建设交通强国的宏伟目标，吹响了交通强国建设的号角，为未来一段时间的交通建设奠定了总的基调。党的二十大作出了加快建设交通强国的部署。交通基础设施建设具有先导作用。建设交通强国是推动经济高质量发展的重要支撑，是实现伟大复兴中国梦的必由之路，也是把握新一轮科技革命带来交通运输重大变革机遇的有效途径。在新的历史起点上建设交通强国，努力实现由交通大国向交通强国的转变，具有十分重大的意义。

建设交通强国是以习近平同志为核心的党中央立足国情、着眼全局、面向未来作出的重大战略决策，是建设现代化经济体系的先行领域，是全面建成社会主义现代化强国的重要支撑，是新时代做好交通工作的总抓手。2019 年 9 月 19 日，中共中央、国务院正式印发了《交通强国建设纲要》(简称《纲要》)，要求构建安全、便捷、高效、绿色、经济的现代化综合交通体系；到 2035 年，基本建成交通强国，智能、平安、绿色、共享交通发展水平明显提高；到本世纪中叶，全面建成人民满意、保障有力、世界前列的交通强国，绿色化水平位居世界前列。《纲要》明确要求推进绿色发展节约集约、低碳环保，要促进资源节约利用，强化节能减排和污染防治，强化交通生态环境保护修复。

《纲要》高度重视交通绿色发展。在分阶段目标中，提出到 2035 年，智能、平安、绿色、共享交通发展水平明显提高；到本世纪中叶，基础设施绿色化水平位居世界前列。《纲要》提出了促进资源节约集约利用、强化节能减排和污染防治、强化交通生态环境保护修复三大任务，并要求深化交通运输与旅游融合发展，推进旅游风景道等发展，完善客运枢纽、高速公路服务区等交通设施旅游服务功能。同时，《纲要》还要求大力发展智慧交通，推进数据资源赋能交通发展，加速交通基础设施网与信息网络融合发展，构建泛在先进的交通信息基础设施。

作为国家交通运输重要的基础设施和与人民群众联系最紧密的交通运输方式，公路的绿色发展与交通强国建设目标的实现息息相关。绿色公路大力推动理念创新、技术创新、管理创新和制度创新，将绿色发展理念贯穿到公路规划设计、建设、管理、养护、运营全过程，推动生态保护修复、水气污染防治、能源高效和新能源利用、信息化智能化标准化建设等方面的技术研究与应用，更推动总体设计、路基路面、桥梁隧道、交通工程等各公路专业技术革新与工程品质升级，为加快建设交通强国提供重要支撑。

1.1.1.5 落实绿色交通任务的首要抓手

交通运输是国民经济与社会发展的基础性、先导性行业和战略性行业，也是“生态文明”和“绿色发展”战略落地不可或缺的重要领域和实现载体，理应为国家生态文明建设和绿色发展做出更大贡献。2014 年，“四个交通”战略框架的提出和“绿色交通”引领地位的确立更是直接表明：大力发展“绿色交通”已成为提升行业发展品质、推进行业科学转型的必然途径。《交通运输“十三五”发展规划》和《加快推进绿色循环低碳交通运输发展指导意见》均要求构建绿色交通运输体系，对交通运输节能降碳、生态保护、污染防治和资源节约等提出了更高要求。绿色交通是实现健康的、可持续发展的交通系统的必由之路。“绿色交通”的核心是资源、环境和系统的可扩展性，是从发展战略的高度去认识交通系统的发展与资源和环境的关系。

绿色公路是绿色交通的重要组成部分，在生态文明建设得到高度重视，资源节约、环境友好要求进一步提高的新形势下，以全面实施绿色公路建设作为推进绿色交通发展的切入点，进一步转变公路发展方式，推动公路建设持续健康发展，打造交通行业生态文明建设的亮丽名片。

1.1.1.6 实现行业高质量发展必然选择

改革开放以来，我国公路建设实现了跨越式发展，取得了巨大成就。2004 年提出的“六个坚持、六个树立”公路设计建设新理念，得到了公路行业从勘察设计到建设管理各单位的广泛认同和贯彻落实，以川主寺—九寨沟公路（简称“川九生态公路”）为代表的一大批公路勘察设计典型示范工程的实施，极大地提升了公路设计理念和设计水平。2009 年，公路建设全面推行现代工程管理理念，提出人本化、专业化、标准化、信息化、精细化的“五化”管理要求，在全国范围开展了为期 3 年的施工标准化活动，促使公路建设管理水平跨上新台阶。“十二五”以来，以绿色循环低碳公路为代表的节能减排示范项目和科技示范工程的相继实施，使公路设计新理念内容不断丰富，节地节水、节能减排、低碳环保等举措得到有效落实，公路建设管理水平再上新台阶。

绿色公路建设是公路行业不断提升发展理念的具体行动，是“六个坚持、六个树立”公路建设理念在新时期的拓展，是绿色循环低碳公路在新时期的继承，是节能、低碳、环保技术在新时期的沿用，也是实现绿色循环低碳交通运输体系战略目标的重要举措。在“六个坚持、六个树立”的理念基础上，绿色公路建设更加注重统筹公路建设全过程，更加注重公路与环境、社会多系统的统筹协调，更加注重资源节约、环境友好等要求的贯彻和落实，更加注重公路建设及运行管理的质量和效率，更加注重需求引领下公路的服务提升，目标明确，内容丰富，任务和措施体现了时代性、针对性和引领性。

绿色公路具有保护生态环境、降低能源消耗和污染排放、促进资源集约循环利用等优点。坚持质量第一、坚持以人为本、坚持安全至上，是交通行业调整结构、转变发展方式的必然选择。绿色公路从重视当前利益转变为关注长远利益，从关注代内公平，拓展为统筹代际、代内公平，更加注重资源环境要求的贯彻落实，更加注重公路建设及运行管理的质量效率，更加注重需求引领下公路的服务提升，体现时代性、综合性和引领性，促进高质量发展，实现行业转型升级。

1.1.2 主要意义

1.1.2.1 剖析绿色公路建设内涵特征，凝聚共识

近年来，国家在绿色公路领域也开展一系列工程试点示范工作，如川主寺—九寨沟生态公路、云南思茅—小勐养景观公路、内蒙古鄂尔多斯风景道等，形成了绿色公路建设必要的方案雏形。现在人们所谈的绿色公路已经不仅是狭隘的环保概念，而是贯穿全过程、深入工程内在机理的“深度的绿色”体现。但整体而言，新时期背景下绿色公路包含了更丰富的含义，其概念界定、内涵特征、建设新理念及总体要求等均未形成完善体系。

本书紧扣生态文明建设、交通强国、高质量发展等最新理念要求，结合公路工程实际，广泛凝聚行业共识、全面总结行业实践，探索绿色公路建设概念内涵，明确绿色公路建设边界与总体要求，提出绿色公路建设基本原则，找出公路建设与绿色发展的最佳契合点，统一行业思想，指明前进方向。

1.1.2.2 构建绿色公路推进政策体系，规范管理

绿色公路是公路工程在新时期绿色发展的新产物，对比传统公路行业，有新的要求和任务，需要制定一揽子战略政策、技术标准、推进方案等。目前这方面的研究往往较为单一、尚未形成体系，同时支撑行业应用力度不够。

本书统筹必要性、规范性、示范性等要求，开展全链条、全方位绿色公路

建设政策技术研究，研究提出绿色公路建设“重大政策-技术标准-推进策略”成套政策组合，包括指导意见、技术指南和管理办法在内的1套政策体系和绿色公路建设技术标准、绿色桥梁建设技术指南及绿色服务区建设技术标准等3个技术标准，并提出绿色公路推进策略与发展路径，力图解决原有政策协同性不强、系统性不足等关键问题，规范绿色公路建设管理。

本书针对不同应用场景和不同管理需求，基于绿色公路建设重点领域和工程专业，采用层次结构分析法，分别建立两套可操作性强的对照型评估指标体系和评估方法，指标体系紧扣绿色公路建设概念内涵和基本原则，充分体现政策引导，为不同工程建设提供技术指引，为不同主管部门监督考核提供重要参考。

1.1.2.3 建立绿色公路建设成套技术，支撑建设

已有研究往往局限于污染防治、节能减排等领域，对于资源集约节约、安全保障、服务提升等其他方面的绿色要素研究较少，同时相关研究与工程实践结合还不够紧密。

我国地域广阔，各地自然生态环境差异较大，绿色公路建设主要内容不同。本书充分考虑公路工程建设的行业特点与实际，通过广泛调研，针对现实短板，聚焦生态保护技术、环境质量提升技术、资源集约节约利用技术、工程高效管理技术开展重点科研攻关，提出各项技术的组成要素、关键要点和主要措施等，从整体上宏观、系统搭建了绿色公路建设技术体系，为不同工程的绿色建设提供思路方向和技术参考，支撑绿色公路落地实施。

1.1.2.4 开展绿色公路建设示范应用，验证推广

已有研究工程实践较为零散，往往是单一技术或措施的应用，协同性、系统性考虑不足，同时在政策效果验证方面报道较少。

本书主要选择交通运输部发布的3批共33条绿色公路建设典型示范工程中的代表性和典型性重点项目。首先，介绍整体工程示范应用情况。考虑华北山区、华南亚热带山区、西北生态脆弱区、西南热带雨林示范区等不同地区的生态环境特征，以及新建高速公路和改扩建工程的不同条件，分别遴选北京延庆—张家口崇礼高速公路（简称“延崇高速公路”）、广东惠州—清远高速公路（简称“惠清高速公路”）、宁夏银川—百色高速公路（简称“银百高速公路”）和云南小磨高速公路改扩建工程，介绍全线绿色公路建设技术应用验证情况，

同时挖掘不同地区不同工程的好的经验做法。其次，本书介绍专项行动示范应用。《交通运输部办公厅关于实施绿色公路建设的指导意见》（交办公路〔2016〕93号）提出，要组织实施“零弃方、少借方”“实施改扩建工程绿色升级”“积极应用建筑信息模型（BIM）新技术”“推进绿色服务区建设”“拓展公路旅游功能”等五大专项行动。本书分别遴选四川绵阳—九寨沟高速公路（简称“绵九高速公路”）、重庆潼南—荣昌高速公路（简称“潼荣高速公路”）、福建莆田—炎陵高速公路（简称“莆炎高速公路”）、江西南昌—九江高速公路（简称“昌九高速公路”）和浙江瓯江北口大桥等不同地区的工程，介绍它们针对五大专项行动的示范验证和技术重点突破情况，以期以点促面，推动绿色公路建设取得较大成效。通过评估工程实践效果，验证相关技术可行性、标准规范适用性，反哺优化相关研究成果。

由于缺乏统一的政策引导、技术标准和评估规范，绿色公路建设还没有形成必要的、科学的行为规范和建设规程，其社会效益和生态效益尚没有在更大范围内达成共识，依旧需要政府的大力扶持和企业的积极配合。显然，对绿色公路的内涵特征、评价指标、技术指南和推进政策等方面开展深入研究，能有效促进绿色公路建设的体系化、规范化和可衡量、可考核、可评判，对于科学规范绿色公路建设内容，出台绿色公路管理政策，确定绿色公路建设经费来源、制度保障、人员和技术保障以及监督考核机制等，具有重要的参考价值。

1.2 国内外进展

1.2.1 理论研究

学术界和工程领域对于绿色公路的概念及内涵尚没有完全统一的定义。初期，绿色公路概念局限在传统环保范畴，仅指对公路沿线进行生态恢复和绿化美化，是“表面的绿色”。例如：有学者提出，绿色公路是以保证生态系统的良性循环为基本原则，以生态学的规律为指导，在公路设计、建设和运营阶段尽量减少对景观的破坏和对环境的污染，尽量保护自然生态系统，形成人、车、路及景观协调、生态优良的公路交通系统；也有学者将绿色公路定义为在满足基本功能的前提下，环境优美的一类公路的统称。随着人们对绿色理念理解的深入，绿色公路的内涵逐渐向低碳环保方向扩展。例如：有学者指出绿色公路是在低碳理念的指导下，以碳平衡为基本原则，综合运用各种绿色技术与环保措施，在公路决策、设计、施工、运营、管理整个寿命周期里都能确保经济效益和环境效益可持续发展；也有学者提出绿色公路就是以节能减排、资源集约与循环利用和生态环境保护为核心价值理念，强化创新驱动，积极研究探索新能源、新材料、新设备和新工艺，大力推广应用先进适用技术和产品，实现公路在规划、设计、施工、养护、运营、管理等全寿命周期的能源消耗和碳排放显著降低、环境效益明显改善的一种公路发展模式，它可以实现过程和产出的绿色效益。近年来，随着绿色公路理念的深入人心，有学者尝试从绿色产品的角度定义绿色公路：从规划、设计、建设到运营维护全寿命周期内，最大限度地利用各项资源，减少能耗和污染，与环境友好及协调。将对人体的安全和健康影响降到最低，同时确保运营安全、行车舒适、公路维护成本低，各种灾害的影响小，行车通畅和舒适，对生态无害或危害极小。

我国公路生态景观研究起始于20世纪90年代，与发达国家相比还存在一定差距。20世纪90年代，部分学者研究了城市道路对土壤的污染，以及湿地景观中道路对鸟类生境的影响等。2001年起，以北京交通大学余青教授为代表的国内学者率先在我国进行了一系列风景道规划设计的实例研究。2004年，长安大学张阳出版《公路景观学》，对公路的景观规划进行了系统研究。自2008年后，相关研究逐渐增多，其中偏生态方向的书籍包括黄小军的《生态公路建设的研究与实践》（2008年）、毛文碧的《公路路域生态学》（2009年）、沈毅的《公路路域生态工程技术》（2009年）、林才奎等的《公路生态工程学》（2011年）等，偏景观方向的书籍包括邓卫东的《公路景观规划与营造》（2011年）、刘世梁的《道路景观生态学研究》（2012年）、胡长龙的《道路景观规划与设计》（2012年）等。2014年，北京大学旅游研究与规划中心还出版了《旅游规划与设计：绿道风景道游径》，对风景道进行了系统研究。

1.2.2 政策规划

从20世纪90年代开始，交通部联合其他部委在交通生态环保景观方面相继颁布了《交通行业环境保护管理规定》《公路建设项目环境影响评价规范》《公路环境保护设计规范》《公路建设项目环境保护设计规定》《公路绿化规范》

《公路养护技术规范》《GBM公路绿化指南》《植被护坡工程技术》等一系列管理规定、规范、方法和技术标准，对公路建设景观与绿化设计、生态环境保护等从原则上做出了规定，并规范了相应的技术措施。

1998年，国务院发布了《关于进一步推进全国绿色通道建设的通知》，对加强公路绿化工作提出了总体指导。2003年，交通部出台了《交通建设项目环境保护管理办法》，从公路建设项目环境保护管理、预防对环境的不良影响、促进可持续发展等方面提出了具体指导。2004年全国公路勘察设计工作会议提出了“六个坚持、六个树立”的新理念，极大地提升了公路设计理念和设计水平，随后交通部陆续组织编写《新理念公路设计指南》等技术手册，组织起草《公路勘察设计典型示范工程咨询示范要点》，发布了《加强重点公路建设项目设计管理工作若干意见》《关于进一步加强公路勘察设计工作的若干意见》等规范性文件，将勘察设计新理念拓展、固化为设计管理制度。2007年全国公路建设座谈会在推动落实勘察设计新理念的同时，提出要在建设过程中注重工程项目的功能性、耐久性等内在品质，给公路建设管理与技术水平的升级提出了新要求。2010年交通运输部副部长冯正霖在福建厦门召开的全国公路建设座谈会上提出了“发展理念人本化、项目管理专业化、工程施工标准化、管理手段信息化、日常管理精细化”的“五化”要求，加快推行现代工程管理，是公路建设发展理念的又一次重大创新。2012年在西安召开的高速公路施工标准化活动现场会提出要注重工程品质、建设放心工程，以标准化活动为载体，把现代工程管理理念落实到建设项目的全过程。2012年，交通运输部公路局起草了《创建畅安舒美示范公路实施方案》和《普通国道“畅安舒美”示范公路创建实施标准》，各地方交通运输主管部门纷纷响应号召，制定了各省（区、市）有关建设“美丽公路”“生态公路”等的实施办法与指导意见，为进一步提升公路服务水平提供了政策保障，如《北京市公路生态绿化指导意见》《福建省普通干线“美丽交通生态公路”三年行动实施方案》。2014年，国务院出台《关于促进旅游业改革发展的若干意见》，提出要完善旅游交通服务功能，推进旅游交通设施的建设，对我国旅游交通的发展提出了相关建议与更高要求。2014年，交通运输部提出“四个交通”发展理念，并以“绿色交通”为引领。2016年，交通运输部出台《关于实施绿色公路建设的指导意见》（交办公路〔2016〕93号），明确提出到2020年“绿色公路建设标准和评估体系基本建立，绿色公路建设理念深入人心，建成一批绿色公路示范工程，形成一套可复制、可推广的经验”。《推进交通运输生态文明建设实施方案》（交规划发〔2017〕45 号）进一步明确了交通运输生态文明建设的总体要求和目标，提出了“组织开展绿色交通示范项目”等四大类 15 项重点任务。《交通运输部关于全面深入推进绿色交通发展的意见》（交政研发〔2017〕186 号）要求“推进绿色基础设施创建”，把生态保护理念贯穿到交通基础设施规划、设计、建设、运营和养护全过程，大力开展绿色公路创建活动，服务交通强国建设。2018 年 5 月 11 日交通运输部《关于加快推进绿色公路典型示范工程建设的通知》强调加快推进绿色公路建设，进一步推进公路高质量发展。《交通运输部关于全面加强生态环境保护　坚决打好污染防治攻坚战的实施意见》（交规划发〔2018〕81 号）要求“建设绿色交通基础设施”，“全面推进绿色交通功能基础设施建设”，积极推进绿色公路建设。2018 年正式印发的《绿色交通设施评估技术要求　第 1 部分：绿色公路》和《绿色交通设施评估技术要求　第 2 部分：绿色服务区》，要求绿色公路建设要突出绿色理念、生态环保、资源节约、节能低碳、品质建设、安全智慧、服务提升，必须坚持“三低三高”（即低消耗、低排放、低污染、高效能、高效率、高效益）的绿色发展理念，并明确了绿色公路和绿色服务区的评估体系和指标。

此外，一系列的环评法规，包括《环境影响评价法》《规划环境影响评价条例》等的出台，以及各省（区、市）有关公路生态、景观、绿化方面规范标准的出台，如《北京市公路生态绿化指导意见》《北京市公路绿化技术规范汇编》《天津市绿色公路建设技术指南（试行）》《湖北省绿色公路建设技术指南》，以及浙江省交通运输厅颁布的《公路建设生态设计指南》，对于公路建设中的生态环境保护和景观建设提出了较高的要求，也从客观上促进了公路生态保护与景观绿化工作的开展。

美国作为风景道的发源地、主要实践地和研发地，早在 20 世纪 80 年代其风景道建设就得到了国家层面的高度重视。20 世纪 20—30 年代，美国研究者结合道路、生态、景观相关理论，提出了“风景道”（Senic Byway）的概念，一方面为人们提供了广阔自然环境中欣赏狭长美景和休闲的好去处，同时也产生了巨大的生态影响力。20 世纪 60 年代，美国制定了《公路美化规定》，较早注意到公路与环境在视觉上的协调问题，道路与野生动物的关系研究也逐渐增多。20 世纪 70 年代，汉斯罗伦茨博士完成了《公路线形与环境设计》，从多角度阐述了公路线形与环境景观的协调问题；日本制定了《公路绿化技术基准》。美国于1986年发布的《美国户外运动总统授权报告》中提出了在全国范围内建立风景道系统。1991年，美国国会发布了《国家风景道研究报告》，其主要结论于当年就体现在了《美国交通运输道路效用法案》中。之后，随着国家风景道体系的建立，美国涌现了大量关于风景道的理论与实践研究成果。

各类风景道法案和国家风景道计划相继出台有效促进了美国风景道规范化、规模化和快速化发展。依据美国国家风景道计划的规定和标准，美国至2012年已先后评选出207条泛美和国家风景道，以及3000多条州际风景道。其中，蓝岭风景道、阿拉斯加海岸风景道、哥伦比亚历史河风景道与太平洋沿岸风景道是美国不同类型风景道建设的典型代表。

1.2.3 工程实践

1.2.3.1 生态公路

20世纪90年代，我国在高速建设公路的过程中引发的生态问题引起了民众的广泛关注及交通、环保等相关部门的高度重视，与环境协调、可持续发展的生态公路应运而生。2001年，新疆在相关研究课题的支撑下修建了“巴音鲁布克天鹅湖”首条旅游生态公路；2002年，在穿越秦岭的西安至汉中高速公路修建过程中提出了秦岭山区高速公路建设生态保护技术研究课题；2003年，重庆—湛江高速公路（简称“渝湛高速公路”）的建设开创了高速公路建设管理新思路，建成了一条在施工中对沿线环境破坏最小、施工后公路景观完全融入周边环境的“生态型高速公路”；2004年，交通部在总结四川川主寺—九寨沟生态公路（简称“川九生态公路”）保护与环境建设成功经验的基础上，将云南小磨高速公路、重庆雷神店—崇溪河段高速公路（简称“雷崇高速公路”）等6条高等级公路作为生态建设典型示范公路。此后，各省（区、市）都在积极打造生态公路工程，我国陆续建成了多条生态环保示范公路。这些示范公路在建设过程中以生态学理论为指导，注重在现有条件下实现生态效益最大化。

典型案例一：

四川川九生态公路

川九生态公路是国内有名的景观公路代表之一。2003年9月，交通部将其确定为交通部的四大示范工程之一，作为中国公路与自然环境相和谐的交通环保示范样板推出，使之成为我国的第一条环境保护标志性路段。川九生态公路是九寨环线旅游公路的一段，是九寨黄龙机场、黄龙风景区与九寨天堂国际会议中心、九寨沟风景区连接的唯一通道，堪称世界看中国、全国看四川的一个重要窗口。川九生态公路项目中总结出的“理念是先导，设计是灵魂，施工是关键，管理是保障”以及“线形、挡墙、边沟和外观质量是公路环境保护的四要素”等经验，对我国生态公路建设具有很强的指导意义。在川九生态公路改造项目的实施过程中，人们提出了“设计上最大程度的保护，施工中最小程度的破坏和最大程度的恢复”的实施要求，在实施层面进一步把生态保护的要求具体化。

在川九生态公路改造工程的绿化与景观设计中，遵循“突出个性、自然协调”和“露、透、封、诱”的原则，使川九生态公路成为一条景观优美的绿色长廊。绿化分高原草甸区、原始森林区、藏羌风情区分段绿化；充分考虑当地植被特点，从相同地区大量移植灌木，乔木仅作为点缀，既保证成活率，又避免了生物入侵；遵守自然协调原则，摒弃规则化设计，采用自然散植方式栽种灌木，草坪中混种花种，减少人工栽植痕迹；引入园林绿化的小品设计，克服大色块景观的单调性。在景观上坚持“露、透、封、诱”相结合的原则。近景好的让其“露”出来；远景好的让其“透”出来，不种植高大乔木遮挡视线；景色不好的通过绿化“封”；景色不好又无法“封”的则设法“诱”开视线。川九生态公路如图 1.2-1 所示。

图 1.2-1 川九生态公路

典型案例二：

美国蓝岭风景道

蓝岭风景道包括北卡罗来纳州段和弗吉尼亚州段，分别于1996年和2005年被指定为“泛美风景道”（图1.2-2）。“泛美风景道”要求具备六个内在特质（景观、自然、历史、文化、考古、休闲娱乐）中的至少两个，而蓝岭风景道的特征有三点：一是文化特征，阿巴拉契亚文化是蓝岭风景道的灵魂；二是历史特征，沿线布设了大量工业大发展时期的废弃工厂和采矿场等历史工业遗迹；三是景观特征，浩瀚的森林、延绵不绝的山脉以及优美的田园风光等共同构成了一幅迷人的乡村景观画。蓝岭风景道游憩服务设施规划设计除遵循一般道路设计理念外，作为一种特殊的线性景观道路，还遵守了一些特定原则：资源充分利用原则、审美与实用相结合原则、重视资源保护与管理原则、尊重自然和历史原则、简洁灵活原则。

图1.2-2　美国蓝岭风景道

1.2.3.2　旅游公路

20世纪70年代，我国公路管理部门开始对部分路段尝试运用美学原理，对道路外观和沿途景观进行设计与改造，使道路线形流畅并与周围景观相协调。1983年，交通部在总结前述经验的基础上制定颁布了《公路标准化美化标准》，标志着我国公路交通领域开始重视美学。此后，随着经济水平的发展和对景观绿化的重视程度不断提升，我国公路在设计中开始重视整合绿化的综合生态学功能、景观视觉美化功能以及沿线人文景观的融合，在建设中开始重视与沿线环境的协调及地域文化的突显，并实施建设了一大批景观道路。例如：2003年竣工的北京—珠海高速公路（简称“京珠高速公路”）湖北段在公路美学上进行了大胆的探索和实践，沿线突出依山临水的景观特色，对长江上的军山大桥进行了色彩美化，把每一段工程与环境融合起来建成景点，使公路成为楚文化艺术的荟萃；国道 205 线福建段利用沿线丰富的人文历史底蕴，首次引入专业化道路景观设计，用雕塑、石刻、书法等表现手法，充分展示沿途别具一格的历史人文景观；厦门杏滨路发挥滨海优势进行道路景观提升，打造“浪漫海岸线”等。

典型案例三：

云南思茅—小勐养高速公路

思茅—小勐养高速公路（简称“思小高速公路”）也是国内优秀风景道的代表之一。2008 年，西双版纳州旅游景区质量评定委员会通过考察评定，确认思小高速公路（西双版纳段）达到了国家 AA 级旅游景区标准，这也是我国首条被评为国家 AA 景区的高速公路。思小高速公路在整体设计上引入了“宁桥勿填、宁隧勿挖”的理念，使桥梁和隧道服从和配合线路，尽量减少了开挖，保护了周边环境。在施工中，建设者们尽量做到不碰或少碰山体，尽量保留珍稀植物。

在思小高速公路的设计规划中，不仅考虑了对自然最大程度的保护，同时也关注了人，即驾驶者或旅游者。在思小高速公路的设计、建设中，人们努力根据路段周边的生态景观、沿线自然环境形态特征，组织景观链，充分展示出道路的旋律，使人感受到路与周围环境的高度和谐（图 1.2-3）。在公路结构物建设中，改明排水沟为暗沟，结合地形选择合理的桥梁跨径和结构形式，墩台等构造物隐入路侧植被，隧道洞门的样式努力与周围环境相协调，绿化尽量与周围景观相一致。思小高速公路的景观设计，使人感受到一条文化轴线延续着西双版纳的“肌理”，一个特色植物景观带展示着热带雨林的浓缩景观，5 个文化记忆点分别以竹文化、茶文化、民俗风情、野象、异域文化展现出耐人寻味的主题空间，带人们经历一次神秘的文化之旅。

思小高速公路的设计与建设，还强调突出了服务功能。为方便驾乘人员行车、休息和欣赏风景，建设者充分利用路侧荒地和取（弃）土场，在沿线设置了 3 个服务区、6 个观景台、24 处停车区、32 个港湾式公共汽车停靠站。服务区提供加油、休憩观景、餐饮等服务；休息区则提供休息桌椅等设施，使驾乘人员能在此休息观景；停车区则为驾乘人员提供临时停车休息或检查车辆的地方；港湾式汽车停靠站则是结合沿线乡村路网建设和经济带布局情况，为出行群众候车提供方便。

图 1.2-3 思小高速公路

1.2.3.3 景观公路

为加快交通运输行业科技成果转化，充分发挥科技在转变发展方式、发展现代交通运输业中的支撑和引领作用，交通运输部组织实施了一批科技示范工程，推动新技术、新材料、新工艺的推广和应用，并以此有效促进工程建设理念、质量和技术水平的提升，产生良好的经济、社会和生态效益。

典型案例四：

湖北神农架木鱼坪—兴山昭君桥旅游公路

神农架木鱼坪—兴山昭君桥旅游公路（简称“神宜公路”）是著名的神农架景区与外界沟通的主要通道之一。神宜公路自然资源和人文资源丰富，紧邻神农架国家级自然保护区。神农架国家级自然保护区有当今世界中纬度地区唯一保持完好的亚热带森林生态系统，是国家级森林公园、地质公园和野生动物保护区，也是联合国教科文组织“国际人与生物圈保护区”、世界自然基金会“生物多样性保护示范点”。区域内植物种类众多，风光秀丽，群峰矗立，而且还有“野人”的神秘传说。神宜公路的终点则是我国著名历史人物王昭君的故里。

神宜公路在改扩建过程中注重保护自然环境、维持保护区的生物多样性，贯彻“灵活性设计”和“宽容性设计”理念，合理确定建设标准，充分利用老路资源，合理处理山区峡谷地带的公路土地占用与公路建设之间的突出矛盾。

神宜公路改扩建工程设计中根据“宜路则路、宜桥则桥、宜隧则隧”的原则，创造性地应用半路半桥、悬挑帮衬、桥隧相连等设计手法，共新增11座半幅桥、6处悬挑板、20座全幅桥和5座隧道。局部设计速度降至40km/h，最小半径降至60m。全线直接改建老路44.1km，老路利用率达83%。

神宜公路倡导“自然的就是最美的”“适用的就是最好的”的理念，提出“公路边坡通厦自然群落诱导”以及“加速群落演替，努力恢复到原生态”的建设思路，通过有意识的物种导入与管理创造自然植物侵入和繁衍的条件。加速路侧植被向自然植被的演替进程；利用乡土植物种类建立或诱导形成与自然相近或一致的植物群落。

神宜公路坚持将科技创新与推广应用作为节约资源和保护环境的源泉。在神宜公路建设过程中，人们积极开展科技攻关和新技术推广应用工作，研究开发了旧路资源综合利用技术、废旧沥青混合料的循环利用新技术、自然群落诱导恢复技术等一系列资源节约、环境保护技术，取得了良好的效益。

1.2.3.4 可持续性公路

美国联邦公路局（FHWA）于2010年提出了基础设施可持续性评价系统。该成果从社会、经济和环境三方面定义了绿色公路的可持续性特征，综合考虑路网规划、项目设计施工、项目运营养护等所有环节提出绿色公路建设应该满足的“三底线”原则。与绿道体系（Greenroads）相比，美国自然资本项目组开发的、用于评估生态系统服务功能量及其经济价值、支持生态系统管理和决策的生态系统服务评估系统（Integrated Valuation of Ecosystem Services and Tradeoffs，INVEST）不仅考虑了环保节能和材料循环利用，还充分考虑了安全、社会发展等其他领域的内容，涉及的范围更为广泛。

1.2.3.5 国外其他绿色公路

美国绿色建筑委员会（USGBC）开展了能源与环境设计认证（LEED）工作。LEED 以对环境影响最小化为出发点，辅助完成建筑设计和施工。而LEED-ND 作为 LEED 中层次最高的评价认证体系，其中包含了一些对绿色公路路面工程多角度的考量。

加拿大施工协会于2005年出版的《加拿大道路建设者道路修复节能指南》，提供了道路施工和养护过程中的绿色节能方法，内容涵盖了现场施工节能理念。

德国巴斯夫公司（BASF）提出了一种生态有效性评价理念，从原材料、土地使用、能耗、排放、潜在毒性和潜在风险六个方面评价绿色路面工艺的生态性。

1.2.4 小结

虽然我国绿色公路在政策依据、理论基础和技术方法等方面均取得了一定进展，但总体而言还存在诸多技术难点和方法瓶颈。

就理论基础而言，目前我国对于绿色公路的界定尚不清晰，生态公路、旅游公路、景观公路等名称各异，依旧缺少国家标准和权威认定。

就政策保障而言，我国的绿色公路是在公路建设“六个坚持、六个树立”理念上提出的新时期的建设新理念，还没有完善的推进政策和激励机制确保其顺利实施。

就技术规范而言，我国的绿色公路建设尚缺乏统一规范标准，不同区域、不同工程乃至不同人群对于绿色公路建设内容和品质提升方案等方面的认识尚存在较大分歧。

1.3 主要目标

本书依据生态文明、绿色发展和绿色交通等领域的最新理念和最新要求，在全面梳理国内外绿色公路管理现状及存在问题的基础上，针对公路建设生态环境影响特点及绿色公路建设技术瓶颈，重点开展绿色公路建设内涵理念、重大政策、评估标准、关键技术和激励机制等方面的研究，以期为全国绿色公路建设提供必要理论支撑，为管理部门梳理新形势下公路建设科学管理的政策导向，为不同地区绿色公路建设提供有效方法借鉴，进而影响公路建设理念，提升绿色公路建设和评估的科学性和合理性，推进行业绿色公路建设的顺利推进和实施，指导全国不同区域绿色公路的建设工作，为我国全面建成绿色公路体系提供直接的政策技术储备。

（1）体现新时期时代特征，规范绿色公路建设内涵，提升绿色公路建设理念；

（2）建立涵盖政策要求、技术规范、评估标准和管理办法等环节的成套技术体系，系统解决绿色公路建设必要性、科学性、可比性、导向性等问题；

（3）提出可推广、可复制、适用性强的绿色公路建设成套技术；

（4）开展典型工程示范，全面验证绿色公路推进政策及建造技术的适用性及效果，提出改进建议。

1.4 主要内容

本书在全面梳理国内外绿色公路管理与技术现状的基础上，针对绿色公路建设面临的理念不清、政策瓶颈、制度约束、技术缺乏等问题，从理念内涵、重大政策、推进措施、关键技术和标准规范等方面入手，对我国绿色公路建设的政策体系、主要技术标准、评估指标体系和一批关键技术进行系统研究与攻关，并介绍了依托交通运输部绿色公路建设典型示范工程的示范验证情况。

1.4.1 绿色公路概念内涵及建设原则

此部分分三个阶段归纳总结了我国绿色公路的发展历程，分析了新时期绿色公路的概念内涵及应具备的特征品质，提出了新时期我国进行绿色公路建设的“不破坏就是保护”“以人为本”“集约节约利用资源”“精心创作设计”“灵活选用技术指标”“全寿命周期成本最小”“传承历史文化”“景观绿化适度”等八大理念及总体要求。

1.4.2 绿色公路建设条件与发展趋势

此部分全面梳理分析了我国绿色公路建设政策体系、技术规范及工程实践方面的现状情况，凝练了目前存在的制约绿色公路发展的七大关键问题，结合国家宏观大势及绿色公路发展需求,归纳探讨了我国绿色公路未来的发展趋势。

1.4.3 绿色公路建设重大政策研究

此部分研究构建了以法规性文件、技术指南、评估指标体系、管理办法为主的绿色公路建设政策体系，重点针对绿色公路建设技术标准、绿色桥梁建设技术指南、绿色服务区建设技术标准开展了技术攻关，提出两套绿色公路评估指标体系，并给出我国绿色公路推进策略与路径。

1.4.4 绿色公路建设成套技术研究

此部分从生态保护、环境质量提升、资源集约节约利用、工程高效管理等角度入手，构建了我国绿色公路建设成套技术体系；介绍在生态选线、近自然恢复、景观提升、湿地连通等领域开展的技术攻关，并介绍一批具有较大适用性的核心技术。

1.4.5 绿色公路建设工程与专项示范

此部分主要选择交通运输部发布的 3 批 33 条绿色公路建设典型示范工程中的代表性和典型性重点项目，首先开展整体工程示范应用，考虑华北山区、华南亚热带山区、西北生态脆弱区、西南热带雨林示范区等不同地区的生态环境特征，考虑新建高速公路和改扩建工程的不同条件，分别遴选北京延崇高速公路、广东惠清高速公路、宁夏银百高速公路和云南小磨高速公路改扩建工程，介绍其全线应用验证情况，同时挖掘不同地区、不同工程的优秀经验做法。然后介绍专项行动示范应用情况，分别遴选四川绵九高速公路、重庆潼荣高速公路、福建莆炎高速公路、江西昌九高速公路和浙江瓯江北口大桥等不同地区的工程，介绍它们针对五大专项行动的示范验证和技术重点突破情况，以期以点促面，推动绿色公路建设取得较大成效。

第 2 章

CHAPTER 2

绿色公路概念内涵及建设原则

2.1 发展历程

改革开放以来，我国公路基础设施建设取得了巨大成就，路网规模迅速扩大，公路等级不断提高，公路交通服务经济社会的能力和水平显著提升。我国从无到有建成了全球规模第一的高速公路网，基本建成了广覆盖的全国公路网，公路货运量及货物周转量世界第一，公路交通行业强力支撑了我国经济的快速发展，我国已经成为名副其实的公路交通大国。随着社会经济的发展、人们生态环境保护意识的增强以及经济、科技能力的提升，我国公路建设越来越重视绿色发展。多年来，在公路建设实践过程中，人们不断探索和总结新的发展理念，坚持试点先行，示范引领，加强新技术、新材料、新工艺、新产品研发与应用，建设理念不断提升，技术水平不断提高，建造能力不断进步，在不同的历史时期先后建成了一批代表性的工程，为深化绿色公路建设奠定了坚实基础。

2.1.1 起步阶段

2003 年 9 月，在可持续发展理念下，交通部与四川省联合组织实施了川九生态公路示范工程建设（图 2.1-1），为我国公路勘察设计借鉴国外先进经验，转变设计理念，实现公路建设与自然环境、人文环境的和谐统一，进行了积极探索和有益尝试，标志着我国环保公路建设的开端。2004 年，南京全国公路勘察设计工作会议在总结提炼川九生态公路示范工程建设成功经验的基础上，提出了“坚持以人为本、树立安全至上的理念，坚持人与自然相和谐、树立尊重自然和保护环境的理念，坚持可持续发展、树立节约资源的理念，坚持质量第一、树立让公众满意的理念，坚持合理选用技术指标、树立设计创作的理念，坚持系统论的思想、树立全寿命周期成本的理念”公路勘察设计新理念，即“六个坚持、六个树立”，为公路建设领域深入贯彻落实科学发展观找到了有力抓手。公路勘察设计新理念旨在通过合理选用技术标准和创作设计，实现公路“安全”“环保”“耐久”“经济”。云南思茅—小勐养高速公路、南宁—杭州高速公路、宝鸡—天水高速公路、苏通长江大桥、杭州湾跨海大桥等项目的建设，都是体现了新理念的建设成果。2005 年，交通部在全国选定了 30 个示范项目，组织开展了公路勘察设计典型示范工程相关工作，组织专家开展了技术指导和技术咨询活动，对全国公路建设项目法人、设计、施工、监理、管理单位进行了公路勘察设计新理念宣讲，对30个省（区、市）的近2万名业务技术骨干进行了培训。组织编制了《公路勘察设计典型示范工程咨询示范要点》，编辑出版了《新理念设计指南》和《降低造价公路设计指南》，组织修订了《公路工程设计文件编制办法》及图表示例，发布了《加强重点公路建设项目设计管理工作若干意见》《关于进一步加强公路勘察设计工作的若干意见》等规范性文件。这一阶段将公路勘察设计新理念拓展、固化为设计管理制度，公路设计理念得到有力提升，设计水平上了一个台阶，得到了公路行业从勘察设计到建设管理各单位的广泛认同和贯彻落实。

图 2.1-1 川九生态公路示范工程

2.1.2 发展阶段

2007年，交通部依托国家高速公路等重大工程建设，相继在山区高速公路建设、生态环境保护和交通安全等领域组织实施了14项以生态建设和环境保护为重点的科技示范工程，有力地推动了新技术、新材料、新工艺的推广和应用，并有效促进了工程建设理念、质量和技术水平的提升。2007年11月，全国公路建设座谈会就贯彻落实科学发展观进行部署，在推动落实勘察设计新理念的同时，提出要在建设过程中注重工程项目的功能性、耐久性等内在品质，给公路建设管理与技术水平的升级注入了新要求。2010年，在系统总结福建、陕西、浙江、广东、江苏等地规范化、信息化、标准化工程实践经验的基础上，厦门全国公路建设座谈会提出了“发展理念人本化、项目管理专业化、工程施工标准化、管理手段信息化、日常管理精细化”的“五化”要求，加快推行现代工程管理，在全国范围开展了为期3年的施工标准化活动。2011年，交通运输部启动三批共30个绿色循环低碳公路主题性项目，里程累计达到4300km，主要以节约资源、提高能效、控制排放为目标，将低碳循环融入公路规划、建设、管理、养护和运营的各方面，对资源节约和低碳循环理念进行了进一步的推广。同年，启动了高速公路施工标准化活动，不断在公路建设领域实践和推进绿色转型发展。交通运输部于2011年印发了《建设低碳运输体系指导意见》《建设低碳交通运输体系试点工作方案》《公路水路交通运输节能减排“十二五”规划》，2012年印发了《公路水路交通运输环境保护“十二五”发展规划》，2013年印发了《加快推进绿色循环低碳交通运输发展指导意见》，大力推动了公路建设节能减排工作。“十二五”期间，交通运输部实施了23个重大交通基础设施生态建设和修复试点工程、11个服务区清洁能源和水资源循环利用试点工程以及20个绿色循环低碳公路试点项目。这一阶段公路建设发展理念又一次实现了重大突破，试点工程得到进一步深入，公路建设管理水平再上新台阶。

2.1.3 深化阶段

2014年，全国交通运输工作会议提出加快发展“四个交通”，即综合交通、智慧交通、绿色交通和平安交通。其中，综合交通是核心，智慧交通是关键，绿色交通是引领，平安交通是基础。“四个交通”相互关联，相辅相成，共同构成了推进交通运输现代化发展的有机体系。同年，在国务院印发的《关于促进旅游业改革发展的若干意见》中，提出要完善旅游交通服务功能，推进旅游交通设施的建设，对我国交通服务和公路转型发展提出了新要求。同年，交通运输部发布了《创建绿色公路实施方案》和《绿色循环低碳公路考核评价指标体系（试行）》，积极开展绿色公路主题性项目创建工作。2016年，交通运输部印发了《关于实施绿色公路建设的指导意见》及相关通知等，以资源节约、生态环保、节能高效、服务提升为主要特征的绿色公路理念正式被提出。交通运输部先后实施了3批33个绿色公路建设典型示范项目，开展工程实践探索，实现了各省（区、市）全覆盖，推动了绿色公路建设理念落地，有力提升了公路工程建设品质；各省（区、市）相继启动了省级绿色公路示范工程建设，丰富了绿色公路新内涵，强化绿色公路设计、建设、运营等各环节的要求，以点带面，实现了绿色公路快速发展。2017年3月，交通运输部、国家旅游局、国家铁路局等6部委联合发布了《关于促进交通运输与旅游融合发展的若干意见》，要求完善旅游交通基础设施网络体系，健全交通服务设施旅游服务功能，推进旅游交通产品创新，提升旅游运输服务质量，强化交通运输与旅游融合发展的保障措施。推进公路与旅游融合是公路行业提质增效、提档升级、全面提升综合服务水平的重要手段。

2019 年 5 月，交通运输部公路局和交通运输部规划研究院在北京组织召开了新时期绿色公路建设研讨会，认真总结 33 个绿色公路建设典型示范项目绿色公路建设经验、措施和成效，形成了一批可借鉴、可复制的成果，并通过分享交流，达到了良好的示范效应。2019 年 12 月，交通运输部公路局和交通运输部规划研究院编著了《绿色公路建设技术指南》，系统总结了绿色公路的理念内涵，聚焦设计和施工的相关专业领域，阐述绿色公路建设的技术方案，突出绿色和智慧发展理念，进一步完善了绿色公路建设的技术支撑体系。这一阶段绿色公路建设统筹了全过程、全方位、全要素绿色发展要求，不断总结提高设计、施工和管理水平，注重以人为本和资源节约、环境友好，取得了显著成效。这一阶段实施绿色公路建设，是交通运输行业贯彻创新、协调、绿色、开放、共享的新发展理念，支撑交通强国建设，实现行业转型升级的重要举措。

2.2 概念界定

绿色交通是引领现代交通运输转变发展方式的重要途径，是实现交通运输与资源环境和谐发展的应有之义。绿色公路作为绿色交通建设的主阵地，其初衷是在实现公路基础设施本身固有功能的同时实现公路与生态环境和谐共生，是推进交通行业生态文明建设的根本措施，即：以质量优良为前提，以资源节约、生态环保、节能高效、服务提升为特征，努力推进工程建设持续健康发展。

“绿色”要求把绿色循环低碳发展理念注入公路与环境的整个体系。因此，对绿色公路的理解不能仅停留在路界范围内的污染治理和绿化美化，而应把公路设计及建设的视野从公路本身扩展到公路与环境构成的生态系统；不仅需要在近自然化意义上把握绿色理念的本质，而且需要将其理解为一种系统性的生产方式再造，涵盖物质层面的绿色技术和精神层面的绿色文化。

从生态学角度看，绿色植物是生态系统中的主要生产者，是地球生态系统最基本的构成因子。绿色公路意味着公路建设要效法绿色植物，取之自然，回报自然，通过“绿色技术”最大限度地减少资源消耗和环境破坏，为地球生态系统的完整、稳定和美丽做出积极的贡献，实现在发展中保护，在保护中发展。

从生态文明角度看，"绿色文化"是唯一能够与生态文明相适应的文化类型，是致力于实现人与自然的和谐关系和可持续发展的文明形态。绿色公路就是在这种文化的指导下，践行新的生态文明理念，突出建、管、养、运并重，守望地球生命之色——绿色，降低全寿命周期成本。

基于对绿色的解读和对绿色公路理论发展的分析可知，绿色公路的核心理念是：以满足人的多元需求为出发点和落脚点，坚持系统论和周期成本思想，统筹公路建设质量、运行效率、环境影响、资源利用之间的关系，把"节能、高效、环保、健康"等绿色要求贯穿到公路建设、设计、施工全过程。

从狭义上来讲，绿色公路是按照绿色发展和高质量发展的要求，采用系统论方法，在公路全寿命期内，统筹公路规划、设计、施工、运营全过程，统筹公路建设品质、资源利用、环境影响和运行效率之间的关系，通过理念提升、技术进步和科学管理，因地制宜优选工程方案，精细设计、精心实施，提升工程品质，完善服务功能，提高运行效率，最大限度减少对资源、能源的消耗和对环境的影响，实现耐久性好、适用性强、景观协调、环境友好、资源节约、运行安全、服务水平高等综合目标最优，如图 2.2-1 所示。

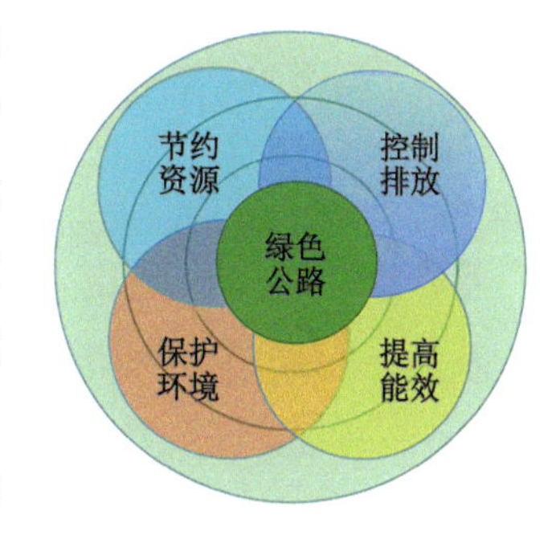

图 2.2-1　绿色公路概念解析

从广义上来讲，绿色公路是一个新理念，它贯彻了高质量发展的要求，落实了《交通强国建设纲要》，帮助公路基础设施建设实现了新的发展。一是在延续公路的功能因素、强调经济效益的传统建设思想的基础上，增加了整体考虑区域经济、环境、社会综合系统的可持续发展思想；二是不仅注重公路经济合理性、技术可行性，还综合考虑经济、节能、环保、景观、可持续发展等多目标；三是不仅重视当前利益、关注代内公平，还注重保护生态环境、降低能源成本、促进材料循环利用，关注长远利益，统筹代际、代内公平。

2.3 内涵解析

新时期绿色公路建设必须坚守环境承载力这个边界，统筹抓好绿色公路建设推进政策和重点工程实践，兼顾好公路设计、施工和运营养护三个阶段，同时做好资源集约节约、加大生态保护、加强污染控制与提升科技创新能力等四项任务。

2.3.1 内涵

与传统公路相比，绿色公路在内涵上将实现三个转变：

（1）从侧重公路的功能因素、强调经济效益的传统建设思想，转变为整体考虑区域经济、环境和社会综合系统的可持续发展思想；

（2）从单纯注重公路经济合理性、技术可行性的传统评价方法，转变为综合经济、节能、环保、景观、可持续发展的多目标评价体系；

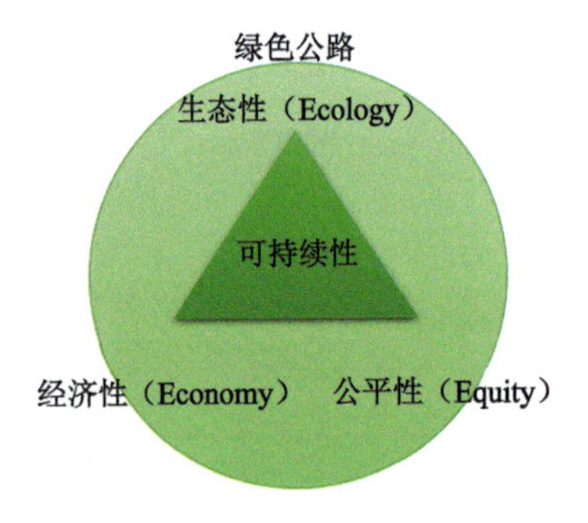

图 2.3-1 基于可持续发展的绿色公路内涵

（3）绿色公路具有保护生态环境、降低能源成本、促进材料循环利用等优点，是交通行业调整结构、转变发展方式的必然选择，其建设理念从重视当前利益转变为关注长远利益，从关注代内公平拓展到统筹代际、代内公平。

基于可持续发展的绿色公路内涵如图 2.3-1 所示。

2.3.2 特征

绿色公路是大自然这个整体的一个有机部分，应当参与到自然生态系统的物质能量循环中去。归纳起来，绿色公路的主要特征可归纳为“高效能、高效率、高效益”的“三高”特征，“低消耗、低排放、低污染”的“三低”特征和“全寿命、全要素、全方位”的“三全”特征。

2.3.2.1 高效能、高效率、高效益（“三高”）

高效能：绿色公路的整个寿命周期通过综合运用各种绿色技术和措施，达到整体工作效率和服务能力的最大化。

高效率：最有效地使用自然、社会及经济资源，为绿色公路带来最大限度利用资源的可能性，实现资源配置效率最优。

高效益：以最小的生态和资源代价获得可持续发展的最大利益，实现经济效益、社会效益和环境效益的有机统一，实现综合效益的最大化。

2.3.2.2 低消耗、低排放、低污染（“三低”）

低消耗：绿色公路具有节能、低能耗等优点，从材料使用的角度，绿色公路所采用的是可再生材料，或者是可降解材料，能进行循环利用。

低排放：绿色公路在建设过程中能够对各种资源进行循环利用，少排放污染物甚至可以达到零排放。

低污染：绿色公路注重生态的平衡，是在环境承载力之内进行建设的，其设计和施工不能以破坏大自然、地表结构或生物多样性为代价。

2.3.2.3 全寿命、全要素、全方位（“三全”）

全寿命周期：绿色公路应坚持系统论的思想，将绿色理念与技术贯穿规划、设计、建设、运营、养护等整个寿命周期的各个阶段。

全环境要素：根据绿色公路建设目标，综合考虑各方面要素，节约资源、提高能效、控制排放、保护环境，将“节能、高效、环保、健康”等绿色要求贯彻到公路建设设计施工全过程。

全方位控制：绿色公路除了主体工程建设运营维护要全面运用绿色理念与技术之外，还要为绿色运输、安全运营创造必要条件。

绿色公路全寿命周期特征如图 2.3-2 所示。

图 2.3-2 绿色公路全寿命周期特征

2.3.3 品质

绿色公路在建设过程中进行环境保护，必然要消耗更多的资源，而资源节约又是绿色公路的主要目标和必备特征之一。因此，解决环境保护和资源节约的矛盾，巧妙实现两者之间的平衡（图 2.3-3），需要绿色公路具备以下品质。

2.3.3.1 资源配置最优化，综合效益最大化

绿色公路本身是一种可持续发展的产物，在其理论体系与以往公路建设思

想的最大不同就在于它不再盲目地割裂人与自然的关系，而是将人类纳入整个自然生态系统之中。此外，从系统科学角度看，绿色公路要实现资源配置的最优化，经济效益、社会效益和环境效益的统一和综合最大化，必须把公路放在能源、资源、生态、环境、污染等诸要素构成的“公路-自然-经济-社会”复合系统中进行全面考虑，把性质不同的资源系统与公路经济系统有机结合起来。

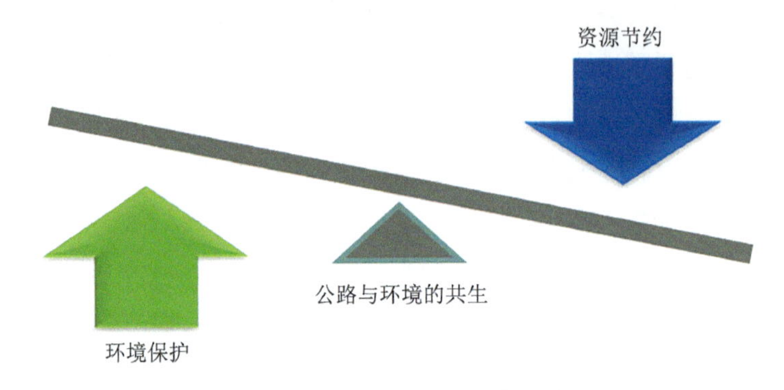

图 2.3-3 绿色公路的矛盾与平衡

2.3.3.2 生态破坏最小化，环境保护最大化

受到地质、地形、水文等自然条件和生产力水平、生产工艺、生产工具等社会条件制约，公路建设会不可避免地对沿线生态环境造成一定的影响，如植被破坏、水土流失、土地分割等。绿色公路就是要坚持“尊重自然、顺应自然、保护自然”的生态文明理念，综合运用各种节能环保技术、工程、生物、补偿和管理措施，将公路建设的破坏限制在最小范围内，降低到最小程度，坚持最小程度的破坏、最大程度的保护、最强力度的恢复，实现公路与自然环境的充分协调与融合。

2.3.3.3 公平性与通达性，智能性与高效性

“绿色”一词本身就代表着和谐与健康，绿色公路自然也应是和谐健康之路。公路的基本职能是为运输服务，所以这种和谐健康首先是公路系统运输环境的和谐健康。绿色公路应为货流、客流、能源流、信息流和价值流运动创造必要的条件，从而在加速各种流的有序运动过程中，减少能源与经济损耗和对公路沿线环境的污染。同时，绿色公路必然要求行车安全舒适、运输高效便利，因此必须应用现代信息技术，提高公路智能化服务水平、运输效率，实现公路运

输高效集约发展。

2.4 建设原则

通过大量的理论分析、专家咨询和工程实践调研，在“六个坚持、六个树立”的基础上，笔者认为新时期绿色公路应主要包含以下八个建设原则。

2.4.1 不破坏就是保护

大自然具有调节、生产、信息和载体等多重功能，是包括人类在内的一切生物的摇篮，不但支撑着人类物质生活，也丰富和充实着人类精神生活。因此，在公路建设过程中，一定要尊重自然规律，建立和维护人与自然的和谐关系，倍加爱护和保护自然，树立“不破坏就是保护”的理念，坚持最大程度的保护、最小程度的破坏、最强力度的恢复，使工程建设顺应自然、融入自然；要把设计作为改善环境的促进因素，摒弃“先破坏、后恢复”的陋习，实现环境保护与公路建设并举、公路发展与自然环境相和谐。公路建设要尽可能保护自然生态，尽可能保持自然景观的完整性，尽可能避免切割损害，尽可能降低对原始地形、地貌的自然性和稳定性的影响，尽可能减少对原生生态环境的破坏。

2.4.2 以人为本

把不断满足人民群众对美好生活的需要、建设人民满意交通，作为绿色公路建设的根本出发点和落脚点，树立“以人为本、以车为本”的服务观，树立“预防、容错、纠错”的设计理念，牢固树立“生命至上”的安全观，以“驾驶人的错误不能以生命为代价”、更好地服务群众出行需求为导向，提高公路基础设施本质安全水平，系统提高公路行车安全水平，转变公路发展方式，不断拓宽服务内涵，扩展服务渠道，丰富服务内容，提升服务品质，使公路发展成果普惠共享。

2.4.3 集约节约利用资源

资源是人类生存发展的物质基础，也是可持续发展的重要保证。我国人口众多，人均资源相对紧缺，随着社会经济的发展，我国人均资源相对不足的问题将更加突出。土地供给紧张、粮食安全隐患、房屋拆迁和失地农民等不稳定因素同时存在。可持续发展的核心和前提是发展，公路交通发展是社会可持续发展的重要内容，也是国民经济和社会发展的重要支撑。在公路建设中要坚持可持续发展、建立节约型社会，就是要正确处理好节约资源和公路发展的关系，从全局和长远来考虑问题，并非不能利用和开发资源，而是应该更加合理和有效地利用资源。要坚持“循环利用就是最大的节约”原则，提高资源能源利用效率，减少资源能源消耗总量和废物产生量，推进循环再生利用。绿色公路应追求的是以更少的资源占用，获得更多的功能、更多的服务、更美的风景、更多的资产。

2.4.4 精心创作设计

环境个性赋予公路个性，并决定其品质。设计过程不但是赋予公路功能的过程，也是赋予公路个性的“艺术创作”过程。公路创作设计过程是一个以设计人员对环境个性的理解为基础，以对公路专业、美学、生态学、建筑学、社会学、人类文化学、历史学、心理学、地域学和风俗学等学科的综合能力为条件，对公路所处的自然和环境进行的一个再造（新建）、再融合（改扩建）的过程。

树立精心创作设计的理念，变设计工作为设计创作，把设计产品变为设计作品、精品，以“更安全、更环保、更经济”为目标，在“精、细、美”上多下功夫。要加强总体设计工作，充分考虑地区之间、不同地理条件之间的发展差别，坚持针对工程项目所处的自然、地理、地质等条件，尊重每一个区域、每一段路段、每一座桥梁隧道的特殊性和差异性，在满足安全性、功能性条件的前提下，通过对工程方案和技术经济进行精心细致的比选，科学确定技术标准，合理运用技术指标，精准选择建设方案。

2.4.5 灵活选用技术指标

在充分掌握技术标准、规范使用条件的基础上，在确保安全性与设施功能符合要求的同时，通过合理选用技术标准，灵活运用技术指标，最大限度实现公路与沿线自然、人文环境的协调。标准规范中的指标有主次之分。主要指标，是指对安全、功能有重大影响的指标，如最小圆曲线半径、最大纵坡、视距等；

次要指标，是指在满足安全的前提下，主要影响美学或舒适性的指标，如曲线间直线长度等。主要指标在设计中原则上应予保证。对于次要指标，当对环境不构成影响时，可采用较高值；当对环境存在影响时，应采用较低值；当对环境和生态影响巨大时，为了保护环境，考虑适当控制目标需求。

2.4.6 全寿命周期成本最小

树立全寿命周期成本的理念，就是要从项目使用寿命周期的全过程去看待成本，把公路放到环境和社会的大系统中去考量其成本。不但应注重项目初期建设成本，还要注重后期维修和养护成本；不但应看到项目自身成本，还要看到社会成本和环境成本。遵循建、管、养、运一体化设计理念，注重建设质量和工程耐久性。高等级公路强调长使用寿命，低等级公路强调优先利用当地普通材料，以达到最佳技术经济效益。统筹公路规划、设计、施工、运营、管理、服务全过程和资源、能源、生态、环境等各方面，从源头起做到工程建设选择合适的工艺、材料和技术。

2.4.7 传承历史文化

公路与文明相伴，与文化共生。千百年来，代代公路人修路架桥，薪火相传，如茶马古道、丝绸之路等，绵延着人类的文明。公路文化是公路人在公路建设、养护、管理的实践活动中所创造的物质财富和精神财富的总和，是公路人思想活动、心理状态、精神风貌、工作作风、工作目标、行业形象等因素的重要体现，是公路行业健康可持续发展的重要源泉。在公路建设中，应宣传公路发展历程，普及行业知识，扩展公路文化，传承公路历史，弘扬“两路”精神，顺应新时代文化建设要求，建设“畅、安、舒、美、优”的样本路，体现先进的建养管理理念、地域历史文化特征、生态文明和人文理念等。

2.4.8 景观绿化适度

公路绿化景观的提升要与周围环境相适应，要与经济相协调，不提倡过度绿化或人造景观，不提倡与周围环境不协调的“景观提升”，不提倡不计经济代价的“绿色”。

过度绿化表现形式很多：如戈壁荒滩且缺水地区强行栽树、高原草甸地区路侧栽树、郊外路段采用园林手法绿化、周围原本就没有植被的稳定裸露岩石挂网绿化、整齐排列且等距栽植的非当地树种等。

路侧植树要"适树、适地、适量"，要与大环境相协调。荒漠戈壁没有植物，保持原生态就好，强行栽树既不经济，也会导致与周围环境的不协调。在位于城区的路段，可以适当采用园林技术对路侧进行绿化美化，但是对于远离城区的路段，植被绿化越自然越好，园林手法常常显得突兀。因此，景观提升要适度，要追求景观绿化与周围环境的协调、工程建设与经济性的协调。

2.5 基本要求和主要任务

2.5.1 基本要求

绿色公路建设需要坚持系统论和全寿命周期成本思想，以工程质量、安全、耐久、服务为根本，坚持"两个统筹"，把握"四大要素"，以理念提升、创新引领、示范带动、制度完善为途径，推动公路建设发展的转型升级。

坚持"两个统筹"是绿色公路建设的思想精髓。一方面要坚持统筹公路资源利用、能源消耗、污染排放、生态影响、运行效率、功能服务之间的关系，寻求公路、环境、社会等方面的系统平衡与协调；另一方面要坚持统筹公路规划、设计、建设、运营、管理、服务全过程，以最少的资源占用、能源耗用、污染排放、环境影响，实现外部刚性约束与公路内在供给之间的均衡和协调。

把握"四大要素"是推动绿色公路建设的关键。在绿色公路建设过程中，坚持以质量优良、安全耐久为前提，重点在"资源节约、生态环保、节能高效、服务提升"四个方面实现突破，以控制资源占用、减少能源消耗、降低污染排放、保护生态环境、拓展公路功能、提升服务水平为具体抓手，全面提升公路工程建设水平。

2.5.2 主要任务

2.5.2.1 统筹资源利用，实现集约节约

绿色公路是资源及能源节约型的公路。绿色公路的资源节约对象是土地、

水、材料等。绿色公路应体现对自然资源，尤其是稀缺资源的减量利用、有效利用和循环利用，重点解决长期以来我国公路建设普遍存在的资源统筹利用不足、循环利用率较低、能源耗用较高等问题。当前，绿色公路建设要以统筹资源利用、集约节约资源、降低能源耗用为重点，从规划设计、施工组织及运营维护等多个方面进行统筹考虑，在整个公路建设过程中融入节约资源、降低能耗的绿色理念。

2.5.2.2 加强生态保护，注重自然和谐

绿色公路是可持续发展的低碳环保公路。环境友好涉及的对象包括大气、水、声、生态等环境因素。修建公路不可避免地要对原有生态系统产生影响，包括减少耕地面积、改变水系结构以及减损原生植被等。尊重自然、保护自然、恢复自然是绿色公路建设的重要目标。绿色公路应具有良好的环境协调性，加强生态保护、注重自然和谐是绿色公路建设的核心要义。因此，绿色公路建设要坚持生态优先、和谐发展的指导方针，强化设计、施工、运营、养护等各阶段的生态环境保护，实现最大程度的保护、最小程度的影响、最大力度的自然恢复，实现公路与生态、社会的健康可持续发展。

2.5.2.3 突出周期成本，强化建养并重

全寿命周期成本思想是在产品生命周期内尽量降低资源的消耗，提高产品效能。该思想落实到公路行业就是要把公路产品作为一个整体、一个系统去考虑，把系统全过程的最优作为整体的最优目标来实现。长期以来，我国公路建设普遍存在重建轻养，公路设计、施工、养护、管理各阶段缺乏统筹协调。绿色公路建设要坚持全寿命周期思想，统筹公路规划、设计、施工、运营、管理、服务全过程和资源、能源、生态、环境等各方面，将公路运营、维护、使用需求纳入工程设计与建设综合考虑，从全寿命周期系统角度审视工程方案，强调建造方案与养护管理工作的统筹协调，计入通行效率提升和运行安全性提高节约的社会成本，科学合理地评估全寿命周期成本和效益，运用价值工程的方法优化决策，实现资源使用的最大化。建、管、养、运并重，从源头上指导工程规划设计人员选择合适的工艺、材料和技术，降低全寿命周期成本和全过程环境影响。

2.5.2.4 实施创新驱动，实现科学高效

创新是公路发展的强大驱动力，要把创新贯穿到绿色公路建设的各环节，

大力推进理念创新、技术创新、管理创新和制度创新，推广应用新技术、新材料、新工艺、新设备，强化创新在绿色公路建设中的驱动与支撑作用，为其发展注入强大动力。在新时期，随着信息技术的快速发展，人民群众对美好出行的需求不断提升，给公路建设者提出了更多、更高的要求。面对这些新形势与新要求，绿色公路建设应顺应时代潮流，将互联网、大数据、云计算等技术广泛应用于公路交通基础设施、运输服务、支持保障和管理等领域，大力发展新业态、新模式，实现管理效能、服务载体和服务水平的全面提升，满足多元化的交通出行需求。

2.5.2.5 把握工程特征，实现品质提升

每个项目的特点不同，决定了贯彻绿色发展理念的措施也不同，认识项目的特点，抓住主要矛盾，是绿色发展的基础。在研究每个项目特点时，要重点把握该项目的稀缺资源，将其作为要解决的突出矛盾；准确把握区域环境和工程特点，明确项目定位，避免生搬硬套其他项目经验的做法，因地制宜、有序推进绿色公路建设。要从提高公路基础设施安全性、耐久性和运行效率入手，开展标准化设计与施工，提升工业化建造水平，全面提升发展质量，确立主动环保意识，减少资源消耗和对环境的负面影响，提高公路基础设施利用水平，提升单位资源利用率和社会经济效益，从提高工程建设质量、强化公路安全保障、提升综合服务水平等多方面，实现工程内外品质的全面提升，构建资源节约环境友好、可持续发展的良好发展格局。

第 3 章

CHAPTER 3

绿色公路建设条件与发展趋势

3.1 建设现状

为深入贯彻落实绿色发展理念，进一步推进公路转型升级，2016 年交通运输部印发《交通运输部办公厅关于实施绿色公路建设的指导意见》(交办公路〔2016〕93 号)，明确要求到 2020 年“绿色公路建设标准和评估体系基本建立，绿色公路建设理念深入人心，建成一批绿色公路示范工程，形成一套可复制、可推广的经验”。为此，交通运输部分别于 2016 年 7 月、2017 年 1 月和 4 月先后启动 3 批 33 个绿色公路典型示范工程建设，基本实现了各省（区、市）全覆盖。各省（区、市）交通主管部门积极行动，结合实际情况，制定了绿色公路建设实施方案，开展了试点示范工程，提升了建设理念，取得了显著成果。

3.1.1 政策体系初步构建

公路建设是交通运输行业的重要工作，绿色发展是行业转型升级的重要途径，交通运输部高度重视绿色公路政策体系建设。“十二五”期，交通运输部印发《公路水路交通运输节能减排“十二五”规划》《公路水路交通运输环境保护“十二五”发展规划》《加快推进绿色循环低碳交通运输发展指导意见》等多项政策规划，强化了公路节能和环保顶层设计和制度支撑。“十三五”期，交通运输部印发《推进交通运输生态文明建设实施方案》《关于全面深入推进绿色交通发展的意见》《交通运输节能环保“十三五”发展规划》等政策文件，绿色公路发展目标与建设要求更加明晰。2016 年 7 月，交通运输部印发《关于实施绿色公路建设的指导意见》，提出以“五大任务、五大专项”为核心的内容框架和示范工程建设要求，以资源节约、生态环保、节能高效、服务提升为主要特征的系统化绿色公路建设理念初步形成，明晰了绿色公路是否该做、应如何做、具体做什么、大致怎样管等基本问题，绿色公路建设概念内涵与政策体系全面建立。之后，交通运输部就绿色公路典型示范工程、交通旅游融合、旅游公路建设等事项出台了系列文件，绿色公路内涵更加明确，外延日渐清晰，政策支撑体系更加为完善。

3.1.2 技术规范不断完善

多年来交通运输行业持续推进绿色公路技术标准建设。“十一五”期间，《公路勘察设计典型示范工程咨询示范要点》《新理念公路设计指南》和《降低造价公路设计指南》等多项规范性文件发布，以“六个坚持、六个树立”为核心的绿色公路建设要求得到不断总结和持续提升。2011 年开始，交通运输部启动了高速公路施工标准化活动，公路绿色建设技术得到实践验证和推广使用。为深入贯彻《关于实施绿色公路建设的指导意见》，交通运输部公路局和规划院于 2019 年组织编写了《绿色公路建设技术指南》，突出绿色和智慧发展理念，聚焦设计和施工两大专业领域，就如何合理选择设计标准、灵活运用技术指标、科学确定技术方案及处置措施等实际问题给出解决思路和借鉴方案，在行业层面夯实了绿色公路建设技术支撑体系。在交通运输部的引领下，全国十多个省（区、市）结合区域工程建设及生态环境特征，颁布了以“技术指南和评估标准”为主要形式的绿色公路建设地方标准，绿色公路技术规范更加完善，工程建设基本做到了有章可循。

3.1.3 工程实践全面推进

2003 年，交通部与四川省组织实施川九绿色公路示范工程建设，成为我国绿色公路建设开端。2007 年，交通部相继在山区高速公路建设、生态环保和交通安全等领域组织实施了 14 项以生态环保为重点的科技示范工程，2011 年交通运输部先后启动了 30 个绿色循环低碳公路主题性项目，有力推动了绿色公路理念提升与“四新技术”应用。2016 年开始，交通运输部先后实施了 3 批 33 个绿色公路典型示范项目，安徽、北京、重庆、福建、广东、贵州、海南、湖北、吉林、江苏、辽宁、内蒙古等 16 个省（区、市）先后印发了省级推进绿色公路建设的工作实施方案，确定了 60 多项省级绿色公路示范项目，并组织各示范工程编制绿色公路建设实施方案。截至 2023 年 7 月底，33 个部级示范项目均已编制专项实施方案，已通车项目 26 个，均在一定程度上践行了绿色公路理念，探索了可推广、可复制的好经验、好做法；60 余项省级绿色公路典型示范项目也大多编制了专项方案，结合地方特色重点开展了新技术、新工艺、新材料、新装备探索尝试，并对绿色服务区、交旅融合等新生事物进行了创新探索。省部级示范工程的有效推进，初步夯实了全面推行绿色公路建设的实践基础。全国绿色公路典型示范工程统计表见表 3.1-1，各省厅（委）推进绿色公路建设的相关文件见表 3.1-2。

全国绿色公路典型示范工程统计表 表 3.1-1

序号	省级行政区	名称	批次
1	北京市、河北省	延庆至崇礼高速公路	第一批
2	浙江省	温州瓯江北口大桥	第一批
3	安徽省	上海至武汉高速公路无为至岳西段	第一批
4	江西省	沈阳至海口高速公路莆田至炎陵联络线广昌至吉安段	第一批
5	湖北省	麻城至竹溪高速公路大悟段	第一批
6	广西壮族自治区	银川至百色高速公路乐业至百色段	第一批
7	海南省	万宁至洋浦高速公路	第一批
8	云南省	银川至昆明高速公路昆明至磨憨联络线小勐养至磨憨段	第一批
9	内蒙古自治区	丹锡高速公路克什克腾至承德联络线克什克腾至乌兰布统段	第二批
10	吉林省	延吉至长春高速公路龙井至大蒲柴河段	第二批
11	浙江省	沪陕高速公路溧阳至宁德联络线淳安段	第二批
12	山东省	京沪高速公路莱芜至临沂段改扩建工程	第二批
13	福建省	沈海高速公路莆田至炎陵联络线永泰梧桐至尤溪中仙段	第二批
14	湖南省	长沙至益阳高速公路扩容工程	第二批
15	广东省	汕头至湛江高速公路惠州至清远段	第二批
16	四川省	银昆高速公路平凉至绵阳联络线九寨沟至绵阳段	第二批
17	贵州省	中国茶海公路源潭至凤岗段	第二批
18	云南省	武定至易门高速公路	第二批
19	陕西省	银白高速公路安康至来凤联络线平利至镇坪段	第二批
20	甘肃省	银昆高速公路平凉至绵阳联络线武都至九寨沟段	第二批
21	天津市	津石高速公路天津段	第三批
22	上海市	国道 G320 线沪浙界至北松公路段	第三批
23	重庆市	潼南至荣昌高速公路	第三批
24	山西省	阳城至济源高速公路阳城至蟒河段	第三批
25	辽宁省	大广高速公路奈曼旗至营口联络线福兴地至阜新段	第三批
26	黑龙江省	国道 G331 线东宁至老黑山省界段	第三批
27	江苏省	国道 G524 线通常汽渡至常熟三环段	第三批
28	河南省	郑州至西峡高速公路尧山至栾川段	第三批
29	贵州省	厦蓉高速公路都匀至香格里拉联络线都匀至安顺段	第三批
30	青海省	国道 G310 线尖扎至共和段	第三批
31	西藏自治区	国道 G561 线当雄县宁中乡至林周县松盘乡段改造工程	第三批
32	宁夏回族自治区	银百高速公路宁东至甜水堡段	第三批
33	新疆维吾尔自治区	京新高速公路巴里坤至木垒段	第三批

各省厅（委）推进绿色公路建设的相关文件 表 3.1-2

序号	省级行政区	文件名称	示范工程个数（个）	文件日期
1	北京市	北京市交通委员会关于实施绿色公路和推进公路钢结构桥梁建设实施方案	1	2016年9月
2	天津市	天津市交通运输委员会关于印发天津市实施绿色公路建设工作方案的通知	1	2017年9月
		天津市绿色公路建设技术指南（试行）		2018年4月
3	河北省	—	—	—
4	山西省	山西省交通运输厅关于加快推进绿色公路典型示范工程建设的通知	3	2018年5月
5	内蒙古自治区	内蒙古自治区交通运输厅转发交通运输部关于实施绿色公路建设指导意见的通知	3	2016年9月
6	辽宁省	辽宁省实施绿色公路建设的工作方案	2	2016年9月
7	吉林省	吉林省实施绿色公路建设和推进公路钢结构桥梁建设的工作方案	2	2016年9月
8	黑龙江省	—	1	—
9	江苏省	江苏省绿色公路建设实施意见	12	2017年3月
10	安徽省	安徽省交通运输厅关于印发安徽省推进绿色公路建设实施方案的通知	1～2	2016年9月
11	福建省	福建省交通运输厅关于印发实施绿色公路建设和推进公路钢结构桥梁建设工作方案的通知	11	2016年10月
		福建省公路管理局关于印发《福建省普通干线绿色公路建设实施细则（试行）》的通知		2017年8月
12	江西省	全省绿色公路建设推进工作方案	1	2017年12月
		江西省交通运输厅关于印发《江西省绿色公路建设指南-高速公路》的通知		2019年3月
13	河南省	—	7	—
14	湖北省	关于印发湖北省实施绿色公路建设和推进公路钢结构桥梁建设工作实施方案的通知	6	2016年9月
15	湖南省	—	14	—
16	广东省	广东省推进绿色公路建设实施方案	7	2017年6月
		广东省绿色公路建设技术指南（试行）		2017年6月
17	广西壮族自治区	广西壮族自治区交通运输厅全面深入推进绿色交通发展实施方案	—	2018年6月
18	海南省	关于印发《海南省交通运输厅绿色公路建设和公路钢结构桥梁建设工作实施方案》的通知	3	2017年3月

续上表

序号	省级行政区	文件名称	示范工程个数（个）	文件日期
19	重庆市	关于报送重庆市实施绿色公路建设和推进公路钢结构桥梁建设实施方案及典型示范项目的报告	1	2016年9月
20	四川省	—	6	—
21	贵州省	贵州省交通运输厅关于贵州省实施绿色公路建设的指导意见	2～4	2017年6月
		贵州省交通运输厅关于推进绿色公路与钢结构桥梁建设的实施方案		2016年11月
22	云南省	云南省地方标准：绿色公路评价标准（DB 53/T449—2013）	2	2013年5月
23	西藏自治区	关于实施绿色公路建设和推进钢结构桥梁建设相关工作情况的报告	—	2016年10月
24	陕西省	陕西省绿色公路建设实施方案	4	—
25	宁夏回族自治区	宁夏交通运输厅绿色公路建设实施方案	3～5	—

3.2 面临瓶颈

虽然绿色公路建设工作在政策依据、理论基础和技术方法等方面均取得了一定进展，但总体而言还存在诸多技术难点和方法瓶颈。

3.2.1 对绿色公路的认识尚未形成共识

各省（区、市）在开展绿色公路建设过程中，对于绿色公路的定义以及主要建设内容定位不清晰。多数省（区、市）对绿色公路的认识仍然停留在“十二五”期绿色循环低碳示范公路层面，主要的工作内容也聚焦在低碳、环保、节能等手段和措施的应用上，未能深刻理解当前绿色公路的真正内涵以及相关要求，从而导致绿色公路建设规程、标准、考核等关键问题一直没有得到很好的解决。

3.2.2 要求更高的同时手段受限

近期，在2015年十八届五中全会提出新发展理念的背景下，交通运输部全面推动绿色公路建设，重点是解决人地和谐问题。在“十三五”时期，生态文明建设的重要性更加凸显。2017 年，党的十九大报告指出生态文明是中华民族永续发展的千年大计，2018 年 5 月全国生态环境保护大会在京举行，大会最大的亮点是正式确立了习近平生态文明思想，提出了坚持“生态兴则文明兴”“人与自然和谐共生”“绿水青山就是金山银山”“良好生态环境是最普惠民生福祉”“山水林田湖草是生命共同体”“用最严格制度最严密法治保护生态环境”“建设美丽中国全民行动”“共谋全球生态文明建设”等八大原则，绿色公路建设方向更加明确，但宏观背景已发生较大变化，要求既要考虑人地和谐，还要考虑民生社会、环境本底、严格法制、区域统筹甚至国际影响。受国家行政体制改革等因素影响，绿色公路建设在面对更高要求的同时，还在面临经费支撑难保障、示范推进需调整等现实问题。

3.2.3 专项标准与要素标准欠缺

绿色公路作为新兴事物，正在面临旧标准制约愈加明显、新标准编制难度大的问题。从行业层面看，技术指南虽已印发但还远不够完善，地区差异、工程差异、技术适应性等问题还没有也不可能在短期内完全解决。从地方层面看，绿色公路技术指南、绿色公路评价标准等技术规范文件推进程度不统一，深度各有不同，且各地视角和定位差别很大，有的省（区、市）技术标准环保痕迹浓重，有的省（区、市）工程特征明显，各地在绿色公路理念认知、建设内容与要求、预期目标与管控对策等方面仍然存在不小的分歧。从工程类型看，桥梁、隧道、路基、路面、交通安全设施（简称“交安”）、环保等均有专项设计规范，相关工程建设绿色化发展既有共性要求也需个性方案，目前存在针对特定工程类型的整体技术规范。从绿色要素上看，资源节约集约、生态保护与修复、污染控源治理、节能减碳等方面要求多而专，落地公路行业还需全面梳理、深入探索。从整体上看，针对工程和要素的标准体系建设还需大力强化。

3.2.4 管理手段不多、力度不强

从行业发展角度看，目前绿色公路的推进过度依赖试点示范，缺乏强有力的推进手段和行之有效的政策措施。绿色公路建设理念及技术在高速公路建设过程中贯彻与落实较好，但在普通国省干线和农村公路建设中未能得到大范围

推广，政策引导作用有待加强。从示范工程推进效果看，由于绿色公路的评价体系尚不完善，考核奖惩标准尚未明确，缺少专项建设资金支持，在招标与合同文件中无法对主动推进绿色公路建设的发包人、承包人提供专门支持，导致实际效果远低于预期目标，绿色公路工程质量良莠不齐，绿色成效难以保障。从发展目标看，绿色公路建设最终目标是使绿色成为行业发展的一种自愿选择，目前宣传管理偏松软，绿色公路监管体系尚不健全，实现绿色公路常态化发展目标依然困难重重。

3.2.5 工程实践创新少、亮点不够

现有绿色公路主要按照“五大任务”“五大专项”框架进行设计和推进，在具体实践中存在按照条文生搬硬套、重复示范和多重示范等现象，在绿色公路方案策划、亮点打造、特色展示等诸多方面均存在一定问题，还没有统筹绿色公路建设的系统性和灵活性原则。不同工程自身特点及其所处区域的自然资源、社会经济和政策支撑等条件不同，但在具体建设过程却存在着同质化现象，主要表现为规定动作多、创新动作少，一般工程多、特色工程少，重复展示多、特色亮点少等，特别是在执行全寿命周期绿色、特色创新、标准引领等要求方面还存在较大差距，部分绿色公路示范效果没有完全达到预期目标。

3.2.6 工业化建造不成熟

一是工业化内容不明确。目前工业化只有概念，没有相应的技术政策。工程质量责任划分、验收标准和方式方法等方面尚不明确。

二是工程造价偏高。在市政工程中，由于受限因素较多，在考虑高额的施工措施费的前提下，工业化建造产品具有一定的比较优势。但在公路建设项目中，工业化建造产品价格劣势明显。

三是地形条件受限。山区公路隧道比例高，运输条件艰苦，给工业化制造和安装带来更多困难。如山区地形起伏大，下部结构形式和尺寸多样，难以采用标准化、工厂化预制拼装。此外，受山区建设条件限制，许多项目仍不得不采用分散型梁场、标段化架设的方式，未实现整个项目集中进行梁片预制和统一安装的规模化生产模式。

四是标准体系问题。建筑构件标准化程度低、通用性差，预制装配式构件

产品认证体系不完善，已经开展的构件生产主要还是采用工程代加工模式，导致构件工业化生产成本高、规模化难度大，阻碍建筑工业化发展。

五是产业政策问题。建筑工业化在交通建筑市场目前还不成熟，在招投标阶段对建筑工业化没有明确要求，大型交通标准构件运输成本较高，产品税收等政策不明确，产业引导政策不完善。

3.2.7 “四新技术”应用不广泛

虽然“四新技术”在公路行业已推广多年，但仍存在动力不足、设计意愿不足和科研机制等方面的问题。

一是动力不足。有些技术虽然初期投入较大，但能降低工程造价或节约工期，或提高施工安全性，施工单位主动采用的意愿性较强；有些技术能够提高工程建设品质及提高运营管理效率，但会增加施工和运营期投入，导致相关单位积极性不高。

二是设计制约。设计单位普遍愿意采用较为成熟的工艺工法和建筑材料。此外，因工程设计时不得指定品牌或厂家，一些具有专利的产品、材料、设备等也无法在建设中应用。

三是科研机制制约。受现行科研管理体制的影响，一些已有的科研成果和先进工法没有得到有效应用。科研选题不注重施工一线需求，装备生产厂家与施工一线缺乏有效沟通，仅依靠一线技术人员开展“三微改”，能够有效支撑一线作业提质增效、具有全面推广应用价值的新成果和新装备还不多。

3.3 发展趋势

3.3.1 绿色公路成为必选

绿色公路建设更加注重公路与生态环境、社会多系统的统筹协调，是新常态下推动公路建设高质量发展、转型升级的重要途径，契合国家生态文明建设和绿色发展大政方针，贴合当前生态环境最新战略和“三线一单”等管控要求。可以预见，未来通过绿色公路建设技术指南宣贯培训、示范工程成效总结、优秀成果展示等手段，将能够推动绿色公路建设成为行业主动行为、地方必选行为和企业自律行为。

3.3.2 全过程绿色成为共识

局部绿色不是真正绿色,将绿色发展理念与技术全面贯穿于公路项目规划、设计、建设、运营和养护等全寿命周期已成为行业共识。首先,前端要想好,前期规划设计应注重绿色发展理念的贯彻,从源头上指导工程建设选择合适的工艺、材料和技术,从源头上体现最基本、最直接的绿色;其次,过程要管好,注重建设品质,强调工匠精神,通过选择最合适的工程类型、最高效的工艺手法、最自然环保的建设材料,强调工程建设本身的绿色;最后,末端要治好,通过采取生态修复、污染控制、景观营造等手段来解决建设中出现的问题,强化绿色运营。

3.3.3 完善政策配套体系

就实际需求而言,应尽快建立涵盖政策要求、技术规范、评估标准和管理办法等环节的完善的闭环政策体系,着力解决绿色公路建设必要性、科学性、可比性、导向性等基本问题。其中,政策要求应明确绿色公路建设目标、原则和关键内容,并明确推进时间表和路线图。技术规范重点明确绿色公路建设的技术要求和应用此类技术的预期效果。评估标准主要用于对绿色公路建设预期效果进行评估,它既是绿色公路建设过程遵守的目标指向,也可用于绿色公路建设的效果展示。管理办法则需要重点总结绿色公路建设经验和教训,对推进绿色公路建设效果好的地区和企业给予必要的鼓励,对推进绿色公路效果较差的地区和企业给予必要帮助,必要时进行监督检查,使绿色公路建设成为行业的自觉行为。

3.3.4 加快标准体系建设

持续完善技术规范体系,从区域、公路等级、工程专业三个层面形成系统化的技术规范体系。从区域角度看,中国地域辽阔,南北差异大,不同区域的环境特点各不相同,应在总结各区域示范工程经验做法的基础上,因地制宜、实事求是地着力完善不同区域的技术规范。从公路等级角度看,公路按管理性质可划分为国道、省道、县道、乡(村)道和专用公路,对于不同类型的公路,其绿色公路建设侧重点不同，应建立不同的技术规范指导其建设；从工程专业领域看，公路一般由路基、路面、桥梁、涵洞、隧道、服务设施等组成，每个专业领域使用的技术特点不同，分领域建立技术规范能够切实指导绿色公路建设更好地落地。条件具备的，还可结合公路建设特点，分要素推进绿色公路建设标准体系建设。

3.3.5　强化目标考核管理

尽快出台行业公认的评估标准和管理办法，不断强化目标考核管理。推出绿色公路评估指标体系可为公路建设提供明确的绿色发展导向，可包括基础型和选择型两类。前者主要表征绿色公路的必备特征，是判断公路发展性质的必要依据，应依据“短板理论”评价；后者为绿色公路评估的补充性指标，不影响公路发展性质，但影响公路绿色发展程度，可采用积分法评估。管理办法的制定应强化结果导向，将“奖优罚劣”作为核心管理思想，并结合工程和区域特点，实现有针对性、有特色的设计、建设和运营这一最终发展目标。此外，还可通过设计回访等手段加强过程管理，必要时可开展专项检查等活动，针对具体问题给出明确的解决措施。

第4章

CHAPTER 4

绿色公路建设重大政策

4.1 政策体系

4.1.1 绿色公路政策体系发展基础

4.1.1.1 绿色公路政策体系发展现状

2016 年 7 月交通运输部颁布《关于实施绿色公路建设的指导意见》，明确要求到 2020 年“绿色公路建设标准和评估体系基本建立，绿色公路建设理念深入人心，建成一批绿色公路示范工程，形成一套可复制、可推广的经验”。随后，交通运输部分别于 2016 年 7 月、2017 年 1 月和 2017 年 4 月，分三批确定了总计 33 个绿色公路建设典型示范工程，做到了各省（区、市）全覆盖。各省（区、市）交通主管部门积极行动，结合实际情况，在顶层架构和标准规范两方面开展了相关研究，在一定程度上推动了绿色公路建设理念的进步。

1）加强顶层架构建设

一是制定工作实施方案。陕西、福建、广东、贵州、吉林、内蒙古、重庆、上海等省（区、市）均结合本地实际，制定了绿色公路建设实施方案。福建省交通运输厅发布了《关于印发实施绿色公路建设和推进公路钢结构桥梁建设工作方案的通知》、贵州省交通运输厅印发了《关于贵州省实施绿色公路建设的指导意见》、吉林省交通运输厅印发了《实施绿色公路建设和推进公路钢结构桥梁建设的工作方案》。

二是建立健全组织机构。部分省厅（委）建立健全了推进绿色公路建设的组织机构，成立了由省厅（委）领导牵头的绿色公路和钢结构桥梁建设工作领导小组。同时，省厅（委）直属单位进行了明确的任务分工安排。

三是完善制度保障措施。贵州省交通运输厅督促各项目设计单位落实绿色公路的相关要求，咨询单位在咨询审查时对绿色公路的相关要求进行专项审查，确保绿色公路建设方案、措施及所需资金得到保障，没有落实绿色公路建设要求的设计文件一律不予审查、审批。要求项目业主单位将绿色公路作为日常检查督促的重点内容之一，对施工单位对相关要求的落实情况进行检查督促。对厅属单位，将作为其年度目标考核的内容。对公路交通基础设施建设从业单位，将作为其信用评价的考量因素，如果发现违反绿色公路施工要求的一般失信行为，纳入当年信用评价进行扣分，性质恶劣的，直接降等定级。

四是组织成立专家组。福建省交通运输厅成立全省实施绿色公路和推进钢结构桥梁建设专家组，专家组由省内外经验丰富的专家组成，对绿色公路和钢结构桥梁的勘察设计、建设施工、运营管理等全过程进行技术指导和咨询，开展专题研究，创新技术，探索相关评价指标和制度建设。组织人员到国内推行较好、应用到位的省份参观学习，将先进经验和技术引进省内。贵州省交通运输厅成立绿色公路咨询专家组，对绿色公路的勘察设计、施工、运营、管理等全过程进行技术指导和咨询，开展专题研究，探索相关评价指标和制度建设。组织开展学习观摩，及时引进绿色公路的先进技术和成功经验；组织开展绿色公路设计、建设技术研讨和交流；对全省交通行业开展绿色公路专项技术培训，提高从业人员的业务素养和专业水平。鼓励设计、施工、管理等单位加强绿色公路专业人才的引进和培养，为绿色公路提供强有力的支撑。

2）推进标准规范制定

相关交通运输厅（委）总结绿色公路建设经验，制修订绿色公路建设相关标准规范，研究编制当地的绿色公路建设技术指南，构建适合当地的绿色公路建设技术体系，包括施工工艺、建筑材料、机械设备、养护管理等方面，完善绿色公路建设评价标准和评价管理体系，明确技术要求，全面指导绿色公路建设。

北京市交通委员会组织编制完成了《绿色公路设计指导意见》《绿色公路建设指标体系》和《绿色公路建设评价指标》。福建省公路管理局印发了《福建省普通干线绿色公路建设设计阶段评价指标表》《福建省普通干线绿色公路建设施工阶段评价指标表》。广东省交通运输厅印发了《广东省绿色公路建设技术指南（试行）》。云南省也发布了地方标准《绿色公路评价标准》。

4.1.1.2 绿色公路政策体系发展面临瓶颈

目前，各地十分重视绿色公路建设，多自主开展了制度机制、组织机构、标准规范等政策研究，但仍然缺乏较为系统、完善的顶层设计，还存在概念意识不清、制度体系不全、推进路径未成形等问题。

1）概念意识不清

从意识领域看，不同人群看待绿色公路的视角不同，对于绿色公路概念内涵、外在特征、重点内容的理解呈现多样性，客观上导致绿色公路建设规程、标准、考核等关键问题一直没有得到很好的解决。

2）制度体系不全

从行业层面看，绿色公路制度体系不完善是其面临的最大问题，也是当下制约绿色公路理念提升、建设落地、运营见效的重要原因之一。总体来看，国家和地方现有政策要求大多较为宏观，技术指南基本处于缺失状态，评估标准尚难操作，管理办法（推荐路径、奖惩机制等）尚未明确，严重影响绿色公路的推进和建设效果。

3）推进路径未成形

从工程实践看，绿色公路建设基本流程和技术路线尚未成形，关键技术与推进方案远未形成共识，导致绿色公路介入时间、建设原则、特色展示、亮点打造等方面均有较大分歧。另外，不同工程特点及其所处区域自然、社会环境条件均不相同，但在具体建设过程中却存在同质化现象，主要表现为规定动作多、特色工程少、展示亮点雷同等，特别是在执行全寿命周期绿色、特色创新、标准引领（通过工程建设形成地区性甚至全国性的建设技术规范）等要求方面，还存在较大差距。

4.1.2 绿色公路政策体系构建

就实际需求而言，应尽快建立涵盖政策要求、技术规范、评估标准和管理办法等环节的完善的闭环政策体系（图4.1-1），着力解决绿色公路建设必要性、科学性、可比性、导向性等问题。其中，政策要求应明确绿色公路建设目标、原则和关键内容，并明确推进时间表和路线图。技术规范重点明确绿色公路建设的技术要求和应用此类技术的预期效果。评估指标主要针对绿色公路建设预期效果进行表征，既是绿色公路建设过程中的目标指向，也是绿色公路建设的效果展示。管理办法需重点总结绿色公路建设经验和教训，对推进绿色公路建设效果好的地区和企业给予必要的鼓励，对推进绿色公路效果较差的地区和企业给予必要帮助。

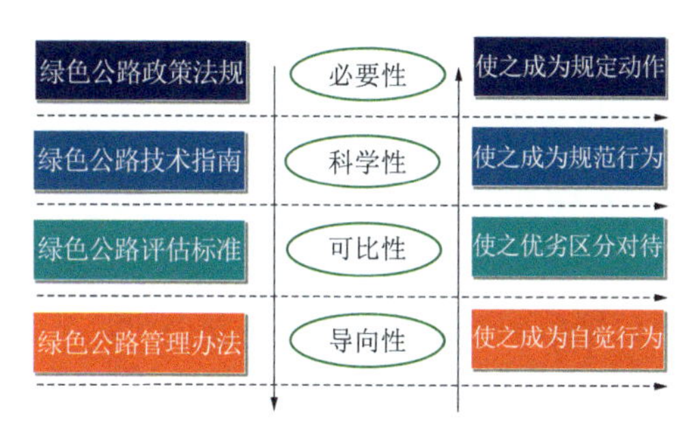

图4.1-1　绿色公路政策体系框架示意图

4.1.2.1 完善部、省两级法规性文件

从交通运输部层面看,《关于实施绿色公路建设的指导意见》明确提出了绿色公路建设的指导思想、基本原则、建设目标、主要内容和保障措施，是时下最全面的政策文件。但近些年，我国将生态文明建设上升为千年大计，绿色公路建设的宏观背景已经发生改变，政策文件应该提高站位，着眼更远。从地方层面看，虽然行业指导意见要求建立的激励约束机制、综合评价制度等法规性文件已有进展，但推进程度不尽统一，内容要求与可操作、能见效的目标之间还存在不小差距。

4.1.2.2 发布绿色公路技术指南

《关于实施绿色公路建设的指导意见》中提出要出台《绿色公路建设技术指南》(简称《指南》)，明确绿色公路建设技术要求。《指南》已于2020年1月面向全国正式发布。《指南》分概述和设计篇、施工篇。概述重点阐述了推动绿色公路建设的意义、发展历程、内涵和理念。其中，内涵给出了一些学者的观点和我们对内涵的认识，理念则是绿色公路建设的关键，理念的提升才是绿色公路建设的根本。设计篇分总体设计、路线、路基、路面、桥梁涵洞、隧道、交安设施、服务区、景观与环境保护和旅游功能拓展等10个专业，分别阐述绿色公路设计的总体要求和技术措施；施工篇分总则、路基施工、路面施工、桥梁涵洞施工以及隧道施工等5个方面，围绕绿色施工技术提出建议。《指南》聚焦绿色公路建设的理念思路、建设内容、技术应用、方法措施等，重点提供技术指引和经验借鉴，目的是激发中高层技术人员的创作欲望，指导初级人员设计。《指南》并非是新的技术标准和规范，而是在遵守现行技术标准和规范的前提下，围绕环保景观、低碳节能、循环利用、旅游服务等绿色公路建设目标，就如何合理选择设计标准、灵活运用技术指标、科学合理的技术方案及处置措施等给出解决的思路和方法，是对标准规范的补充，如果存在部分内容与现行标准规范冲突，则以现行标准规范为准。

4.1.2.3 建立绿色公路评估指标体系

推出评估指标体系是为公路建设提供明确的绿色发展导向。依据“时间代替空间”原则，绿色公路结构特征更多地体现为不同的发展阶段，即建设前、建设期、营运期和报废期；绿色公路的功能特征主要体现为各个发展阶段系统内物质流、能量流或对其产生重要影响的各种因素与自然生态系统的全面和谐，

主要为资源节约、生态保护、污染防治、技术创新、周期管控、示范引领等方面。参照生态评价指标相关理论，绿色公路评价指标体系可包括控制型和自选型两类，前者主要指绿色公路的必备特征，即直接决定公路发展性质的必要依据，应依据“短板理论”评价。自选型指标为绿色公路评价的补充性指标，不影响公路发展性质，但影响公路绿色发展程度，可采用积分法评价。

4.1.2.4 出台绿色公路建设管理办法

当前，我国正在全面清理、规范示范建设活动，管理办法的制定变得更为迫切。绿色公路管理办法制定的思路应更为开阔，需要跳出示范项目的管理思路，立足于将绿色公路变成行业自律行为、地方必选行为和企业主动行为。为此，管理办法的制定应强化结果导向，将“奖优罚劣”作为核心管理思想，并结合工程和区域特点，实现有针对性、有特色的设计、建设和运营的最终管理目标。此外，绿色公路管理办法还应直面绿色公路建设过程中面临的实际问题，给出明确的解决途径，其中最为重要的制约有两个，即新增投资的合理出处、为达到更好的绿色效果的设计变更。

4.2 技术标准

在当前生态文明备受关注、绿色发展成为全社会共识的背景下，总结绿色公路建设经验，构建绿色公路建设技术标准体系能够全面提升绿色公路建设水平，是当前公路建设领域的一项重要任务。

4.2.1 绿色公路建设技术标准

4.2.1.1 绿色公路建设技术标准构建思路

绿色公路建设需要坚持系统论和周期成本思想，以工程质量、安全、耐久、服务为根本，坚持“两个统筹”，把握“四大要素”，以理念提升、创新引领、示范带动、制度完善为途径，推动公路建设发展的转型升级，涉及的区域范围大、公路类型全、工程领域广。因此，在开展绿色公路建设技术标准体系构建时应从不同区域、等级、专业三个层面形成系统化的技术规范体系。

1）区域角度

中国地域辽阔，南北差异大，不同区域的环境特点各不相同，应在总结各区域示范工程技术经验的基础上，因地制宜、实事求是地着力完善区域技术规范。一是按照地理分区划分，综合我国地理位置、自然地理、人文地理的特点，例如可遵循我国地理划分标准，按照北方地区、南方地区、西北地区和青藏地区四大地理分区构建绿色公路建设技术标准体系；二是根据经济分区划分，根据我国经济社会加速发展的新形势，例如可遵循我国经济分区划分标准，从东部地区、东北地区、中部地区和西部地区四大经济区域出发，围绕“西部开发、东北振兴、中部崛起、东部率先发展”等战略，构建绿色公路建设技术标准体系。

对于位于高寒高海拔、地质灾害频发、山岭重丘、用地受限等建设条件复杂的区域，提倡分段选择技术标准，灵活运用技术指标，如采用规范规定的技术指标最小值或极限值；在保证安全的前提下，可论证降低部分功能目标和次要指标。

2）公路等级角度

公路按管理性质可划分为国道、省道、县道、乡（村）道和专用公路，不同类型公路建设绿色公路的侧重点不同，应建立不同的技术规范指导其建设。不同等级绿色公路的建设技术标准应重点根据公路的功能，即公路在路网中的作用（干线、集散、支线），并考虑交通量、建设条件，衡量安全、环境及资源承载力等因素综合确定。

对于低等级公路的升级改造工程，应重点对如何充分利用老路、如何灵活运用技术指标，以及如何在保证安全的前提下降低对环境的影响和工程造价等进行研究。

3）专业领域角度

公路一般由路基、路面、桥梁、涵洞、隧道、服务设施等组成，每个专业领域使用的技术特点不同，分领域建立技术规范能够使规范切实指导绿色公路建设更好地落地。具备条件时，还可结合公路建设特点，分环境要素推进绿色公路建设标准体系建设。

4.2.1.2 绿色公路建设技术标准体系架构

在深入解析绿色公路概念与内涵的基础上，借鉴国内外相关公路的建设技术指南，从总则、设计、施工、养护、运营管理和保障等方面构建绿色公路建设技术标准体系架构，展现绿色公路建设技术路径及一些具体举措，展示绿色公路建设实践成果，以期带动绿色公路建设更加系统、全面、深入地推进。具体绿色公路建设技术标准体系架构如图 4.2-1～图 4.2-13 所示。

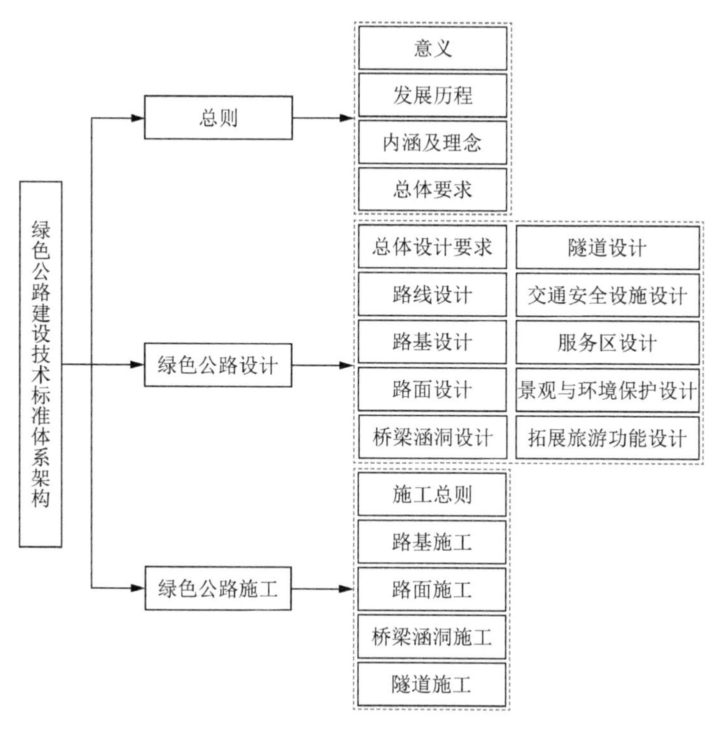

图 4.2-1 绿色公路建设技术标准体系架构

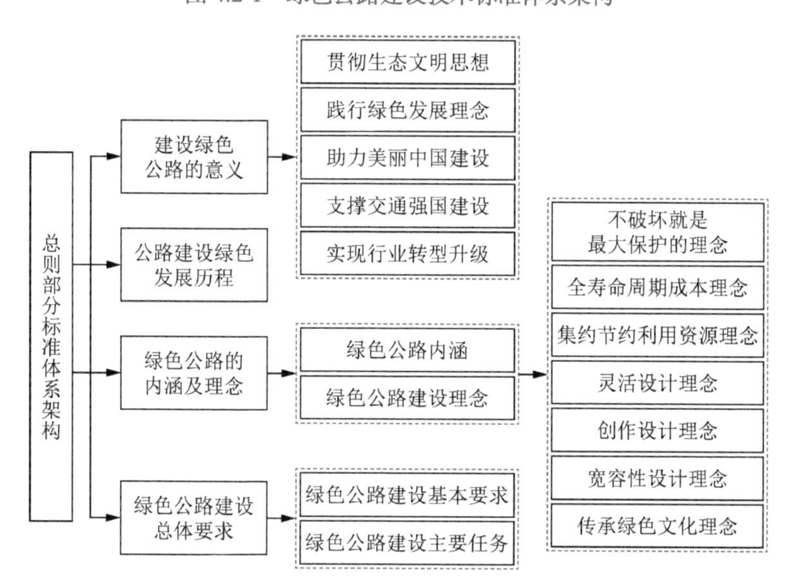

图 4.2-2 总则部分标准体系架构

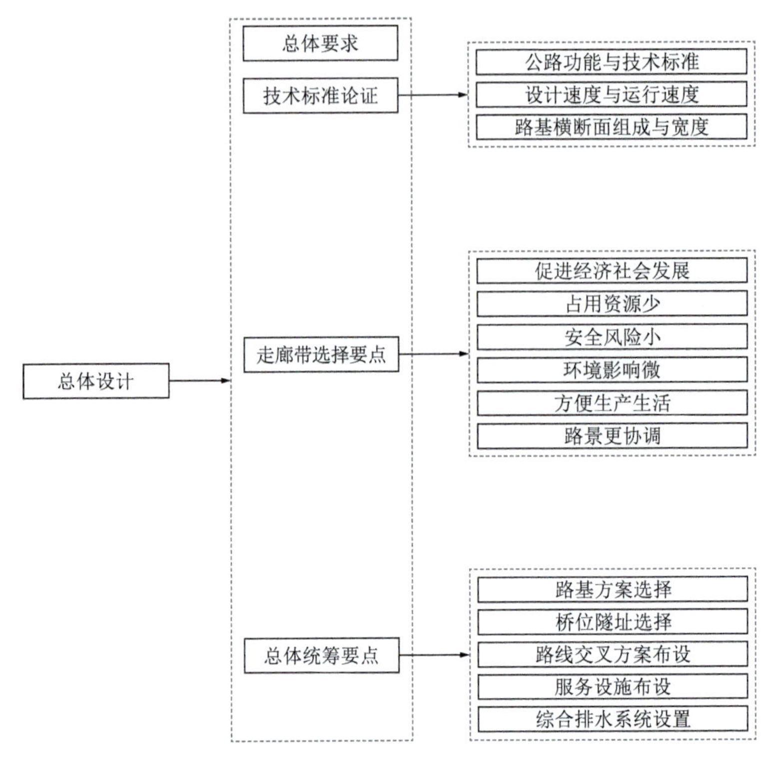

图 4.2-3　总体设计部分标准体系架构

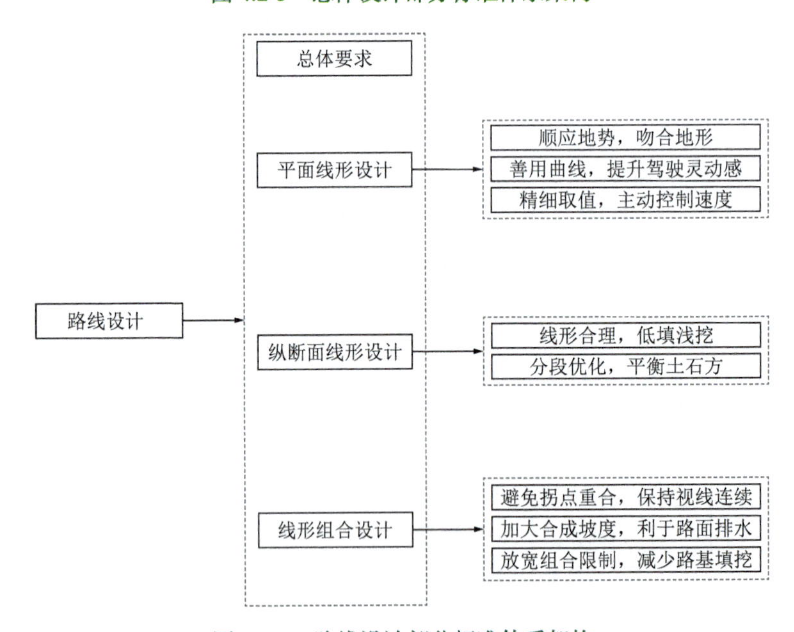

图 4.2-4　路线设计部分标准体系架构

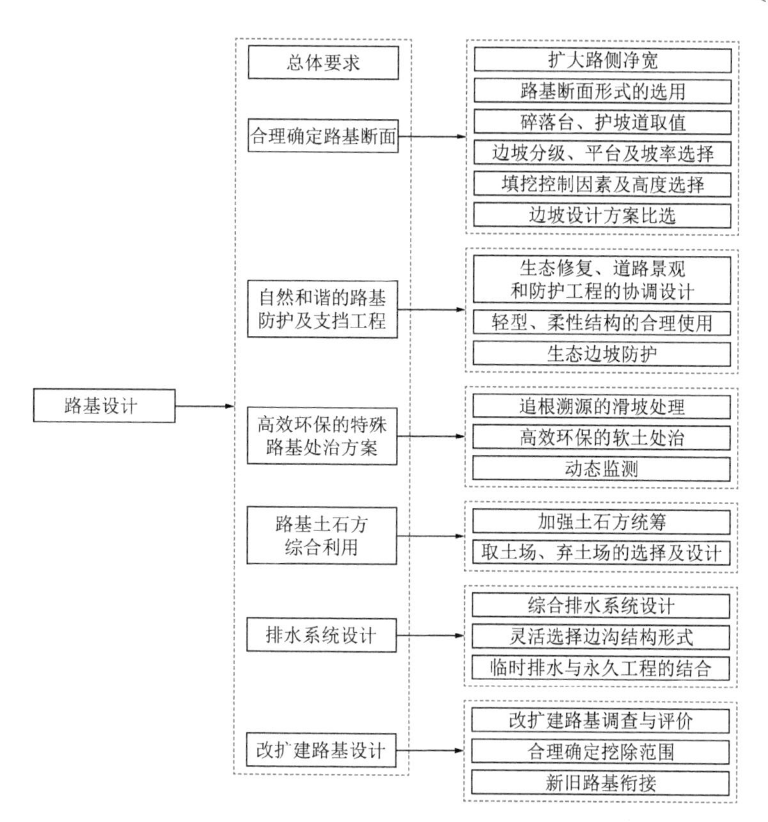

图 4.2-5 路基设计部分标准体系架构

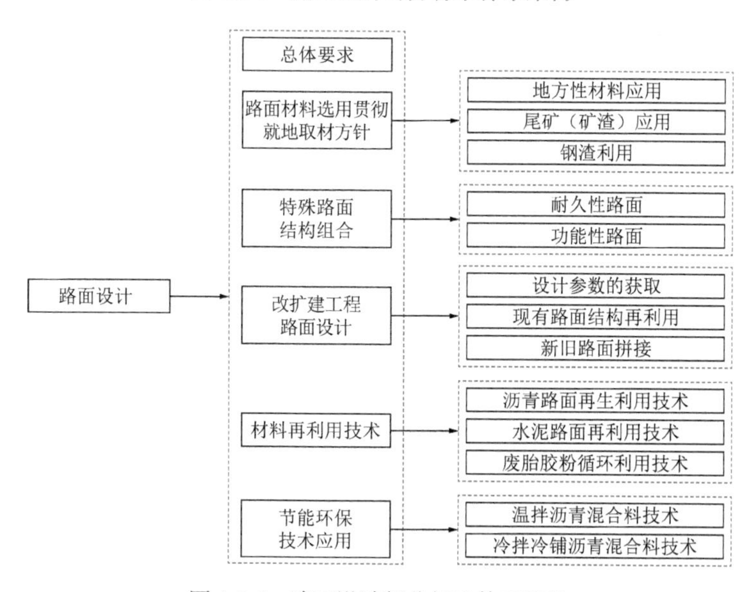

图 4.2-6 路面设计部分标准体系架构

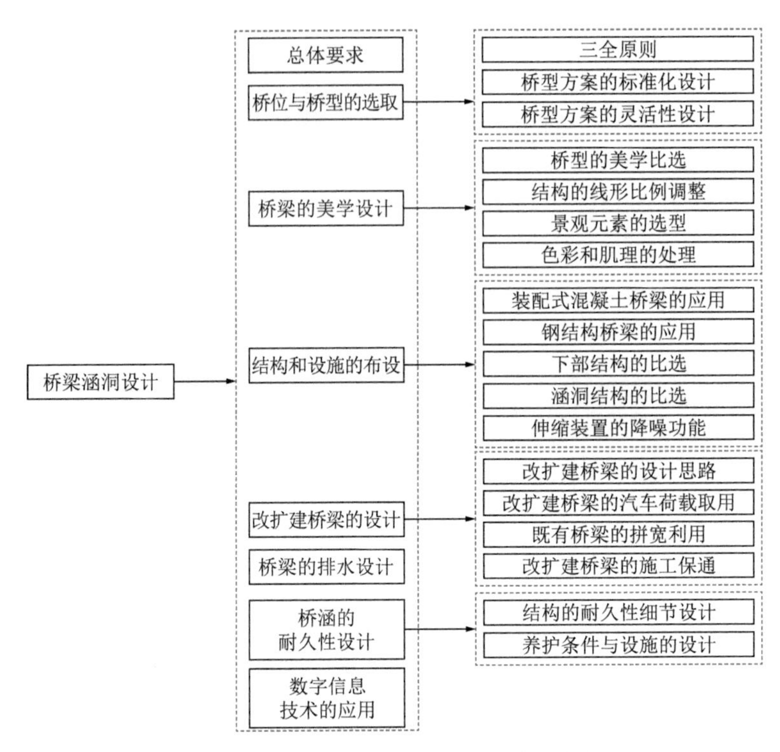

图 4.2-7 桥梁涵洞设计部分标准体系架构

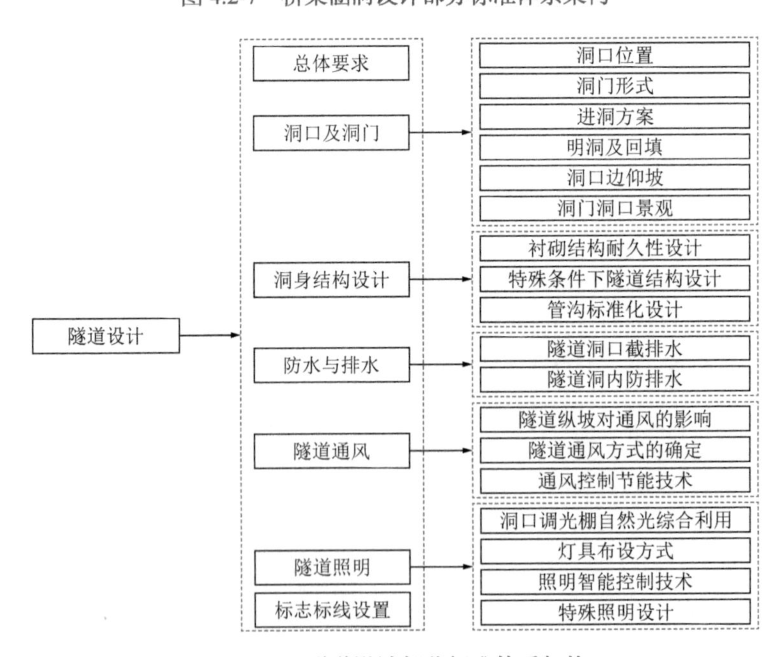

图 4.2-8 隧道设计部分标准体系架构

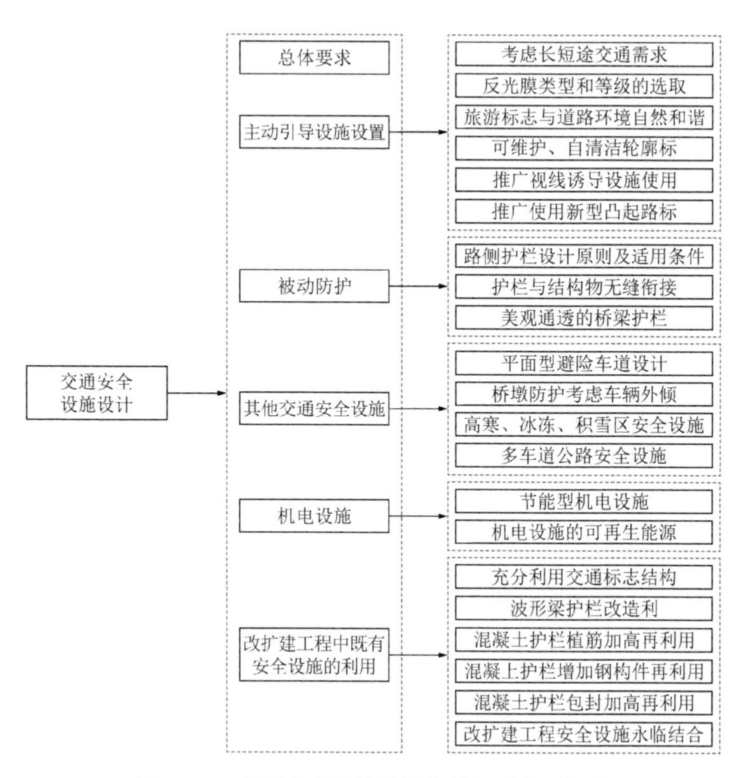

图 4.2-9 交通安全设施设计部分标准体系架构

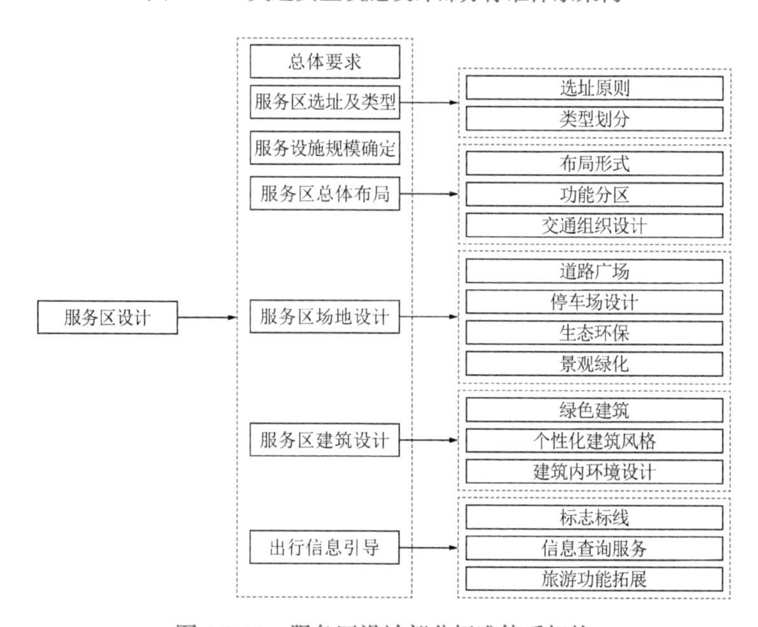

图 4.2-10 服务区设计部分标准体系架构

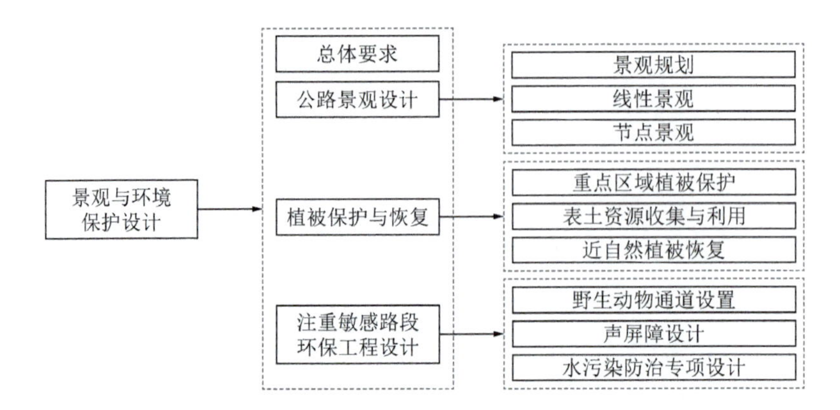

图 4.2-11 景观与环境保护设计部分标准体系架构

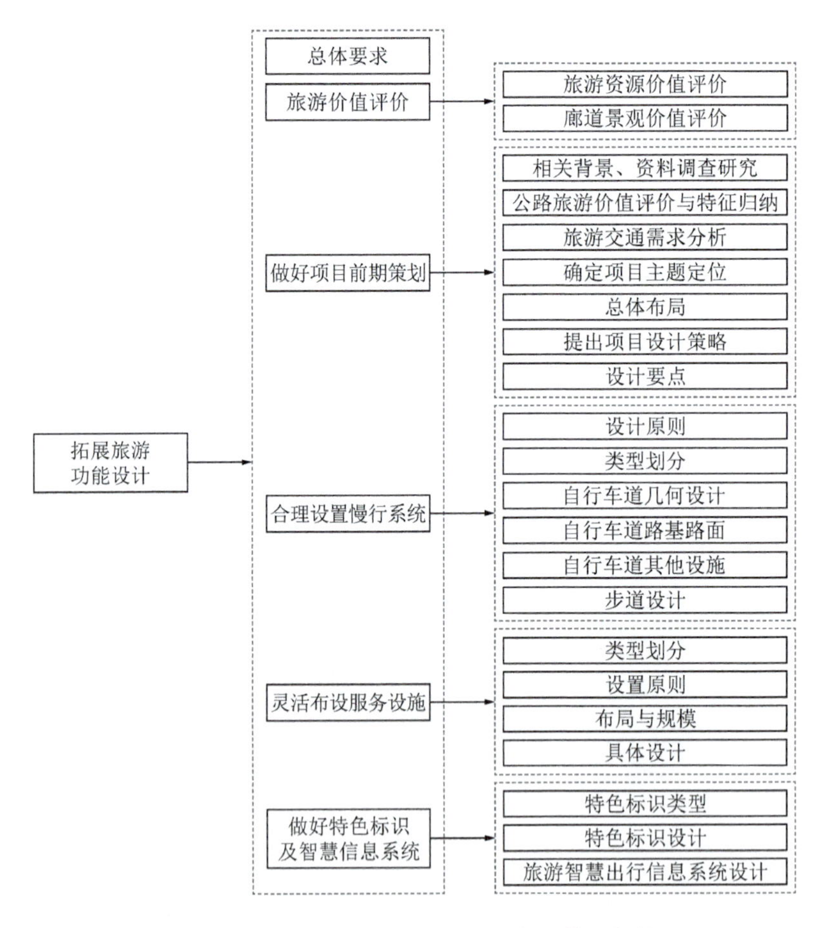

图 4.2-12 拓展旅游功能设计部分标准体系架构

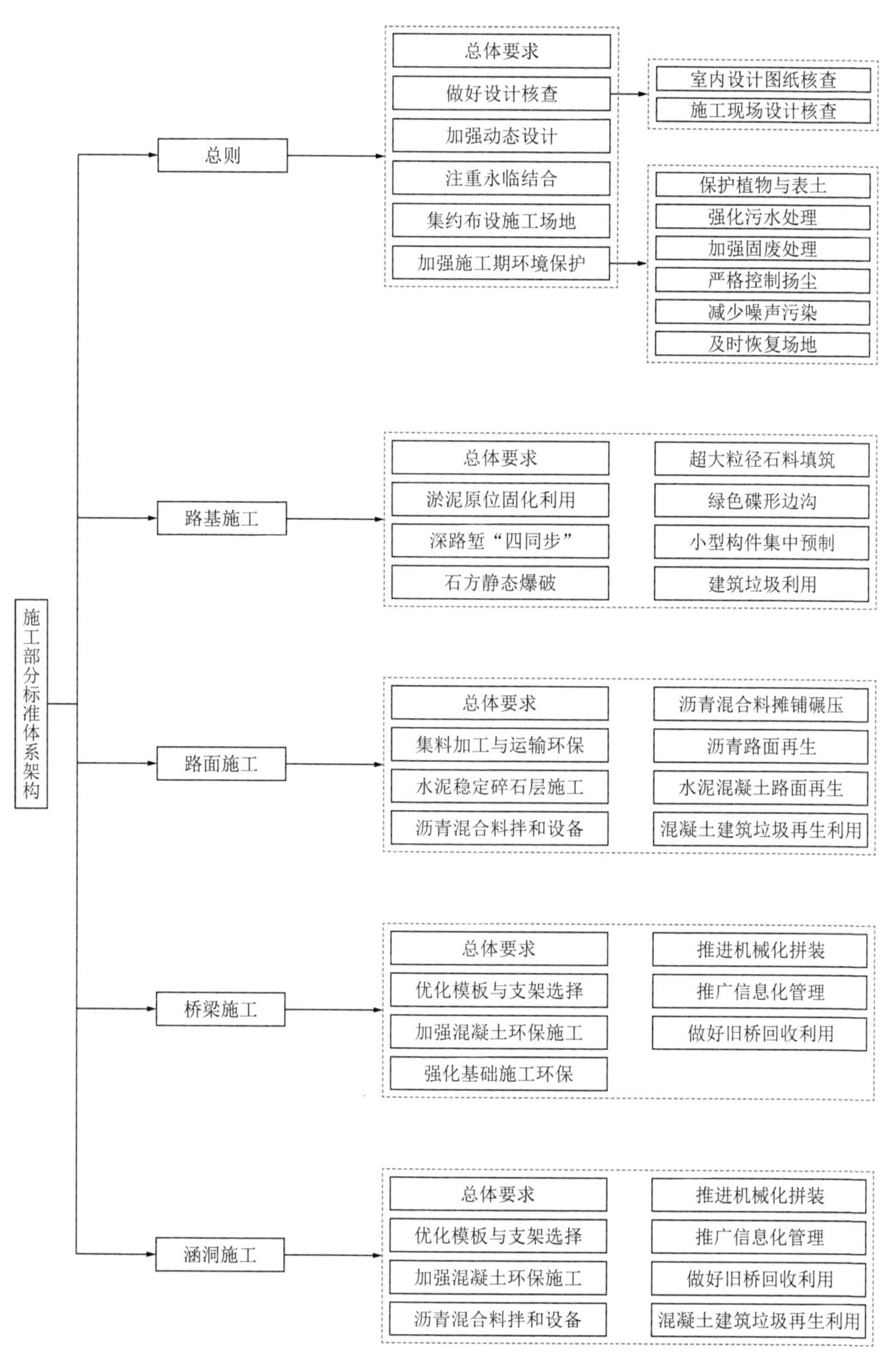

图 4.2-13　施工部分标准体系架构

4.2.2 绿色桥梁建设技术指南

从绿色公路建设的理念和内涵来看，桥梁的绿色建设技术，需要遵守安全、耐久、适用、环保、经济和美观的原则，从提升社会属性和艺术属性、完善功能属性和技术属性入手，提升质量效益，塑造品质工程。

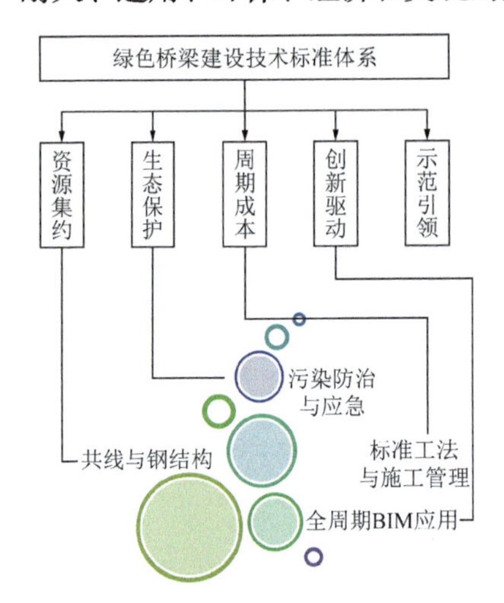

图 4.2-14 绿色桥梁建设技术标准体系框架

遵循《关于实施绿色公路建设的指导意见》，以及上述绿色公路建设标准体系架构，绿色桥梁建设技术指南主要包括资源集约节约、生态环境保护、统筹周期成本、科技创新驱动、技术示范引领五大方面的任务，以及共线与钢结构、污染防治与应急、标准工法与施工管理、全周期建筑信息模型（Building Information Modeling，BIM）应用等相关关键技术，具体技术标准体系框架如图 4.2-14 所示。

4.2.2.1 资源集约节约

1）科学选线和廊道利用

统筹廊道资源、土地资源、军事设施、航空安全及环境敏感目标等多方面因素，开展科学选线和共线设计。

遵循“全寿命、全要素、全方位”的“三全”原则，做好总体设计，合理确定桥位和桥型，并做好设计理念的转变和提升。在总体设计的桥位选择上，大桥及其以下等级的桥梁服从路线总体走向，尽量保持沟谷、水系和水流的天然状态，不轻易改移天然河道、改沟合并。特大桥综合考虑地形、地貌、地质、环境、水文、通航、规划和建设方案等因素，合理选择桥位。地质条件复杂、地形陡峻区域的桥梁，桥位选择尤其应结合弯、坡、斜桥和高墩大跨桥梁的施工难度进行比选论证。

在桥型方案上，不盲目追求“长、大、高、特”，优先采用技术成熟、经济适用的常规桥型，结构形式与尺寸宜统一，提倡标准化设计和施工。根据实际情况统筹考虑，确定两三种经济孔径，按照少数经济孔径服从多数经济孔径的原则进行归并，以便集中组织、方便施工、控制质量和工期。公路路线穿越环境敏感区时，适当增大跨径，减少桥墩数量，并根据地形确定桥墩的位置。

当桥梁走向与其他铁路、公路等廊道存在共线时，通过廊道的集约利用，极大节约城市交通用地，采用上下层合建布置，在引桥和主桥部分可共用桥梁基础及下部结构，大幅度减少混凝土、钢筋、模板、人工等资源的使用。

2）土地资源集约

工程线路设计尽量选择工业用地、空地等重要性差的土地，减少永久占地，尽量减少对沿线农业的影响。连接线以引桥形式取代路基，因引桥下为桥墩支撑，每隔一定距离布设花瓶墩或门式墩，可节省占地面积。利用桥梁周边滩涂造地设置临时施工场地，集中布设拌和站、钢筋存放及加工区、钢结构加工厂、临时材料堆放场、钢壳沉井板单元存放区、陆上沉井施工（泥浆、沉淀、蓄水）池、设备维修停放区等临时设施，避免各施工场地分散布设占用其他地方的土地、良田，实现集约节约。施工便道可利用现有的县乡公路、村道、机耕路，减少新建施工便道。弃方除用于路基填筑、锚碇基坑回填外，剩余部分可供附近其他工程建设使用。

3）改扩建桥梁利用

桥梁的改扩建改造和利用，符合基础设施建设“低消耗、低排放、低污染”的发展趋势，遵照“安全、节约、充分利用”的原则，考虑具体项目的地形地质条件、桥梁的结构和规模、施工难度和交通组织等因素择优选择。已有的桥梁改扩建项目的难点集中在既有桥梁能否利用、如何利用、如何平衡施工与保通三个问题上。作者在对既有桥梁利用的评价原则、桥梁改扩建方式与拼接技术、施工期交通保通组织三个方面进行了研究和实践后，形成了初步认识。

在保证安全的前提下，尽量利用既有桥梁。在专项检测评价的基础上，根据状况评定结果、结构验算结论和技术经济比较，确定对既有桥梁的直接利用、拼接加宽、或拆除重建等方案。

4）钢结构桥梁应用

在研究总结设计、施工和科研等成果的基础上，大力推广公路钢结构桥梁建设的新技术、新材料和新工艺，提高桥梁结构整体质量水平。开展有关标准、技术的制定和研究；开展钢结构制造、安装、运营等各个环节的检验标准研究，编制相关验收标准，确保钢结构加工质量；开展气候湿热地区及海洋环境下桥梁耐久性的关键技术研究，加强耐候钢在钢结构建设中的研究和使用，以提高结构的使用寿命并减少日常的养护工作量；开展全寿命周期成本的编制方法研究，根据全寿命成本最优准则对方案进行分析和决策。由于钢材价格随市场波动较大，在常规中小跨径桥梁中经济优势不明显，建议研究相关激励或补助方案。

4.2.2.2 生态环境环保

桥涵施工应严格遵循节约和环保的绿色目标，强化桥梁基础施工的环境保护意识和工作，着力推进工厂化预制、机械化拼装、信息化管理，因地制宜做好旧桥回收利用，周转材料优先选用环保、可拆卸化、可再生利用材料。传统桥涵桩基施工机械化程度不高，功效低，易产生噪声、污染水体等问题，为避免施工时产生的泥浆污染环境，减少超灌混凝土造成的材料浪费，有条件的区域提倡采用全套管跟进无泥浆法施工，同时加大对既有施工设备的微改进、微创新，达到提高功效，保护环境，节约材料的目的。

1）水环境保护

加强桥梁施工期和运营期水环境保护，减少对江湖河海域环境的污染，是遵循交通运输部《关于实施绿色公路建设的指导意见》，贯彻环境保护、水土保持的客观要求。尤其是在桥梁基础及下部结构施工过程中，以及在运营期突发火灾及危化品运输车辆事故时，做好施工管理和桥面径流工作，是保护水源的重要任务。

桥面径流应开展专项设计，重点对上、下层桥面径流收集/汇集、排水口设计、排水管布设与固定、收集池设计等进行设计，并考虑桥面涌流、台风/暴雨天气、收集池容积等问题。

2）声屏障设置

桥梁在施工期和运营期将对敏感点产生较大影响，应采取有效措施减少声环境污染。优化场地布设，将噪声大的工序布置在远离敏感点的方位，合理安排施工时间，大噪声工艺禁止夜间作业，淘汰老旧机械，减少大噪声机械；在场地周边设置临时声屏障，临时便道布设远离学校、村镇等声环境敏感点。推荐使用微孔岩生态声屏障＋玻璃钢声屏障，下部采用玻璃钢声屏障，保证桥下路面光线，上部采用微孔岩生态声屏障，微孔岩吸隔声板原料精选内蒙古高原天然砂，利用德国特殊工艺，将一种无机硅基溶剂均匀且极薄地施涂于全部砂粒表面，使砂粒外层之间发生一种熔融再固化反应，由此，砂粒就像被焊接一样聚合在一起。微孔岩吸隔声板强度高、防火、防潮、抗冻融、耐老化，而且工艺中无胶黏剂，微孔岩吸隔声板也无任何有机挥发物，是绿色环保的建筑吸隔声材料。

3）空气污染防治

加强桥梁区域空气环境保护，避免引起较严重的空气污染，减少对社会生活的干扰。沥青拌和站的沥青搅拌设备应远离村镇，并尽量布设在村镇的下风向位置，拌和站随时洒水降尘。采用先进的沥青混凝土拌和装置，配备除尘设备、沥青烟净化和排放设施。沥青烟排放应达到《大气污染物综合排放标准》（GB 16297—1996）中的允许排放限值。粉状材料如水泥、石灰等应罐装或袋装，禁止散装运输，严禁运输途中扬尘、散落，堆放应有篷布遮盖。运至拌和站应尽快与黏土混合，减少堆放时间。堆放时应采取防风防雨措施，必要时设立围栏，并定时洒水防止扬尘。土、砂、石料运输禁止超载，装料高度不得超过车厢板，并加盖篷布。出入料场的道路、施工便道及未铺装的道路应经常洒水，以减少粉尘污染。路基施工时应及时分层压实，并注意洒水降尘。

4）生态修复

路基与锚碇体锥坡范围内的回填材料采用加筋土，路基范围以外的回填材料采用宕渣。锚碇基坑回填后，坡脚位置设置仰斜式挡墙固脚，并对边坡进行覆绿，减少生态影响。

对于锚碇基坑回填部位的边坡，主要采用框格植草结合厚层基材绿化防护的修复方式。可选择乡土乔灌草植物进行自然式栽植，选用色叶植物、开花植物结合配置，达到“三季有绿，四季有花”的景观效果。种植时，在上层缓坡上采用乔、灌、草相结合的种植方式，下层较陡边坡可先种植灌木，再进行撒播植草，最后在边坡挡墙外种植以常绿乔木为主的乡土乔木，以及一些攀缘植物，最终达到以下效果：①桥头植物的选择和搭配与桥梁的造型和体型相呼应，与周围环境相融合；②通过植物防护实现对边坡水土流失的治理，降低水土流失；③通过绿化优化处理，遮挡锚碇外露的硬质景观的面积，减少硬质防护的视觉冲击，使景观与周围环境相融合，改善周边生态环境。

5）美观度提升

桥梁作为构造物，在塑造公路的景观风格中扮演重要角色。应注重桥梁的美学设计，融入必要的工程美学和景观设计，体现工程与自然人文的和谐、融合与共享，实现桥梁与环境的协调美。从宏观上把握桥型选择和孔跨布置，从微观上注重梁、墩、台、附属结构、材料、色彩等细节，打造桥梁的形态美和功能美，使桥梁成为主要标志性建筑和重要的人文景观，如旧金山金门大桥、香港的青马大桥、江苏的苏通大桥、浙江的杭州湾大桥等。桥梁的美学和景观设计要在符合桥梁功能、技术、经济要求的前提下，重点考虑桥型美学比选、桥体结构部件比例调整、桥梁选型与城市及大地景观尺度的和谐、桥梁的防护涂装与环境整体色彩的联系等因素。

4.2.2.3　统筹周期成本

遵循全寿命周期成本理念，突出系统优化与全过程管理思路，贯彻绿色、生态、环保、低碳理念，统筹公路规划、设计、建设、运营、管理、维护全过程，降低全寿命周期成本，提升工程综合环境效益，实现工程效益和经济效益的统一。

1）全寿命周期资源环境效益评估

分析大桥建设对资源能源的消耗强度与消耗方式，研究大桥建设对陆域环境、水域环境以及海洋生态功能造成的影响，系统识别大桥建设对资源环境系统的正面与负面影响因子与影响程度。

2）采用科学、先进、绿色、环保型施工工艺

在大桥建设过程中，采用先进、绿色的建造技术和理念，提高大桥基础和主要构件的耐久性，提升大桥在建设过程中的环保和绿色品质，提高大桥在运营过程中的安全性。

3）落实可达、可检、可修、可换的整体设计与维护

注重路桥设计与建设的前瞻性，统筹考虑后期养护管理的功能性需求，为后期的维修和养护提供较大便利。后期运营维护中，依照“绿色公路”的具体要求，以科学养护为统领，提高养护便利化水平，实施养护过程中的智能化管理与健康预警，配备专业的养护队伍，落实养护职责，制定桥梁风险事故应急处理预案，降低事故污染概率。考虑永久构件和可更换构件的特点，重视桥梁

结构的耐久性设计；统筹建设与养护需求，遵循可检查、可维修、可更换的基本原则。

4.2.2.4　科技创新驱动

1）“互联网＋BIM”全寿命周期信息化管理技术与应用

“互联网＋BIM”技术应用于桥梁规划设计、施工建设、运营养护全寿命周期：在设计阶段，可利用BIM技术实现三维协同设计与可视化漫游、工程设计协同管理等功能；在施工阶段，可利用“互联网＋BIM”技术实现关键施工方案模拟、施工监控、标准化建设以及工程信息协同管理等功能；在运营养护阶段，可利用“互联网＋BIM”实现快速采集、传输和可视化定位等功能，并融合桥梁健康监测、运营智能分析系统，智能辅助大桥养护管理决策。

2）基于“互联网＋BIM”技术的深度智慧化协同管理平台

打造基于“互联网＋BIM”的大桥建设期可视化协同管理平台，打造“智慧工地”，推行“一物一码，一人一证”，项目全要素纳入信息化管理，为工程进度、质量、安全和计量投资管理提供一站式可视化信息管理服务；提供“云计算＋互联网”的新一代工程项目管理协同工作平台，实现设计、施工、监理、监控、检测、咨询等各方的工作协同和数据共享，实现工程建设大数据的有效收集、共享及科学分析利用。

利用“物联网＋大数据”技术，实现桥梁建设过程中的各项机械、设备、物料、构件、人员，预制构件制造、运输、装配安装，工地拌和站、实验室、门禁系统等内容的智能感知和在线管理。

3）基于BIM的桥梁施工模拟与监控管理系统

利用BIM三维可视化技术，开展施工方案模拟，从而优化施工方案，提高施工效率。具体工程环节包括引桥预制截断箱梁架设安装、中塔及沉井基础施工、中塔主鞍座构造焊接与检测、锚碇及沉井基础施工模拟、悬索桥上部结构架设施工等重要工程节点模拟。通过BIM三维可视化技术，根据施工场地的地形特点，模拟布设施工营地、预制化工厂等施工场地。

利用“BIM＋AMG（自动导引设备）”技术，实现钢结构桥梁智能化数控辅助下料切割，采用三维激光扫描技术严格控制制造误差；基于“精益生产”理念，实现短线法预制节段箱梁工厂化生产、预制、物流、仓储、调配、运输和架设等方面的智能化管理。通过BIM技术协同管理平台可开展工厂化构件远程进度质量管理，具体包括钢桁梁生产制造、鞍座及索夹生产制造、预制截断箱梁生产制造工厂等标准化施工工厂。

4）基于移动终端的现场质量和安全隐患现场排查处理动态管理系统

利用“云＋端”技术，研发部署项目管理手持式智能移动终端，使信息化服务渗透到每道施工工序中。项目现场参建各方人员可以在手机上实时开展工作，达到施工现场即是管理现场的目标，大幅提升各方协同能力和工作效率，在手机移动端建立现场问题实时解决闭环机制。

4.2.2.5 技术示范引领

1）绿色节能技术

充分发挥区域风能、太阳能优势，利用风光互补发电、光伏发电等技术，在兼顾双层桥形的条件下开展 LED 照明、太阳能光伏利用等节能照明设备应用，并结合声控、光控系统，有效控制照明时间，减少桥梁运行的电能消耗量，达到优化照明、节约能源的目的。结合桥梁管理处等房建区基础设施的用能需求规模与用能时段分布特点，建议在被动房屋顶及房建场地空间位置和线路周边空旷用地设计太阳能光伏系统，采用太阳能利用效率最大化的系统布置方式，将太阳能可转换为电能与热能，为桥梁管理处等房建区供电及供热，提高新能源使用效率。

2）桥梁风险应急技术

结合桥梁工程方案的建设条件与运营管理，初步识别风险源，具体包括灾害天气风险、风致振动风险、大位移伸缩缝装置受力风险、船撞风险、桥梁火灾风险、桥梁地震风险、桥梁车撞风险、桥梁危险品车辆运输风险、桥梁车辆重载风险等。在运营养护中应加强极端天气和桥梁运输风险应急管理技术，切实减缓和降低各类风险事故对大桥运营带来的经济与环境影响，为应急决策提供技术支撑。

3）景观照明

桥梁亮化工程主要以体现桥梁的巨大跨度以及用吊杆的精巧设计体现大桥固有的设计美感为主，不做过多的修饰。以静态灯光为主，动态灯光柔缓舒展，辅以简单色彩变化。根据桥梁的美学特征，进行选择性照明，对桥梁的桥塔、主桥、吊杆进行亮化，营造灯光曼妙摇曳的光影，舞动夜空，丰富大桥的立体之美。

4.2.3 绿色服务区建设技术标准

目前国内外尚无针对公路服务区的绿色水平建设标准。我国现有的《绿色建筑评价标准》仅适用于一般民用建筑，不完全适用于交通服务设施的绿色建造。因此亟待建立适用于公路服务区的绿色建设技术标准体系，指导绿色服务区建设，促进绿色交通设施的发展。

绿色服务区是指在全寿命周期内，最大限度地节约资源、保护环境、减少污染、提升服务，为驾乘人员提供安全健康、舒适高效的使用空间，与自然和谐共生的公路服务区。本书根据公路服务区建设和运营管理的特点，对绿色服务区建设的技术要求及方法进行了有益探索，鼓励采用生态环保、节能减排新技术、新产品、新材料及新装备，对推动绿色公路服务区的发展、提升公路交通服务设施的绿色水平与服务质量具有重要作用和意义。

遵循《关于实施绿色公路建设的指导意见》，以及上述绿色公路建设标准体系架构，绿色服务区建设技术指南主要包括用地与室外环境优化、节能与新能源利用、资源节约与保护利用、服务品质提升等四个方面的任务，以及布局优化、景观提升、绿色建筑、新能源利用、太阳能光伏发电板、污水处理回用、雨水循环利用、旅游功能拓展、人性化智慧化建设等相关关键技术，具体技术标准体系框架如图 4.2-15 所示。

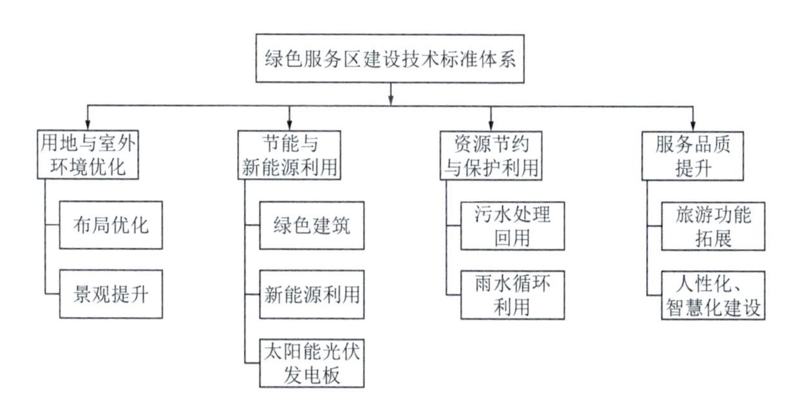

图 4.2-15 绿色服务区建设技术标准体系框架

4.2.3.1 用地与室外环境优化

在满足技术、经济、运行管理要求的条件下，服务区与收费、监控通信、养护、互通等设施同址合建或者采用主线上跨式服务区节约土地，尽量选用石砾地、陡坡地、盐碱地、沙荒地、废窑坑、仓库与工厂弃置地等废弃场地进行建设，合理利用原地形高差，优化总图设计和建筑空间形态。

采取措施降低场地内铺装地面的温度，采用屋顶绿化、垂直绿化等方式降低建筑物外表面温度，采用建筑构件或绿化措施对需要通风（或防风）的建筑及周边部位进行导风，场区垃圾集中收集及处置处理，人行道、小型车停车区均采用透水地面铺装，保护场地内及周边相关区域的自然水系、水域、湿地和自然植被。

4.2.3.2 节能与新能源利用

屋面和外墙的传热系数满足或优于《公共建筑节能设计标准》(GB 50189—2015）规定的热工性能限值要求，外窗的传热系数和太阳得热系数满足或优于GB 50189—2015规范规定的热工性能限值要求。采用可调节的外部遮阳设施，降低夏季太阳辐射热，采用建筑构件对建筑物需要采光的房间及部位进行自然光反射补光。室内公共照明系统同时采取分区、定时、红外感应节能控制措施，实现能源综合利用。

建立太阳能储热系统，采用地源热泵或水源热泵技术，利用太阳能、风能等可再生能源，利用天然气等（不包括电能）清洁能源，服务区采取分区、分功能能耗计量措施，减少对电能等传统能源的消耗，提升新能源的利用效率。

4.2.3.3 资源节约与保护利用

建设污水处理回用设施，再生水水质达到《城市污水再生利用　城市杂用水水质》(GB/T 18920—2020）规定的要求，回用于冲厕、绿化、景观用水等用途，合理进行雨水收集利用，并采用可靠的处理技术保障水质，使用较高用水效率等级的卫生器具，卫生器具有用水效率相关标准的应全部采用，绿化灌溉采用喷灌、微灌、渗灌等高效节水灌溉方式，除卫生器具、绿化灌溉外的其他用水采用节水技术或措施。

遵循“海绵城市”的理念，打造海绵服务区，建设绿色屋顶、雨水花园、雨水收集池、生态排水沟、生态停车场等设施，实现雨水高效收集循环利用，实现对水资源的节约与保护。

4.2.3.4 服务品质提升

根据服务区规模及周边旅游、文化资源情况，拓展旅游、休闲娱乐、文化体验、亲子互动和健康养生等多种功能和设施，为出行者提供更加丰富、综合和便捷的服务体验。利用污水处理设施的人工湿地作为服务区景观，为美化环境和方便驾乘人员休息、休闲，设置景观小品、服务设施和文化建设相关展示设施。

在服务区入口处采取硬隔离，渠化行车道，组织不同类型车辆进入各自的停车区、汽修间、加油站等功能区。在服务区内设置交通标志标牌引导车辆按规定线路行驶，各种车辆分类分区停放，各分区之间有隔离措施，设置母婴室、第三卫生间等人性化设施，在公共区域提供免费无密码的无线网络服务，全面提升服务区人性化理念。

针对服务区管理、监测、经营、服务等方面，开展智能化专项设计和应用，减少服务区在管理和监测等方面的人力、物力成本，结合现有信息化技术，为出行者提供更加智慧、先进的服务内容，实现服务区智慧化建设。

4.3 评估指标体系

4.3.1 绿色公路评估指标体系

4.3.1.1 指标体系构建原则

以全面、准确反映绿色公路内在特征与外在表现为目标，提出绿色公路评估指标体系的构建原则如下。

1）科学性原则

绿色公路评估指标体系应以习近平生态文明思想为指导，全面体现美丽中国和绿色发展愿景。遵循自然生态规律，结合公路工程建设各阶段特点，满足交通运输部发布的《关于实施绿色公路建设的指导意见》中提出的具体要求。

2）系统性原则

绿色公路评估指标体系应具有合理的层次结构，自上而下从宏观到微观逐层深入，各部分相互联系共同构成有机整体。各层指标系统由一组指标构成，共同表征本级绿色公路建设目标；各指标之间尽量线性不相关，准确、全面地体现绿色公路的建设要求。

3）可操作性原则

评估指标体系要繁简适中，既能保证评估结果的客观准确，又应简单明了，便于操作。绿色公路评估指标数据应易于收集，能通过观察、测试、评议等较为直接的手段获取。

4）目标导向原则

以形成绿色公路长效推进机制、引导和鼓励被评估对象乃至整个公路行业向着生态环保、高效节约、安全耐久、服务多元等绿色方向发展为根本目标，统筹考虑公路建设高品质发展整体要求和具体绿色公路“四新”技术发展趋势，合理选择指标并完善指标体系。

4.3.1.2　指标体系构建总体思路

基于习近平生态文明思想核心要求，从绿色公路的定义和内涵出发，确定指标体系构建总体思路。绿色公路需要考虑的因素、期望达到的目标是全过程、全要素、全方位的，各目标之间相互作用和影响使指标确定过程变得相对复杂，具有典型的多目标决策问题的特征，即各目标之间没有统一衡量的标准，难以进行比较。因此，绿色公路的评估属于多变量指标综合评估，指标可以是定性的也可以是定量的，指标的重要程度采用权值衡量。

按照上述分析，绿色公路评估标准指标体系采用层次分析法（Analytic Hierarchy Process，AHP），将绿色公路由总指标分解成分项指标，再由分项指标分解成次级指标，即得到特征层（目标层）、内容层（准则层）和评价指标层，组成树状结构的指标体系，使体系的各个要素及其结构都能满足系统化要求。

4.3.1.3　指标体系构建方法

首先，在借鉴国内外相关研究的基础上，根据公路工程建设过程中涉及的规划、设计和施工等阶段的特点，按照绿色公路的内涵与特征解析结果，确立指标体系构建原则和体系框架。在具体工作中，作者重点借鉴了交通运输部发布的《关于实施绿色公路建设的指导意见》中提出的主要任务和各项要求，确定了各层指标。

其次，在指标体系框架基础上，梳理现有政策文件及研究成果，重点借鉴国内各省市已经出台实施的绿色公路评估标准和相关研究机构编制的绿色公路评估标准成果，筛选建立绿色公路初选指标库。

再次，根据指标体系的构建原则，结合统计数据支撑条件分析结果，开展指标优选与合理性论证，建立相对完整的评价指标体系。

最后，根据初定指标体系，对部分绿色公路建设典型示范工程进行试评估，并反推评估指标存在的问题，进而进行再次完善。

4.3.1.4 评估指标体系

1）方案一

（1）指标体系的构成。

拟定的绿色公路评估指标体系包括：

①特征层。体现习近平生态文明思想核心要义，践行绿色发展理念，提出宏观管理目标，即：全面提升绿色理念；覆盖《关于实施绿色公路建设的指导意见》五大任务，具体包括：资源节约能源集约、生态修复环境保护、创新驱动标准示范、建养并重服务提升。

②内容层。重点参考《关于实施绿色公路建设的指导意见》的具体要求，整合五大专项行动方案，确定准则层指标，具体内容如下：在全面提升绿色理念方面，重点考虑项目规划和理念传播两大任务；在资源节约、能源集约方面，重点考虑土地资源节约利用、材料循环利用、水资源节约利用和服务区能源利用等领域；在生态修复、环境保护方面，重点考虑生态保护、污染防治两大任务；在创新驱动标准示范方面，重点考虑创新驱动、标准示范两个主题；在建养并重、服务提升方面，重点关注多元化服务设施、综合服务两个内容。

③评价指标层：具体指标详见表4.3-1。

绿色公路评估指标体系框架　　表4.3-1

特征	内容	序号	评价指标	指标性质	备注（与《绿色公路建设指导意见》条款要求的对应关系）
绿色理念	项目规划	1	绿色公路方案	基础项	第18、19条
		2	绿色公路专项资金	可选项	第20条
	理念传播	3	咨询培训	基础项	第18、22条
		4	经验总结宣传	基础项	第23条
资源节约	土地资源节约利用	5	通道资源利用	可选项	第1条
		6	土地资源保护	基础项	第2条
		7	临时用地恢复	基础项	第2条
	材料循环利用	8	隧道弃渣利用	可选项	第17条五大专项行动中的“零弃方、少借方”
		9	废旧材料循环利用	基础项	第4条
		10	节材施工材料与工艺	基础项	第4、8条
	水资源节约利用	11	节水措施	基础项	第4条
		12	中水利用	基础项	第4条

续上表

特征	内容	序号	评价指标	指标性质	备注（与《绿色公路建设指导意见》条款要求的对应关系）
生态环保	生态保护	13	生态敏感区保护	可选项	第5、6、7、11条
		14	野生动植物保护	基础项	第5、11条
		15	生态修复	基础项	第5、6、11条
	污染防治	16	施工场站布置	基础项	第6、9条
		17	污染防治	基础项	第6、7条
节能高效	节能技术	18	节能设计	可选项	第3、11条
		19	路面施工节能技术	基础项	第3条
	清洁能源利用	20	清洁能源推广应用	基础项	第3、11条
	标准化施工	21	标准化施工长效机制	基础项	第9条
		22	工程构件工厂化	可选项	第9条
	创新驱动	23	建筑信息模型技术	可选项	第12条、第17条五大专项行动中的“积极应用建筑信息模型新技术”
		24	HSE管理体系	可选项	第12、13条
服务提升	多元化服务设施	25	旅游服务	基础项	第14条、第17条五大专项行动中的“拓展公路旅游功能”
		26	服务区功能	可选项	第14条、第17条五大专项行动中的“推进绿色服务区建设”
		27	替代燃料设施	可选项	第14条
	综合服务	28	电子不停车收费（Electronic Toll Collection，ETC）技术应用	可选项	第12、15条
		29	公路出行信息服务体系	基础项	第12、15条

注：基础项为绿色公路评价均会涉及的选项，为加分项；可选项为一些项目不会涉及的选项，不涉及某可选项的项目不参与该可选项的评价，但涉及可选项的项目，采用扣分评价方法，即为减分项（详见后面的计分办法）。

（2）体系框架。

方案一采用“分层构架、逐层展开”的方式构建绿色公路评估指标体系。初步研究确定，绿色公路评估指标体由特征层、内容层和评价指标层构成，设5个特征、13项内容、29个指标（表4.3-1）。

2）方案二

（1）指标体系的构成。

目前拟定的绿色公路评估标准体系包括：

①目标层。依据公路建设全过程中涉及的各阶段分类，包括规划设计阶段和施工阶段。可避免后续准则层和指标层确定时出现重复和交叉的现象，全面体现公路工程建设的突出特点。

②准则层。由于公路建设各阶段工作内容和核心任务的不同，准则层应结合各阶段具体特点，按照不同逻辑进一步划分。具体而言：规划设计阶段的准则层应依据公路领域涉及的全要素内容进行分类，重点考虑项目规划、总体设计、路基路面、桥涵、隧道、交通服务设施等方面；施工阶段的准则层应依据公路工程施工时出现的不符合绿色公路要求的突出问题，关注施工过程中的生态环保任务，加强施工全过程的管理和监督工作，重点考虑总体要求、统筹资源利用、施工环境保护和节能减排等领域。

③指标层。重点参考《关于实施绿色公路建设的指导意见》的具体要求，整合五大专项行动方案，确定准则层指标。具体指标详见附表 4.3-2。

绿色公路评估指标体系框架 表 4.3-2

目标层	准则层	指标层	指标性质
规划设计阶段	项目规划	绿色公路方案	基础项（定性）
		专项资金	可选项（定量）
	总体设计	优化选线设计指标	可选项（定量）
		集约节约利用资源	基础项（定量）
		提升工业化建造水平	基础项（定量）
		统筹全寿命周期成本	基础项（定性）
		坚持科技创新	可选项（定性）
		加强交通旅游融合	可选项（定性）
	路基路面	路基填挖平衡	基础项（定量）
		废弃物循环利用	可选项（定量）
		路面材料选用	基础项（定量）
		环保设施设计	可选项（定性）
		边坡生态防护	可选项（定性）
		排水工程	可选项（定性）
	桥涵	桥型比选	基础项（定性）
		标准化设计	可选项（定性）
		建养一体化设计	可选项（定性）
		环保措施设计	基础项（定性）

续上表

目标层	准则层	指标层	指标性质
规划设计阶段	隧道	隧道洞口	可选项（定性）
		掘进方案	可选项（定性）
		隧道洞渣	基础项（定量）
		机电工程	可选项（定性）
	交通服务设施	交通出行引导	可选项（定性）
		场地集约利用	可选项（定量）
		绿色建筑设计	可选项（定性）
		能源资源利用	基础项（定量）
		环保设施设计	可选项（定性）
施工阶段	总体要求	严格环保监管	基础项（定性）
		合理施工组织	基础项（定性）
		施工标准化	可选项（定性）
		加强宣传培训	可选项（定性）
		推广管理经验	可选项（定性）
	统筹资源利用	施工期永临结合	基础项（定性）
		表土收集和利用	基础项（定量）
		施工材料节约	基础项（定量）
	施工环境保护	原生植被保护	可选项（定性）
		施工期水环境保护	基础项（定性）
		施工水土保持	基础项（定性）
		施工噪声与振动控制	基础项（定性）
		施工防尘控制	基础项（定性）
	节能减排	施工场地垃圾处理	基础项（定量）
		节能降耗	基础项（定量）

注：基础项为绿色公路评估均会涉及的选项，为加分项；可选项为一些工程不会涉及的选项，不涉及某可选项的工程不参与该可选项的评估，但涉及可选项的项目，采用扣分评价方法，即为减分项。

（2）体系框架。

方案二采用“分层构架、逐层展开”的方式构建绿色公路评估指标体系，初步研究确定绿色公路评估指标体系由目标层、准则层和指标层构成，设 2 个目标、10 项准则、42 个指标（表 4.3-2）。

4.3.2 绿色公路评估标准体系

4.3.2.1 评估标准依据

结合当前生态文明、绿色发展和“四个交通”建设的整体要求，结合绿色公路指导意见要求，以及国内外绿色公路、低碳公路、景观公路、生态环保公路等相应指标的评价标准取值及其确定依据，研究确定绿色公路评估必备指标的标准值。主要依据如下：

（1）国家和交通运输行业关于绿色公路、生态公路、低碳公路等的相关政策、法规、规划和研究成果等提出的阶段性（如2020年）目标，以及《交通运输节能环保“十三五”规划》等。

（2）国外发达国家和地区及国内相对发达地区绿色公路的现状及目标等。

（3）相关研究成果，如《低碳交通运输体系评价指标体系研究》《全面建成小康社会交通运输发展目标和指标体系研究》等。

（4）专家咨询意见与论证成果。

4.3.2.2　评估标准体系

绿色公路评价满分为100分，不同评价特征项赋予不同的分值，分值分布见表4.3-3。

绿色公路评价指标体系特征分值　　　　表4.3-3

特征	绿色理念	资源节约	生态环保	节能高效	服务提升
总分（分）	10	25	30	20	15

绿色公路评价的实际得分应为特征项得分之和，特征项得分应为该特征值下设所有内容项得分之和，各内容项得分应为该内容项下设所有评价指标得分之和，最终得分需按参与评价的评价指标实际得分除以参与评价的所有评价指标的满分总和再乘以100分计算。各特征项计分表见表4.3-4～表4.3-8。

“绿色理念”特征项计分表　　　　表4.3-4

特征	内容	指标	满分（分）	计分方法
绿色理念	项目规划	绿色公路方案	5	①编制了详细的绿色公路实施方案，制订了绿色设计、绿色施工和绿色养护计划的，得3分。 ②确立为省部级绿色公路示范工程的，得1分。 ③建立了绿色公路协同工作和考核机制，得1分
		绿色公路专项资金	2	①编制了绿色公路建设资金激励机制，得1分。 ②有固定年度经费用于绿色公路建设工作的，得1分
	理念传播	咨询培训	1	①成立了绿色公路建设专家组，并对绿色公路的勘察设计、建设施工、运营管理等全过程开展技术指导和咨询的，得0.5分。 ②开展了绿色公路培训教育活动，如绿色设计、绿色施工和绿色养护培训教育等的，得0.5分
		经验总结宣传	2	①开展了绿色公路宣传活动，在政府交通门户网站开辟宣传专栏的，得1分。 ②组织开展绿色设计、绿色施工及绿色养护技术等方面的经验总结交流会的，得1分

“资源节约”特征项计分表 表 4.3-5

特征	内容	指标	满分（分）	计分方法
资源节约	土地资源节约利用	通道资源利用	3	①可与铁路、高速公路或普通公路共用线位却没有统筹利用现有通道资源的，扣 2 分。 ②改扩建公路没有充分发挥和利用原通道资源的，扣 1 分
		土地资源保护	6	①通过科学选线、布线有效避让基本农田，无耕地超占现象的，得 1 分。 ②因地制宜采用低路堤和浅路堑方案的，得 1 分 ③公路施工中收集并保存表土资源，用于造地、复垦的，得 1 分。 ④对裸露地表有永久性和临时性防护工程措施的，得 1 分。 ⑤制定高填路堤与桥梁、深挖路堑与隧道或分离式路基等的论证比选方案的，得 1 分。 ⑥制定方案统筹布设公路施工临时便道、驻地、预制场、拌和站的，得 1 分
		临时用地控制与恢复	3	①利用荒地、废弃地或服务区等永久性征地作为施工临时用地的，得 1 分。 ②临时用地使用结束后恢复其原有功能，原农用地复耕率达到 100%的，得 1 分。 ③取弃土场采取绿化工程或复耕措施，弃渣场设置有效的拦挡措施的，得 1 分
	材料循环利用	隧道弃渣利用	3	对于有隧道的公路： ①未进行隧道弃渣综合利用的，扣 3 分。 ②隧道弃渣综合利用率在 30%以下的，扣 2 分。 ③隧道弃渣综合利用率在 30%～50%的，扣 1 分
		废旧材料循环利用	3	①积极推行采用废旧沥青路面、钢材、水泥等材料再生和循环利用的，得 1 分。 ②推广采用粉煤灰、煤矸石、矿渣、废旧轮胎等工业废料综合利用的，得 1 分。 ③开展建筑垃圾无害化处理与利用的，得 1 分
		节材施工材料与工艺	3	①采用钢结构桥梁的，得 2 分。 ②应用新型材料，如聚合物水泥混凝土、高强轻质混凝土、高性能混凝土、生物沥青等的，得 1 分
	水资源节约利用	节水措施	2	①施工机具、生活用水设施等采用节水产品或工艺的，得 1 分。 ②节水产品或工艺无漏水现象的，得 1 分
		中水利用	2	①公路施工时建有污水循环利用设施，对施工废水、生活污水进行循环利用的，得 1 分。 ②公路清洗作业优先采用再生水的，得 1 分

"生态保护"特征项计分表　　表4.3-6

特征	内容	指标	满分（分）	计分方法
生态环保	生态保护	生态敏感区保护	9	①公路选线没能避绕自然保护区、风景名胜区、森林公园、重要湿地、水源地保护区等生态敏感区的，扣3分。 ②没有制定生态敏感区专项生态保护设计方案的，扣2分。 ③没有制定生态敏感区专项生态保护施工方案的，扣2分。 ④涉及重要湿地的项目，没有开展湿地保护的特色技术研究的，扣1分。 ⑤在各类生态敏感区路段没有设置预告等标志，没有采取相关保护措施的，扣1分
		野生动植物保护	5	①路线避绕各类生态公益林、天然林集中分布区、基本草原、天然优良草场、野生动物栖息分布区等的，得3分。 ②路线无法避绕各类生态公益林、天然林集中分布区、基本草原、天然优良草场、野生动物栖息分布区时，制定了专项保护恢复方案的，得1分。 ③占用野生动植物分布区，采取了相应的生态补偿方案的，得1分
		生态修复	6	①对工程生态环境影响区域制定专门的生态修复方案，修复区域面积不小于工程生态环境影响区域面积的，得1.5分。 ②中东部平原区绿化植被成活率≥95%，中东部山区绿化栽植成活率≥90%，西部寒冷草原区及沙、碱、干旱区绿化栽植成活率≥70%的，得2分。 ③挡墙、浆砌护坡、石质边坡等防护工程在下部栽植植物或在顶部栽植垂枝藤本植物的，得1分。 ④因地制宜选择乡土绿化物种，乔、灌、草配置合理的，得1分。 ⑤将公路沿线绿化工程列入日常养护计划中，具有完善的养护方案的，得0.5分
	污染防治	施工场站布置	2	拌和站（场）、发电站、堆料场等设施设立在施工季节居民区主导风向的下风侧，距离居民区大于200m的，得2分
		污染防治	8	①跨越敏感水体的桥梁基础因地制宜采用沉入桩、灌注桩、沉井等桩基形式的，得2分。 ②跨越敏感水体桥梁设置桥面径流收集处置设施的，得2分。 ③设置沉淀池对混凝土搅拌站排水、隧道施工排水、桥梁基础施工泥浆水等进行处理的，得1分。 ④水源保护区内部无沥青混合料及混凝土搅拌站，不堆放、倾倒材料或废弃物的，得1分。 ⑤冬季除冰雪采用环境友好型融雪剂、微波除雪等环保技术代替传统氯盐型融雪剂的，得0.5分。 ⑥现浇混凝土及建筑砂浆采用预拌混凝土及预拌砂浆，施工现场、料场及施工便道适时洒水降尘的，得0.5分。 ⑦采用温拌沥青混合料、热拌减排沥青混合料等减排技术，减少沥青烟、硫氧化合物等有毒气体排放的，得0.5分。 ⑧在运营期间，公路中心线两侧200m范围内的居民区、学校、医院等噪声敏感点的噪声满足声环境功能要求的，得0.5分

"节能高效"特征项计分表　　表 4.3-7

特征	内容	指标	满分（分）	计分方法
节能高效	节能技术	节能设计	4	①涉及房建的项目,没有进行建筑节能设计的,扣 1 分; ②涉及隧道的项目,没有使用节能通风技术的,扣 1 分; ③涉及公路路侧或隧道照明的项目,没有使用智能照明控制技术的，扣 1 分。 ④涉及房建或隧道的项目,没有开展运营期能耗在线监测管理、实现在线统计各种能源消耗数据的，扣 1 分
		路面施工节能技术	2	①采用温拌沥青技术施工路面占项目沥青路面总面积的 15%以上的，得 1 分。 ②路面修补作业采用冷拌冷铺沥青混合料、自粘式沥青路面贴缝带等冷补养护技术的，得 1 分
	清洁能源利用	清洁能源推广应用	3	因地制宜推广太阳能、风能、地热能、天然气等清洁能源应用： ①采用清洁能源供电的照明设备； ②采用清洁能源供电的采暖锅炉或空调系统； ③采用清洁能源的施工机械设备； ④采用清洁能源的养护机械设备。 以上 4 项全部满足得 3 分，满足 3 项得 2 分，满足 1～2 项得 1 分
	标准化施工	标准化施工长效机制	1	制定并执行标准化施工管理流程，实现工地标准化、工艺标准化和管理标准化，文件记录完备的，得 1 分
		工程构件工厂化	4	涉及桥梁的项目,钢结构和混凝土构件生产工厂化比例低于 30%的,扣 4 分;在 30%～40%的,扣 2 分;在 40%～50%的，扣 1 分
	创新驱动	建筑信息模型技术	5	在以下方面应用建筑信息模型（BIM）新技术： ①辅助设计； ②辅助施工过程管理； ③辅助运营管理。 以上 3 项，都不满足，扣 5 分；满足 1 项，扣 3 分；满足 2 项，扣 2 分
		HSE 管理体系	1	施工期未建立健康（Health）、安全（Safety）和环境（Environment）三位一体的 HSE 管理体系的，扣 1 分

"服务提升"特征项计分表　　表 4.3-8

特征	内容	指标	满分（分）	计分方法
服务提升	多元化服务设施	旅游服务	4	①结合当地的名胜古迹、民俗风情等旅游资源合理制定公路设计主题的，得 1 分。 ②公路构造物视线诱导自然、外观美学修饰良好，与沿线建筑风格、风土人情协调一致的，得 1 分。 ③在风景优美路段设置观景平台及停车区的，得 1 分。 ④在公路沿线设置自驾车房车营地或旅游服务站等旅游服务设施的，得 1 分

续上表

特征	内容	指标	满分（分）	计分方法
服务提升	多元化服务设施	服务区功能	6	①高速公路服务区未满足《绿色交通设施评估技术要求 第2部分：绿色服务区》的要求的，扣6分。 ②普通国省道未建设服务区的，扣4分。 ③普通国省道未建设停车区的，扣2分
		替代燃料设施	2	①未在公路沿线设置电动汽车充电桩的，扣1分。 ②未在公路沿线设置天然气加气站的，扣1分
	综合服务	ETC技术应用	1	未实现ETC在通行、停车、加油、维修或检测等环节的深度应用的，扣1分
		公路出行信息服务体系	2	①整合公路沿线的地理区位、交通条件和旅游景点等信息，设置指引牌、宣传栏等旅游服务引导设施的，得1分。 ②利用门户网站及短信平台、微信、微博等新媒体手段构建公路出行信息服务系统的，得1分

绿色公路评价总分计算公式如下：

$$P=\frac{\sum_{i=1}^{n}Z_i}{\sum_{i=1}^{n}M_i}\times 100 \tag{4.3-1}$$

式中：P——评价总得分；

n——参与评价的指标个数；

Z_i——参评指标i的实际得分值；

M_i——参评指标i的满分值。

4.3.3 绿色公路评估数学模型

对于上述绿色公路评估指标体系中的基础项和可选项，为避免部分项目出现“偏科”现象，导致评估结果客观性差、出现偏差，本书引入距离指数和协调指数建立绿色公路评估数学模型，综合完善绿色公路评价结果。

生态系统健康评价是对生态系统健康状态进行定量分析的方法，能够反映受到干扰后生态系统的变化趋势。本书通过借鉴生态系统健康和生态适应性基础理论，引入协调指数量化分析绿色公路建设各要素的均衡程度，采用距离指数量化方法评估绿色公路建设各方面的绝对效果，统筹距离指数和协调指数得出绿色公路评估综合指数，进而构建绿色公路评估模型，用以评价绿色公路建设整体水平。

4.3.3.1 绿色公路评估距离指数

1）绿色公路要素距离指数

绿色公路要素指标距离指数如式(4.3-2)所示。

$$R_i^n = \frac{R_i^n(r) - R_i^n(w)}{R_i^n(p) - R_i^n(w)} \tag{4.3-2}$$

式中：$R_i^n(p)$——第n层第i个指标的目标值，即绿色公路评估的参照状态；

$R_i^n(r)$——第n层第i个指标的现实值；

$R_i^n(w)$——第n层第i个指标基准值；

R_i^n——第n层第i个指标的标准化偏差指数值；

n——指标所处的等级数。

2）绿色公路评估距离指数

在对要素指标距离指数进行分析的基础上，对绿色公路评估指标进行等级间整合，计算方法如下。

$$\mathrm{DI}_i^k = \sum_{j=1}^{m} \mathrm{DI}_{ij}^{k+1} W_{ij}^{k+1} \quad (k \neq n), \qquad \mathrm{DI}_i^k = R_i^n \quad (k = n) \tag{4.3-3}$$

式中：DI_i^k——绿色公路评估第k级第i个指标的距离指数；

DI_{ij}^{k+1}——第k级第i个指标相对第$k+1$级第j个指标的距离指数；

W_{ij}^{k+1}——第k级第i个指标相对第$k+1$级第j个指标的权重系数，表示第j个指标在指向第k级第i个指标的第$k+1$等级所有指标中的优先等级；

n——绿色公路评估指标体系的等级数量；

m——指标体系中指向第I级的指标数。

4.3.3.2 绿色公路评估协调指数

在距离指数评价基础上，将协调指数作为补充的评价指标，计算方法如下。

$$\mathrm{CI} = \frac{2}{n \times (n-1)} \sum_{i}^{n-1} \sum_{j=i+1}^{n} \left\{ \frac{4 \times f(i) \times f(j)}{[f(i) + f(i)]^2} \right\}^m \tag{4.3-4}$$

式中：CI——绿色公路评估协调指数；

n——绿色公路评估要素的个数；

$f(i)$——第i个指标或要素的距离指数；

$f(j)$——第j个指标或要素的距离指数；

i、j——指标或要素标号（$i \neq j$）；

m——调节系数，$m \geqslant 2$。

4.3.3.3 绿色公路评估综合指数

采用“加权连乘法”求算绿色公路评估的综合指数，计算方法如下。

$$I_{\mathrm{H}} = {I_{\mathrm{D}}}^{\alpha} \cdot {I_{\mathrm{C}}}^{\beta} \tag{4.3-5}$$

式中：I_{H}——评估综合指数；

I_{D}——距离指数；

I_{C}——协调指数；

α、β——权重。

4.4 推进策略与路径

4.4.1 国内外绿色公路管理现状

通过全面调研国内外推进绿色公路的各种管理办法和激励政策的差异，系统分析当前我国绿色公路建设的现状、经验和薄弱环节。

4.4.1.1 绿色公路管理的国际借鉴

国外虽然尚未明确提出绿色公路的概念，但在公路建设研究决策、公路设计实施及建设要求等方面已充分体现了绿色环保管理理念。发达国家主要通过设立强有力的管理机构、制定法律法规、强化激励机制等手段来强化政府对绿色交通工作的管理。

美国在公路建设中追求人与自然的和谐统一，在交通建设中，将对环境的影响程度降到最低，充分利用沿途的自然景观、生态系统，使公路和环境相互协调，相互促进。1965年，美国制定了《公路美化规定》，较早地注意到公路与环境在视觉上的协调问题，该条例于1970年得到了补充和完善。美国的《地面交通效率方案》（1991年）和《21世纪交通权法案》（1998年）均要求在公路设计、施工和运营过程中充分考虑环境保护问题。在公路工程施工规范中，也明确提出了环境保护的技术措施和操作工艺，使施工单位在施工过程中自觉保护生态环境成为可能。

德国、瑞士、法国等欧洲发达国家生态公路的建设侧重于公路景观规划设计，对公路建设的各个环节进行把关，保护动植物资源，并制定了严格的法律法规，达到了良好的监督效果，努力将公路对环境的不良影响降到最低，保证公路建设的长远经济效益。1980 年，德国制定了新的道路设计规范《道路景观设计规范》，成为现代道路设计的典范，并在公路工程实践中逐渐形成系统的道路线形理论。

日本在生态公路建设及生态恢复的理论建设方面已处于世界领先地位，形成了“限制性政策 + 鼓励政策 + 信息服务”的管理模式。日本研究发布了《高速公路绿化技术五年规划》《生态环境空间形成技术》和《立体绿化技术》等研究成果，在世界范围内被各国广泛借鉴和参考。1976 年，日本制定了《公路绿化技术基准》。

英国在公路项目建设时，英格兰自然协会、威尔士乡村委员会或苏格兰自然遗产组织等在自然保护方面的顾问以及其他的关于环境的组织中的成员，在工程实施的初期就积极参与，以便帮助专家在设计初期就采取积极的环境保护措施，形成更好的设计方案。

澳大利亚联邦政府以鼓励、引导和宣传为主，配合强制性法规和政策，促进节能环保事业的发展。公路工程项目在建设过程中，把环境保护落实到项目的各个环节和各个阶段。在澳大利亚，公路设计部门在设计阶段就十分注意环境保护。为了确保设计的项目能够符合联邦政府制定的有关环保标准，设计单位必须在项目的可行性研究、初步设计、详细设计等阶段都做出环境保护报告。政府部门在设计的各阶段也都邀请环保专家对项目进行环境保护审查。在施工过程中，澳大利亚实行施工单位环境保护资格证制度，严格执行施工计划审批制，完善检测制度，认真执行环保标准，在交工前对工程进行环保评价。

4.4.1.2 绿色公路管理的国内现状

我国绿色公路建设起步较晚，但发展速度较快。目前，我国绿色公路不断推进节能减排与绿色低碳发展统计监测考核体系建设，绿色公路设计、施工、养护和运营管理的指南标准规范和管理制度体系不断完善，与绿色公路发展相适应的人才工作管理体制机制和运行机制逐渐形成。

1）技术标准

《关于实施绿色公路建设的指导意见》鼓励各地制定具有当地区域特色的绿色公路评价标准。部分地区交通运输主管部门总结绿色公路建设经验，制修订绿色公路建设相关标准规范，研究编制当地的绿色公路建设技术指南，构建适合当地的绿色公路建设技术体系，包括施工工艺、建筑材料、机械设备、养护管理等方面，完善绿色公路建设评价标准和评价管理体系，明确技术要求，全面指导绿色公路建设。

福建省交通运输厅发布了《关于印发实施绿色公路建设和推进公路钢结构桥梁建设工作方案的通知》，福建省公路管理局印发了《福建省普通干线绿色公路建设实施细则（试行）》以及绿色公路实施重点和评价指标，并将此作为年度考核的依据。

广东省交通运输厅印发了《广东省推进绿色公路建设实施方案》和《广东省绿色公路建设技术指南（试行）》，在全省重点公路工程建设中全面推进绿色公路建设。《广东省推进绿色公路建设实施方案》提出了对于重点公路建设项目的“四个提升”专项行动，即：在建项目绿色公路建设提升、拟建项目绿色公路设计建设提升、高速公路服务区绿色提升改造、国省干线公路旅游服务功能提升。《广东省绿色公路建设技术指南（试行）》从实现交通运输部提出的“建设以质量优良为前提，以资源节约、生态环保、节能高效、服务提升为主要特征的绿色公路”目标出发，提出了绿色公路建设的基本要求，并提出了广东省绿色公路设计、施工及运营与养护管理等方面的技术要求。

贵州省交通运输厅组织编制了《贵州省交通运输厅关于推进绿色公路与钢结构桥梁建设的实施方案》，明确了工作目标，建立了组织机构并明确了任务分工，形成独具特色的贵州绿色公路技术体系、标准体系和品牌。

湖北省交通运输厅提出了开展“生态旅游公路建设配套技术研究”并编写《湖北省绿色生态旅游公路建设配套技术指南》的要求。到 2016 年底，该项工作已由湖北省公路学会、湖北省公路局、湖北省交通规划设计院、十堰市交通局、恩施市交通局共同完成，现湖北省交通运输厅已正式印发，要求全省各市州试行。

江苏省交通运输厅下发了《江苏省绿色公路建设的实施意见》，提出在“十三五”期间全面践行绿色公路建设理念，推进建立具有江苏特色和时代特征的绿色公路发展标准体系、技术体系、管理体系，2016—2018 年建成一批绿色公路示范工程，2019—2020 年全面推广绿色公路重点项目，实现资源集约、生态环保、节能减排、出行高效，绿色公路发展在全国处于领先地位。

云南省结合本地区的地质特征和公路建设的实际，发布了云南省地方标准《绿色公路评价标准》（DB 53/T449—2013），建立了一整套可持续发展公路的评价体系，填补了国内公路系统同类技术规范的空白，为科学合理开展绿色公路评价提供了重要技术支撑。该标准的发布规定了绿色公路评价的基本规定、绿色公路评分标准和等级评定规则，适用于云南省新建、改扩建的高速公路、一级公路、二级公路，其他等级公路可参照执行。该标准将可持续发展理念运用到公路的立项、工程可行性研究（简称“工可”）、设计、施工和运营过程的各个阶段，在公路的全寿命周期内，能够最大限度地合理保护环境、最大限度地有效利用资源（节能、节地、节水、节材）、最快速度地恢复生态平衡，建设安全、舒适、便捷、与自然和谐共生的公路。

浙江省交通运输厅发布了《浙江省高速公路施工标准化管理实施细则》《公路建设生态设计指南》《浙江省交通建设工程机制砂生产（干法）及机制砂混凝土技术指南》《浙江省交通建设工程机制砂生产（湿法）及机制砂海工混凝土技术指南》等指导性文件，积极鼓励推动省内绿色公路建设。

天津市交通委员会已组织编制天津市绿色公路建设评价指标，并着手研究适合当地实际情况的绿色公路建设技术指南。

2）监测统计

我国绿色公路不断推进节能减排与绿色低碳发展统计监测考核体系建设，如广东广州—中山—江门高速公路（简称“广中江高速公路”）、青海花石峡—久治高速公路（简称“花久高速公路”）、贵州盘县—兴义高速公路（简称“盘兴高速公路”）等绿色公路，在建设运营过程中建立了能源统计监测考核制度、科学有效的能耗统计指标和碳排放监测体系以及施工期能耗监测管理信息系统。

3）组织机构

“十二五”以来，交通运输部建立部、省两级共同推进绿色公路建设管理机制，建设了一批绿色公路典型示范项目，形成了较为完备的组织机构和较为完善的管理制度，为绿色公路建设提供了监管保障。在绿色公路示范项目创建过程中，由省级交通运输主管部门组成试点工作领导小组，负责试点工作的总体组织、领导、统筹与协调；由实施单位及公路全寿命周期内各参建主体组成试点工作实施工作组，具体落实绿色公路在设计、施工、运营、管理等不同环节中的管理要求。此外，制定了绿色公路发展的总体思路、技术路线和政策措施，建立了绿色公路建设的目标责任制和考核制度。

4）激励机制

贵州省交通运输厅督促各项目设计单位落实绿色公路的相关要求，要求咨询单位在咨询审查时对绿色公路的相关要求进行专项审查，确保绿色公路建设方案、措施及所需资金得到保障，没有落实绿色公路建设要求的设计文件一律不予审查、审批。要求项目业主单位将绿色公路作为日常检查督促的重点内容之一，对施工单位落实情况进行检查督促。对厅属单位，将作为其年度目标考核的内容；对公路交通基础设施建设从业单位，将作为其信用评价的考量因素，对违反绿色公路施工的一般失信行为，纳入当年信用评价进行扣分；性质恶劣的，直接降等定级。

安徽省交通运输厅正在研究制定安徽省绿色公路建设激励机制，建立健全绿色公路建设综合评价制度。湖北省交通运输厅组织相关单位在已有的绿色公路建设基础上，开展绿色公路建设综合评价制度的研究，拟定绿色公路建设考核激励机制，并与设计、施工、建设企业等信用评价体系结合起来，构建绿色公路建设可掌控、可量化、可考核的制度体系。

5）宣传培训

近年来，各地在绿色公路建设方面开展了广泛、深入的宣传培训，在绿色服务区建设中加强了绿色公路相关技术的宣传，对宣传推进绿色公路绿色发展成就、树立公路行业社会形象建设具有至关重要的作用。特别是在绿色公路示范项目创建过程中，项目组织单位及实施单位通过深入开展宣传培训，为绿色公路建设营造了社会广泛参与的良好气氛。具体措施包括注重宣传引导，开展形式多样的绿色公路宣传；加强教育培训，组织开展经常性的节能减排培训教育、技术和经验交流工作；加强人才队伍建设，开展形式多样、内容丰富的专项培训、技术和经验交流；深化对外合作交流，促进先进技术推广和经验交流。以陕西黄陵—延安高速公路（简称“黄延绿色公路”）建设为例，项目在实施过程中加强了绿色高速公路培训与宣传，对试点项目进行总结与归纳，形成有关绿色高速公路的培训手册，通过组织开展经常性的绿色交通知识培训，在行业内培养出一支具有专业素养的高质量队伍；此外，利用展览馆、行业报刊、网站、现场展板、沿线广告等各种方式和途径，广泛、深入、持久地开展绿色公路的宣传教育活动，营造了全社会参与、支持和监督的工作环境，增强了全民参与绿色公路建设的主动性和积极性。

4.4.1.3 绿色公路建设的薄弱环节

目前，各地十分重视绿色公路建设，多自主开展了评估管理等政策研究，并根据交通运输部部相关要求，推进了国、省两级典型示范项目。但总体来看，我国公路能源资源利用效率不高、生态环境影响较大、建设发展方式粗放的格局尚未得到根本改变，还存在绿色公路标准规范少、市场机制不健全、绿色公路发展不平衡不充分等问题。

1）对公路绿色理念的理解不同且不全面

不同人群看待绿色公路的视角明显不同，对于绿色公路概念内涵、外在特征、重点内容的理解也不相同，大都停留在节能、环保措施上，此外行业主管部门在不同时期由不同内设部门出台的绿色公路创建要求、评价标准和配套政策不一致，客观上导致了绿色公路建设规程、标准、考核等关键问题一直没有得到很好的解决。

2）组织机构不健全

建设运营单位多数未成立节能环保方面的专业内设机构、未配备节能环保专业人员、未制定健全的节能环保管理程序要求，专业化环境监理、监测开展较差。

3）绿色公路制度体系不完善

目前，有关绿色公路建设的标准、机制还不够完善，绿色公路评价指标体系还有所欠缺，绿色公路评价机制尚未完全建立，绿色公路相关资金、技术和产业政策仍相对缺乏。总体看来，国家和地方现有政策要求大多较为宏观，技术指南较少；评估标准尚难操作，如在现有评价示范中，要么标准僵化，要么主观性强，可操作性差，公信力不高，奖惩机制不健全；管理办法尚未明确，如整体打造绿色公路和分项工程绿色化建设的激励政策差异明显，严重影响了绿色公路的推进进程和建设效果。

4）绿色公路建设落实不到位

在公路建设过程中的节能环保措施往往仅满足了环保、发改、渔业、林业、水利、海洋等主管部门的基本要求，全面深化的绿色理念不深入；在设计中对公路各个分项工程的绿色理念落实不平衡；公路绿色化建设要求没有有效落实到公路工程设计规范中；在各类设计审批环节中，缺少绿色公路方面的专家参与，较少开展全部分项工程的绿色化技术审查。

5）资金费用得不到保证

促进绿色公路建设的专项资金政策不连续，存在运动式推进现象。一方面，绿色公路建设没有从投资估算、概算预算、验收决算等环节给予费用保证，这也是当下绿色公路理念提升、建设落地、运营见效不尽如人意的重要原因之一。另一方面，公路节能减排、生态环保、资源循环利用等技术推广还不能完全通过市场机制来实现，还需要依靠相关行业主管部门的有效引导和大力推动，市场配置资源作用没有充分发挥，无法有效通过建立能源合同管理、建设能源管理体系等推动绿色公路发展。此外，在科研立项方面，支持公路绿色化建设和运营的力度也不够。

4.4.2 绿色公路示范工程的管理措施

开展绿色公路示范工程建设，能够通过示范工程效果和效益促进各地实施绿色公路的积极性，也有利于总结推广可复制的经验。开展绿色公路示范工程的管理措施研究是保证绿色公路示范工程常态化、制度化和规范化的重要手段。结合目前示范工程的建设情况，管理措施应该包括已有示范工程经验总结、新示范工程的选取以及所有示范工程的中间过程监督和验收总结等内容。

1）示范工程遴选

交通运输部目前公布的绿色公路建设典型示范工程共 3 批 33 个，包含了高速公路和普通公路，已实现了各省（区、市）全覆盖。其遴选步骤为首先由各省上报潜在示范工程，然后结合上报项目前期工作进展情况，从中筛选具有一定社会影响、路网功能明确、沿线区域自然环境特点突出、工程具有代表性的公路建设项目作为绿色公路建设典型示范工程。这种方式体现了公路建设单位建设绿色公路的意愿，又可以在部级层面把关示范工程的代表性，因此，可以作为今后绿色公路示范工程的遴选方式。

2）示范工程建设过程监管

为加强绿色公路示范工程监管，确保示范效果，各级建设主管部门、项目实施单位均要加强示范工程建设全过程的监管和服务。在被确定为绿色公路示范工程以后，绿色公路示范工程的各参建单位应组织编制绿色公路总体策划和实施方案，落实责任单位及责任人，在施工过程中履行监管、监察和实施的职责，由建设单位在建设全过程中开展监督检查。各参建单位均应严格执行绿色公路实施方案，落实绿色施工措施，并编制年度报告上报上一级主管部门。过程控制应按照验收评审的相关内容进行过程管控、检查。交通运输部公路局应对绿色公路示范工程进行不定期阶段性检查指导，在年中对项目实施工作开展实地检查，并在一定范围内通报抽查结果。

3）示范工程验收总结

采取自评、省级预评和部级总结评估的方法开展示范工程验收评估。项目交工验收完成后的三个月内，由建设单位开展绿色公路示范工程项目评估总结准备工作，提交项目总结报告、自评得分表及相关证明材料。评估总结准备工作完成后，由省级交通运输主管部门组织专家开展预评估总结工作，对各示范工程提交的评估总结资料完备情况、自评得分客观性和可推广复制的经验做法给出专家意见，并出具预评估总结意见。预评估总结完成后，由省级交通运输主管部门向交通运输部提出评估总结申请，同时上报预评估总结意见及示范工程提交的评估总结申请材料。根据工作需要，交通运输部公路局可视情况参加省级交通运输主管部门组织开展的预评估总结工作。

交通运输部公路局负责全国示范工程的评估总结工作，可委托相关单位组织开展相关工作。结合省级交通运输主管部门上报的预评估总结材料，按年度组织专家开展评估总结会议，给出评估总结意见，最终形成年度绿色公路建设典型示范工程评估总结报告和绿色公路年度发展报告。总结报告将展示评估总结结果，并收录可在全国范围内进行推广复制的示范经验。

4.4.3　绿色公路建设的整体推进策略

实施绿色公路建设作为公路行业未来较长时期的重要发展任务，需要加强组织领导，转变固有观念，不断提升建设理念，完善制度建设，强化行业内外合作，形成合力，实现共赢。优化改进措施的技术经济可行性、推动效果及对现行公路工程建设各个环节的管控程度都直接影响着绿色公路的建设效果，因此，应当从部省联动、沟通协调、制度建设、激励约束机制等方面提出绿色公路建设的推进策略。

1）加强协调组织指导

建立健全部省联动机制，部级层面加强行业指导，充分调动地方各级交通运输主管部门积极性，形成有利于推进绿色公路建设的工作格局。省级交通运输主管部门要发挥横向协调作用和纵向指导作用。在横向上，省级交通运输主管部门应加强与国土、环境、林业、旅游等部门的沟通与协调，建立多方联动、协同共享、有效管理的工作机制，形成合力，实现共赢。在纵向上，省级交通运输主管部门要加强对绿色公路工程建设的跟踪指导，明确建设责任单位，建立协调机制，充分调动各方积极性，根据工程阶段性进展情况适时提出指导意见，把握好建设方向。

2）明确职责分工

一是项目法人。项目法人作为推进绿色公路典型示范工程建设的第一责任人，要认真履行主体责任，做好组织、协调、落实工作，牵头组织设计、施工、监理等参建单位及咨询专家，共同研究落实绿色公路实施方案，推动解决有关技术问题，及时总结示范经验。同时，要着眼于项目建成后的养护和运营管理，注重绿色发展理念在公路建、管、养、运全过程中的衔接，推动公路全寿命周期的绿色发展。

二是勘察、设计、施工、监理等参建单位。应分别负责职责范围内的绿色公路创建工作。其中，勘察、设计单位要把绿色发展具体要求落实到项目选线、方案比选等各方面，做好动态跟踪和方案优化，不断完善和优化设计；施工单位要严格落实绿色公路和施工标准化的有关要求，加强工程管理和技术人员、班组工人的业务培训，确保有关要求得到贯彻落实；监理单位要协助项目法人和施工单位，共同优化绿色公路实施方案，并将有关要求纳入监理工作要点。

三是后期运营养护单位。已明确养护运营单位的，养护运营单位要提前跟进了解项目建设情况，就工程交工验收后的绿色养护、绿色运营、绿色出行服务等需求提出合理建议，并筹划运营阶段的落实措施，共同打造贯穿公路建、管、养、运全过程的绿色发展之路。

3）制定绿色公路标准规范

从部级层面看，《关于实施绿色公路建设的指导意见》明确提出了绿色公路建设的指导思想、基本原则、建设目标、主要内容和保障措施，是现阶段指导绿色公路建设重要政策文件，但未涉及绿色公路建设的适用技术、评估体系等内容。为了建立我国绿色公路可持续发展的长效机制，推动绿色公路建设常态化、制度化、规范化和标准化发展，部级层面应按照《关于实施绿色公路建设的指导意见》中提出的要求，在充分总结公路建设经验的基础上，已编制出版《绿色公路建设技术指南》，明确绿色公路建设技术要求，全面指导绿色公路建设。省级交通运输主管部门应结合区域社会生态环境及绿色公路建设情况和进展，建立健全本地区绿色公路建设综合评价制度，完善绿色公路评价指标，构建绿色公路建设可控、可量化、可考核的制度体系。

4）实施创新驱动

创新是公路发展的强大驱动力，把创新贯穿到绿色公路建设的各环节，大力推进理念创新、技术创新、管理创新和制度创新，将极大强化科技创新引领作用，为绿色公路发展注入强大动力。新时期，随着信息技术的快速发展，人民群众的出行需求不断提升，给公路建设者提出了更多、更高的要求。面对这些新形势与新要求，绿色公路建设应顺应时代潮流，以信息化技术为依托，实现管理效能、服务载体和服务水平的全面提升，推进智能化绿色公路落地。

5）激励机制

良好的激励机制对于绿色公路建设非常重要。在鼓励引导方面，应从多方面提出激励机制，制定相应的政策措施，促进绿色公路实施。可以将开展绿色公路建设的费用纳入公路估算、概算、预算和决算的编制内容。在绿色公路科研立项的支持方向、支持策略、资金保证、管理要求等方面给予支持。从制度上建立保障绿色公路专家全面深入参与的激励机制，包括绿色公路建设的专家配置方式、审查内容和参与咨询机制等。

绿色公路的评价、示范和命名有一定的激励作用，可成为公路建设领域落实生态文明要求的具体抓手。为鼓励争先创优，可以在全国范围内组织绿色公路建设等级评定工作，并按照“好中选优”的原则，开展百佳示范评选和优秀绿色公路评选工作。对于绿色公路示范项目建设工作不力、进展缓慢、弄虚作假、资金使用不规范的项目单位，应要求限期整改。

4.4.4 单体工程推进绿色公路建设实施路径

虽然绿色公路技术方案因工程类型、建设特点及其所在区域环境特征等不同而差异显著，但在思路上还是可以找到些许规律。参考既有的绿色公路建设成果，绿色公路建设思路可大致概括为：围绕一个目标、坚守两项原则、打造三个示范、凸显四个亮点、推进五大任务。

一是明确一个目标。绿色公路建设必须有一个明确的目标，用以统一思路，指导设计、建设和运营。概括地讲，目标的定位应充分考虑既有政策的宏观要求、工程本身的特点和打造目标、地方环境特点及发展愿景等多方面因素。

二是坚守两个原则。紧扣工程特点：绿色公路建设各项任务应深度融入项目设计、施工、管养的全过程，明确任务内容、措施、预期成果和实施进度安排。突出展示亮点：通过挖掘在设计、施工、管养全寿命周期中的显在和潜在的资源环境问题，找准绿色公路建设的数个着力点。以点带面，推动实现项目建设的全方位生态和各方面绿色。

三是打造三个示范。绿色公路至少应在设计、建造、运营三个阶段起到示范作用。前期理念指导：前期规划设计应注重绿色理念的贯彻，从源头上指导工程建设选择合适的工艺、材料和技术。中期过程落实：通过选择最合适的工程类型、最高效的工艺工法、最自然环保的建设材料，强调工程本身的绿色。后期末端治理：通过采取生态修复、污染控制、景观营造等人工手段来解决建设后遗症，实属无奈之举，但这也是必要的。

四是凸显四个亮点。《关于实施绿色公路建设的指导意见》是绿色公路建设的指导性文件，绿色公路建设需要结合其自身特点深入挖掘展示亮点。在当前背景下，至少有四个方面亮点具有共性，值得深入挖掘。首先，基于可持续理念的绿色公路建设应更加重视全寿命周期的绿色环保，努力提高工程使用寿命。其次，考虑到过去粗放型经济发展方式的转型需要，资源能源节约集约是绿色公路建设必须关注的重点领域。接着，“四新”技术应用理应成为绿色公路建设的重要手段，是近期各个工程务必推进的重要工作。最后，考虑到环境保护要求提高及当下全面环保督察关注的问题，污染防治和生态修复也是其不可或缺的内容。

五是推进五大任务。遵照《关于实施绿色公路建设的指导意见》，绿色公路建设任务可以从资源集约、生态保护、周期成本、创新驱动、示范引领五方面来进行组织和谋划，并考虑“零弃方、少借方”、改造工程绿色升级、绿色服务区、BIM 技术、旅游功能拓展等专项任务。

CHAPTER 5

绿色公路建设成套技术

5.1 技术体系

绿色公路建设理念为绿色公路发展指明方向，绿色公路建设技术体系为绿色公路全面落地“保驾护航”。《关于实施绿色公路建设的指导意见》提出“加强绿色公路技术研究。大力开展绿色公路关键技术研发，加快研究湿地保护、动物通道设置、能源高效利用及节能减排、路域生态防护与修复、公路碳汇建设等新技术，开展绿色公路国际技术合作与交流，助力绿色公路发展”和“出台《绿色公路建设技术指南》”等任务要求。科技创新是绿色公路建设的根本保障和动力源泉，近年来公路行业深入贯彻落实创新驱动发展战略，牢固树立全生命周期绿色发展理念，在设计、建设、养护、运营等领域，大力开展科技创新研发和成果转化，大力推广应用新技术、新材料、新工艺、新能源，取得了显著成效。

本研究结合生态环境保护领域“三线一单”管控思路和国土空间控制规划最新要求，从生态保护、环境质量、资源集约节约、工程高效管理等角度入手，尝试构建绿色公路建设成套技术体系，全面梳理并建立公路建设各专业各领域可推广、可复制、适用性强的绿色公路建设先进成熟技术清单。

“三线一单”是指生态保护红线、环境质量底线、资源利用上线和生态环境准入清单，是推进生态环境保护精细化管理、强化国土空间环境管控、推进绿色发展高质量发展的一项重要工作。

（1）生态保护红线：指在生态空间范围内具有特殊重要生态功能、必须强制性严格保护的区域，是保障和维护国家生态安全的底线和生命线，通常包括具有重要水源涵养、生物多样性维护、水土保持、防风固沙、海岸生态稳定等功能的生态功能重要区域，以及水土流失、土地沙化、石漠化、盐渍化等生态环境敏感脆弱区域。按照“生态功能不降低、面积不减少、性质不改变”的基本要求，实施严格管控。

（2）环境质量底线：指按照水、大气、土壤环境质量不断优化的原则，结合环境质量现状和相关规划、功能区划要求，考虑环境质量改善潜力，确定的分区域分阶段环境质量目标及相应的环境管控、污染物排放控制等要求。

（3）资源利用上线：指按照自然资源资产“只能增值、不能贬值”的原则，以保障生态安全和改善环境质量为目的，利用自然资源资产负债表，结合自然资源开发管控，提出的分区域分阶段资源开发利用总量、强度、效率等上线管控要求。

（4）生态环境准入清单：指基于环境管控单元，统筹考虑生态保护红线、环境质量底线、资源利用上线的管控要求，提出的空间布局、污染物排放、环境风险、资源开发利用等方面禁止和限制的环境准入要求。

因此，综合考虑公路行业建设特点和绿色发展适用技术类型，研究提出绿色公路建设“三线一单”技术体系，主要包括四大技术方向：

（1）生态红线保护技术——不触生态保护“红线”。覆盖生态红线选线、动植物保护、景观提升、生态修复、湿地连通等方面。

（2）环境质量提升技术——不越环境质量“底线”。覆盖水环境保护、大气环境保护、噪声污染防治等方面。

（3）资源集约节约利用技术——不过资源利用“上线”。覆盖固体废弃物循环利用、场地集约利用、施工期永临结合、表土收集和利用等方面。

（4）工程高效管理技术——构建全面规范创新驱动的现代化建设管理技术“清单”。覆盖BIM（建筑信息模型）等信息化、标准化施工，以及规范化管理、全寿命周期统筹等方面。

绿色公路建设技术体系如图5.1-1所示。

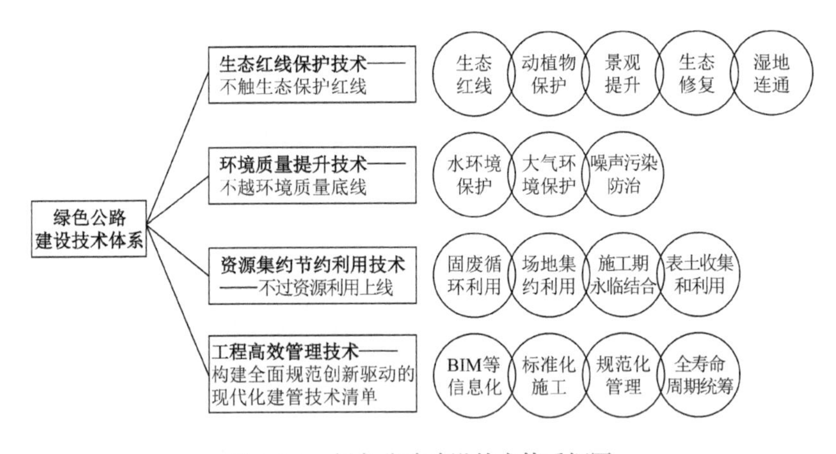

图 5.1-1　绿色公路建设技术体系框图

5.2　生态保护技术

生态文明建设是关系中华民族永续发展的根本大计。《国务院关于加强环境保护重点工作的意见》（国发〔2011〕35号）明确提出在重要生态功能区、陆地和海洋生态环境敏感区、脆弱区等区域划定生态红线。国家提出划定生态保护红线的战略决策，旨在构建和强化国家生态安全格局，遏制生态环境退化趋势。划定生态红线实行永久性保护，体现了我国科学规范生态保护空间管制并以强制性手段构建国家生态安全格局的政策导向和决心。为了贯彻落实国家战略，各省（区、市）均根据自身环境条件划定了生态保护红线范围。同时，随着交通运输行业取得跨越式发展，公路网主骨架在加快推进形成，通车里程数也在迅速增加。公路建设一方面方便了民众出行、推动了经济的发展和文化交流，另一方面也对沿线土地资源、森林资源、水资源和野生动植物资源都有一定的负面影响，特别是建设期的开挖造成沿线原生植被破坏、水土流失、湿地萎缩、湖泊河流污染等。而针对生态红线区域的公路建设工程缺乏相关技术体系和指导，导致在具体实施过程中无据可依，无法大面积推广应用。

本书按照生态保护红线系统完整性、强制约束性、协同增效性和动态平衡性等特征，针对生态红线区域公路全线的“生态选线”“景观提升”，到局部路段的“湿地连通”“生态修复”选线，再到具体点位的“动植物保护”的关键技术进行了研究，详见图 5.2-1。形成的相关研究成果，对于在生态红线区域范围内的公路建设具有巨大的推动作用，并产生良好的示范效应。

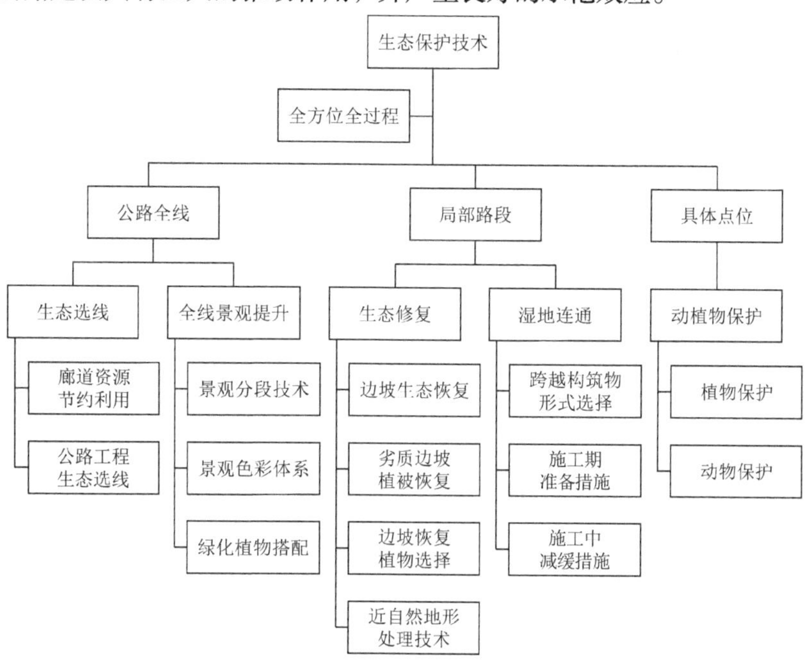

图 5.2-1　生态保护技术体系

5.2.1 生态选线

绿色公路建设的核心就是要摆正公路与周边环境的关系，公路作为原生环境的“后来者”应充分体现出对自然的尊重。公路作为一种人工构筑物，所经之处必然要开山架桥，势必会改变当地的自然环境。公路的主线是路线，路线的走向和位置决定了公路对生态环境的影响，尽管可以采取种种恢复措施，但是，任何人为的绿化都无法与经过长时间自然演替而形成的大自然相媲美。生态选线能将生态、环保思想纳入公路选线设计中，是一种积极主动的环保行为，在设计初期通过生态敏感点避让等减少对环境的负面影响，能防患于未然，达到事半功倍的效果。因此，要使公路建设顺应自然、融入自然，实现公路发展与自然环境相和谐，生态选线是绿色公路建设首先要考虑的事情。

5.2.1.1 廊道资源节约使用技术

公路工程生态选线首先考虑廊道资源的利用、土地资源的保护和临时用地的控制等。公路工程分新建公路工程和既有公路改扩建工程，其生态选线采用的技术和标准有所不同。改扩建公路重点考虑对既有廊道的充分利用；新建公路考虑的问题更全面、更复杂，其标准研究内容更广、复杂程度更高。

1）新建公路廊道利用

本研究的重点应集中于利用现有通道资源，整合不同运输体系通道，包括公路与铁路或城际轨道交通共用线位、高速公路与普通公路共用线位等，以形成交通运输的综合线位与大廊道空间，节省土地资源、原材料和能源等，合理制定规范标准，如公铁两用桥设计、共用服务区设计等技术标准。同时在线位的选择上应考虑尽量选择植被稀少的区域，减少对环境影响，制定一系列有利于保护生态环境的选线标准。

瓯江北口大桥桥位方案，充分考虑了航道、机场雷达、沿线码头及规划路网等因素，同时统筹利用过江通道，对甬台温高速公路复线、南金公路和市域铁路 S2 线跨越瓯江北口进行了统筹分析，将三桥合建（甬台温高速公路复线、南金公路、市域铁路 S2 线共用一通道）方案同两桥一隧（甬台温高速公路复线和南金公路采用桥梁方式越江，市域铁路 S2 线采用隧道方式越江）方案进行比选，最终推荐两桥一隧方案（图 5.2-2），最大限度地减少了环境破坏和资源占用。

2）改扩建公路廊道利用

改扩建公路应安全利用原有设施、充分利用和发挥原通道资源优势，提高既有廊道利用率，尽可能减少对环境的破坏与影响，做好改扩建公路与原路的拟合，在保证行车安全的前提下，其平纵面指标的选用原则上应与原路大致相同，减少对土地的分割，研究并确定其相关选线技术要求和标准。

图 5.2-2 温州瓯江北口大桥廊道共用示意图

小磨高速公路在工程可行性研究阶段，基于绿色理念对廊道路线进行了比选。西双版纳是国家重点自然保护区之一，小勐养至磨憨区域热带雨林分布广，自然保护区是该区域路线选择的一大制约因素。结合区域内地形条件，对 G213 线老路、现有二级公路和澜沧江三个走廊带进行了比选。

（1）G213 老路走廊带，线路起于小勐养，总体沿 G213 线向南布设，但是会两次穿越勐仑国家自然保护区，环保问题敏感，予以放弃。

（2）澜沧江走廊带，线路起于景洪，沿澜沧江东岸布设，能照顾到景洪市区、橄榄坝等人口密集区，但是因为该线路需全线新建，会两次跨越澜沧江，且将占用大量耕地，会产生大量的资源占用和生态破坏，予以放弃。

（3）现有二级公路走廊带，对热带雨林及各个自然保护区干扰小，不存在再次产生对新的自然保护区的分割、破坏，有利于环境保护，且利用既有道路资源，建设里程短，工程量较小，最终推荐使用二级公路走廊带。

5.2.1.2 公路工程生态选线技术

所谓生态选线，就是人们把生态环境保护作为一项控制指标的选线理念。生态选线可根据沿线区域生态敏感度调整路线的布局，保护生态环境。生态选线能将生态、环保思想纳入公路选线设计中，是一种积极主动的环保行为，在设计初期通过生态敏感点避让等减少对环境的负面影响，能防患于未然，达到事半功倍的效果。可以说高速公路要在建设中做到“最大程度地保护、最低程度地破坏”，使公路建设顺应自然、融入自然，实现公路发展与自然环境相和谐，生态选线是关键性的一步。除考虑平纵指标均衡连续、满足汽车行驶动力学要求外，还需考虑与沿线的地形、一般环境敏感区和生态红线区的协调性，并从生态保护、低碳节能、资源节约与循环利用等角度，来研究生态选线的相关技术要求。

1）生态红线区特点及高速公路建设环境影响分析

根据生态红线系统完整性、强制约束性、协同增效性、动态平衡性、操作可达性和生态红线区域生态敏感资源特点，考虑生态红线区域内生态系统服务价值、区域保护价值、环境敏感性价值等，调研总结现有公路建设对路域生态系统的影响，结合土地利用方式、气候条件、土壤条件、环境水文地质条件以及地形地貌条件等指标，研究生态红线区域内公路设计、建设施工阶段主要环境影响要素。

2）生态红线区域高速公路建设相关政策梳理及对策研究

梳理并剖析国家生态保护红线相关政策规定要求，结合我国现阶段公路建设要求、技术水平和施工工艺现状，根据生态红线区域特点，对生态红线区域的保护对象和目标进行分析研究，通过对公路沿线环境因素进行生态过程分析、自然资源现状评价及影响预测，分别提出生态保护红线区公路建设的必要性和可行性对策。

3）生态红线区域高速公路设计期关键技术研究

（1）基于生态保护的公路设计期关键技术。

①全面收集生态环境敏感资源数据，主要考虑生态系统服务价值、区域保护价值、环境敏感性区域、土地利用方式、气候条件、土壤条件、环境水文地质条件以及地形地貌条件等指标。获取该区域遥感影像地图，利用RS（遥感）对遥感影像进行处理，包括几何矫正、图像裁剪和增强，根据前期调研的生态环境敏感资源数据，选取具有可描述性、可操作性、代表性以及可量化的评价因子，对路域生态本底进行解译识别，综合专家评估法、层次分析法和灰色关联度理论，确定评价因子权重，形成生态选线关键指标。

②利用生态选线关键指标体系，根据依托项目工程可行性报告的初步线路方案，借助GIS（地理信息系统）、RS技术以及无人机手段等，综合比较目前较常用的3S（RS、GPS、GIS）集成技术、GIS空间分析法、Google Earth三维选线

法、BIM 三维建模技术、层次分析法等生态选线方法开展研究，筛选和优化适合公路的生态选线方法，并对依托项目进行生态选线，确定生态选线初步方案。

（2）生态红线区域高速公路建设期关键技术。

①生态红线区公路建设绿色施工技术体系。

结合公路建设特点，从沿线生态环保、资源节约、节能低碳、品质工程等角度，就生态红线区公路路面、桥涵、隧道、服务区、互通区、交通安全工程等方面，研究提出适用于生态红线区的绿色施工的环保与节能措施，构建施工期公路绿色施工技术体系。

②生态红线区公路建设施工期生态保护对策。

结合生态红线区高速公路建设绿色施工关键技术，因地制宜，对生态保护区内各类敏感区域的公路施工提出生态保护对策，解决生态红线区域环境影响的主要问题，重点综合解决治理边坡、弃土场等难点问题。

5.2.2 景观提升

5.2.2.1 景观分段方法

公路景观具有线性动态特征，驾乘人员在车辆行驶过程中比较容易捕捉到序列性景观，却难以体会沿线细部景观。在进行公路景观规划时，应对景观序列进行划分来展现一定的韵律与节奏感，并赋予不同景观段落相应的主题来进行重点规划与设计。这样不仅可以提升公路整体的景观品质，给驾乘人员留下深刻印象。同时也可以展示、宣扬地域特色，有效避免“千路一景”的现象出现。

1）聚类节点控制法

聚类节点控制法是运用聚类分析法和节点控制法进行数据分类与分析的综合数据处理方法，应用在公路景观段落划分上则主要包括路侧自然景观聚类分析和人文景观重要节点控制两方面。

聚类分析（Cluster Analysis）是根据研究对象特征对其进行分类的多元分析技术总称。聚类时会依据同批样品的多个观测指标来统计度量样品之间的相似度，将样品聚分到不同的类或者簇，直至所有样品聚合完毕。聚类分析方法包括系统聚类法、动态聚类法、有序样品聚类、有重叠聚类和模糊聚类等。公路景观属于序列性的景观类型，在行车过程中驾乘人员体验到的是行驶时路侧自然景观序列的转变，而不是构成景观的各种细部特征。因此，划分后的景观段落不能打乱沿线自然景观的序列性，所以聚类分析法中对有序样品的聚类分析才适用于公路两侧自然景观的段落划分。

对路侧自然景观的有序样品聚类可分为以下三个步骤：

（1）确定识别路侧的观测因子：在进行道路段落规划前，首先应对道路沿线进行勘查、搜集，对走廊带沿线的地形类型、地貌类型、植被类型和土地利用类型等进行识别。

（2）确定公路样品单元段：路侧自然景观资源在分析时可以简称为样品。不同的自然景观资源在公路上都对应有具体的桩号和里程范围，对样品适宜采用里程桩号的方式进行分析。根据公路里程桩号，可以将自然景观资源划分为等距有序的单元空间，每个单元空间即为聚类分析因子的单元段。

（3）有序聚类分析软件的选择：在样本数较少的情况下，可以通过人工计算获取聚类最优解，但在样本数量较多的情况下计算变得复杂，必须借助计算机软件完成。传统的聚类分析软件主要有“社会科学统计软件”SPSS（Solutions Statistical Package for the Social Sciences）、数据处理系统 DPS（Data Processing System）、MATLAB（Matrix&Laboratory）、R 语言和 FISHER 多次二分割聚类法等。DPS 是一套具有数据处理、数值计算、统计分析和模型建立等多功能的软件，与目前流行的同类软件比较，具有较强的统计分析和数学模型模拟分析能力，是目前国内功能最完整的统计软件。其中，因其可以对数据因子之间相似程度的统计量进行有序样本聚类分析，所以适用于具有线性特征的公路景观数据分析。

2）节点控制法

节点控制法指针对某一事物发展的连续过程或不同过程之间的关联性，需要选择一些具有代表性的节点对整个过程划分的不同段进行调整、控制。在公路景观中，一些关键的工程设施和人文景观即为景观分段的节点。

公路景观段落划分可利用地域人文景观差异进行修正，将路域特色景观节点作为控制节点，充分考虑地域文化景观的融合，结合便于施工管理的道路工程性设施节点来修正前述根据自然景观资源进行的段落划分结果，便可最终形成公路全线景观段落区划分和节点组织的布局方案

5.2.2.2 景观色彩体系构建方法

色彩作为公路景观最为直观的视觉要素，对人的心理和生理产生着不可小视的影响，对缓解驾乘人员的生理和心理疲劳至关重要。

通过对旅游公路路域色彩环境的特点分析，基于蒙赛尔色彩地理学的方法，调研分析路域色彩景观组成要素与特征，可以获取旅游公路现状色谱；基于驾驶员色彩感知理论和色彩规划原则，可建立路域景观色彩体系，从而为后期路域景观设计提供色彩建议，尤其是对公路绿化植被选择和搭配，对附属设施的结构、形式、色彩和材质等方面提出景观融合意见，从而实现旅游公路与周围环境的景观融合。

5.2.2.3　绿化植物搭配

公路景观设计强调公路绿化的生态性原则和方向，注重遵循自然发展规律，模仿自然植被的群落式配植，实现植物选择和配植的多样化，最终将形成行车安全舒适、景观完整和谐、保护自然的可持续发展模式。

（1）季相搭配设计。

优美的植物配置，既要注意保持景观的相对稳定性，又要利用其季相变化的特点，创造四季皆景的可赏景观。春季开花植物较多，开花时间或早或晚，花期或长或短，按照其不同的开花特性进行合理搭配可使春季花景不断，给人以赏心悦目的感受。夏季大多树木的叶子已呈现出浓密的绿意，此时植物花朵不再繁密，应该注意绿色叶树种和异色叶树种的搭配。秋冬植物配植设计中应充分利用植物各个观赏部位的特色，将形、姿和质感、线条等因素巧妙结合，如秋色叶植物和常绿植物的配置，突出色彩对比效果，将秋花、秋叶、秋果的色彩及落叶树的优美冬姿与建筑或园林小品的色彩、线条等合理搭配。秋冬观赏植物的配置多采用自然式，疏密相间、色彩交替、错落有致。

（2）植物空间功能设计。

植物的功能包括完善功能、统一功能、强调功能、识别功能和框景功能。利用植物的上述功能，根据地形、地貌条件，通过植物配植进行空间划分，创造出某一景观或特殊的环境气氛。该方法多用于服务区、互通和工程节点型景观的植物设计。

经过设计的植物空间，通常都有主景，而且大多以观赏价值高的乔木或灌木为主景。以乔木作为主景时，一般为孤植、丛植或列植；以灌木作为主景时，一般为群植或丛植。也有以自然式花坛与建筑物、山石结合作为主景的。植物空间里，以草皮铺地，可统一整个空间的色调。在局部地区或树下，可铺植耐阴的地被植物。

植物空间边缘的植物配置宜疏密相间，曲折有致，高低错落，色调相宜。常绿树与落叶树搭配，可使冬夏景色皆有可观。当需要形成安静、封闭的空间时，则以常绿的乔木和灌木进行多层配置，紧密栽植，起隔离作用。面积较大的植物空间，为了增添植物情趣，可适当设置各类园林小品。如在地形略有起伏的草坪上，半埋石块或增设太湖石；在色彩平淡的季节，可摆设盆花，构成各种图纹等。

5.2.3 生态修复

贯彻协调、自然原则，减少高大圬工混凝土或浆砌工程。采用适当生态防护，使工程防护与植物防护相结合，利用工程防护确保边坡稳定，然后再结合植被防护，达到加固与防护兼顾、刚柔相济的效果。

5.2.3.1 边坡生态修复设计理论

1）设计原则

（1）安全性原则。

边坡绿化应当以保证行车安全为第一原则，重点治理沿线崩塌、滑坡等特殊病害，保证公路行车安全。此外，应防止出现落土落石，避免因坡脚排水明沟堵塞造成滞水，影响路基、路面安全。公路沿线自然条件较差，公路建成后周围需栽植的植被较多，护坡乔灌尽量选择植株低矮、规格小、根系发达的植物，并且尽量远离路面，避免因大风或雨水冲刷，新栽植物被吹到路面，产生安全隐患。

（2）协调性原则。

边坡绿化应当与周围环境协调一致，在保持原生态植被的基础上选择耐干旱、瘠薄、根系发达、易于养护管理，同时兼具景观效果的矮生乡土灌草植物。根据修复路段局部特点，选择适当的乔灌种类和植草方式。植物采用孤植、丛植、片植等自然种植模式，使边坡突出自然的纹理和景观线条，达到与周围环境自然和谐的目的。

（3）景观性原则。

在保证公路安全的前提下，尽量提升公路的景观效果。结合公路沿线丰富的红色文化资源，打造以“红色文化”为主题的景观效果。兼顾沿线色彩单调的客观情况，以多种乡土开花植物为主导，配合少量外来物种，实现多姿多彩的群落景观。

（4）持久性原则。

坚持持久发展的理念，采用实用、有效、长久的修复方法和修复材料，避免因措施不当或者施工材料不合格造成的“豆腐渣”工程，打造持久有效的防护设施，为公路行人创造安全、耐久的行车环境。切忌为了实现短期效果、短期利益，采用违反自然规律的设计手段，致使植物后期迅速衰退，造成不可避免的经济损失，产生不良的社会影响。

（5）经济性原则。

公路生态修复时，应当考虑合理的生态修复方法，做到经济合理、景观协调，便于后期养护，避免过分强调美化效果，增加不必要的工程费用和提升后期养护难度。设计应切合当地实际情况，多考虑当地现有材料，减少运输成本，多使用循环材料或者废弃材料，在满足经济性的同时，减少对环境的破坏。

2）设计理念

新建项目在建设过程中，不可避免地存在大开大挖现象，破坏了山体自然植被，对沿线生态环境造成负面影响。针对山体的创伤面进行生态修复，尽量改善沿线景观，可为驾乘人员提供一个良好的视觉享受。

设计本着总体规划、分段设计的原则，结合沿线红色文化、旅游景点等自然人文特色，利用乔灌草花立体栽植、彩色植物、季相植物、模纹、地被等设计元素，为行人展现简洁、明快、大气的公路景观。为了实现对沿线景观的打造，主要遵循以下设计理念：

（1）以生态修复为主，景观设计为辅。

边坡绿化过程中，灌草栽植方式的选择应当以保证公路行车安全为前提，遵循“安全、经济、美观”的设计理念，以生态修复为首要目的，保证固土护坡效果，减少雨水冲刷造成的水土流失现象，使边坡成为保水保土、涵养水源的良好场地，为植物的长期生长提供生存空间，并在此基础上考虑公路的景观效果。切忌过分强调景观，追求短期效果，不利于公路景观的长久发展。

（2）植物防护与工程防护相结合。

在边坡防护方面，单纯的工程防护虽然能直截了当地解决滑坡、坍塌、裸露等问题，但其所带来的硬质景观效果越来越被人们所诟病。在经济社会发展的今天，人们追求的不单是一种安全的行车环境，而是集安全、生态、景观、舒适于一体的高质量旅游公路。

随着护坡理念的不断发展，植物防护与工程防护相结合的综合性防护措施已经成为边坡防护的主流思想。利用工程防护进行固土护坡，为公路行车提供安全保障；利用植物防护遮盖工程措施，增加植被覆盖率，美化路域景观。两者相辅相成，可以达到一种与周围环境相结合的生态防护景观效果。

（3）遵循“自然和谐、绿色发展”新理念。

工程应尽量就地取材，选用污染少、可循环利用的绿色材料，尽量使用可降解的辅助材料。减少对原有地形的扰动，避免对原有环境造成二次破坏，体现绿色发展的设计理念。

（4）注重创新以及新技术、新材料的应用。

随着科技的不断发展，国内现行的多种生态修复技术已趋于成熟，能够解决绝大多数公路边坡修复问题。但部分重、难点区域的生态修复有待新技术、新工艺的产生与发展。在国内科技不断创新发展的同时，可以通过引进国外先进的技术、工艺、材料等，推动国内边坡绿化的发展。

3）设计流程

生态修复工程设计流程如图 5.2-3 所示，应依次考虑绿化的思考方法、气象条件、绿化目标的设定、导入植物的选择、植被工法的选择、施工时间的选择、种子协调的计算、绿化基础作业及植被管理作业等。

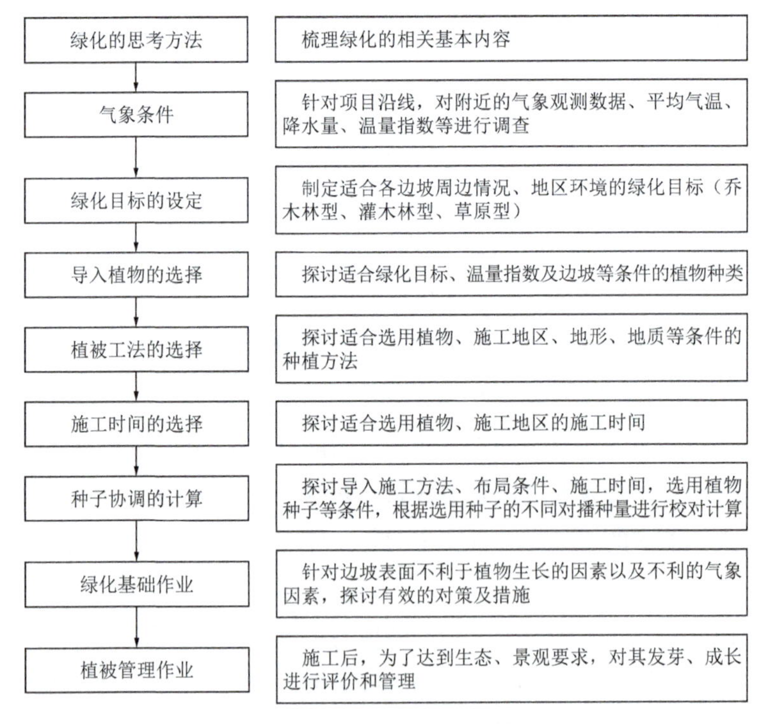

图 5.2-3　生态修复工程设计流程

5.2.3.2 边坡生态防护技术体系

随着我国公路建设的飞速发展，公路边坡防护越来越受到人们的重视。针对不同边坡的破坏机理与破坏形式，以及地质、水文、气候、特殊灾害等特点，灵活采用不同的边坡防护形式，在确保公路边坡稳定、行车安全的同时，做好公路生态修复与景观绿化工作，避免施工过程中对原有自然植被的破坏，才可将高速公路建设成为安全畅通、生态环保、景观优美、管护方便，能够服务于现代经济社会的景观公路。

近十几年来，国内边坡防护技术、理论不断发展完善，基本形成了植物防护与工程防护相结合的生态防护理念，既能起到对边坡良好的防护作用，又能改善纯工程防护带来的硬质景观效果，更多地将自然环境之美展现给沿线行人。

根据目前国内技术现状以及常用的护坡技术，总结常见的生态护坡形式有：人工撒播植草技术、铺植草皮坡面绿化技术、液压喷播植草护坡技术、三维网植草护坡技术、土工格室植草护坡技术、客土喷播技术、浆砌片石骨架植草护坡技术、框格植草护坡技术、植草砖护坡技术、生态袋护坡技术、格宾生态格网护坡技术、保育块植物移栽技术、锚杆框格植草防护技术。以上常用护坡技术均有其适用条件，边坡绿化设计过程中应根据各类技术优缺点，针对不同的边坡进行选用和匹配，在保证生态修复和景观美化的前提下，获得最优的经济效益。

（1）人工撒播植草技术。

技术简介：人工撒播是一种较为广泛、实用的护坡技术，通过人工在边坡坡面播撒草种，以达到恢复植被、保护坡面的目的（图 5.2-4）。根据播种方式的不同，可分为撒播、条播和穴播三种方式。

图 5.2-4 人工撒播植草现场作业图

优点：施工简单、造价低廉。

缺点：由于撒播不均匀，草种易被雨水冲走，且草种生存环境营养缺乏，成活率较低，边坡防护往往达不到满意的效果。在雨天环境易形成坡面冲沟，造成水土流失。

适用条件：多用于高度较低、坡度较缓、土质肥沃、适宜草类生长的土质路堤边坡。

（2）铺植草皮坡面绿化技术。

技术简介：平铺草皮护坡，是通过人工在坡面铺设成形草皮的一种边坡植物防护措施（图 5.2-5）。

图 5.2-5　草皮冷季节施工和铺植效果图

优点：施工简单，成坪时间短，护坡见效快，施工季节限制少。

缺点：工程造价高，前期管养困难。新栽草皮稳定性差，易造成坡面冲沟、表土流失、坍滑等边坡病害。

适用条件：适用于边坡高度不高、坡度较缓、土质较好、坡面稳定的土质边坡，且附近应有足够的草皮来源。

（3）液压喷播植草护坡技术。

技术简介：液压喷播也称水力喷播、液体喷播、湿式喷播，是一种将草种、肥料、黏合剂、保水剂、纸浆、土壤改良剂、水等按一定比例混合，用大功率喷射器将其喷射到平整好的坡面上并形成均匀覆盖层的一种高效绿化技术（图 5.2-6），可与椰纤维网等产品配合使用。该类技术是公路工程常用的护坡技术之一。

优点：施工简单、速度快，施工质量高，草种喷播均匀、发芽快、整齐一致，绿化防护效果好。

缺点：固土保水能力弱，遇暴雨天气易被雨水侵蚀，形成径流和冲沟。

适用条件：通常适用于在坡度为 1∶1～1∶2、单阶最大坡高不大于 6.0m 且坡面冲刷不严重的土质边坡上实施。

图 5.2-6 液压喷播植草技术流程图

（4）三维网植草护坡技术。

技术简介：三维网是近几年出现的一种新型材料，通过似丝瓜网络的三维空间结构，将土壤、砂砾和细石填充其内，形成柔韧、疏松的植物生长环境，植物根系可以穿过其间，舒适、整齐、均衡地生长（图 5.2-7），长成后的草皮使网垫、草皮、泥土表面牢固地结合在一起，形成一层坚固的绿色复合保护层（图 5.2-8）。

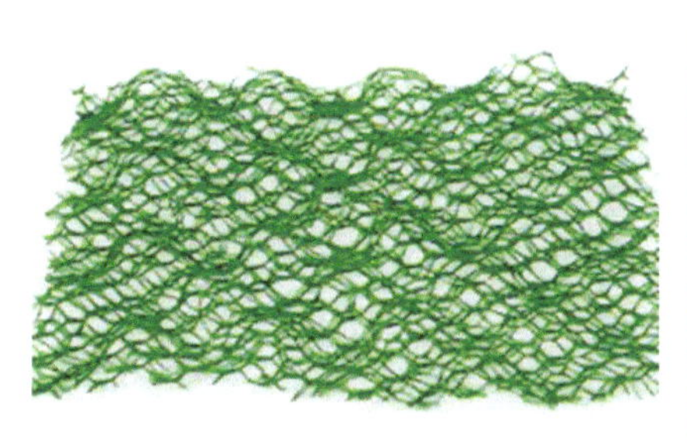

图 5.2-7 三维网材料展示

优点：固土能力强，化学成分稳定，内部空间大，工艺简单，操作方便，施工速度快，适用于任何复杂地形，可经受高水位、大流速的水流冲刷。草皮长成前，可保持土地表面免遭风雨的侵蚀。

图 5.2-8　三维网植草技术绿化效果图

缺点：土工网垫多以热塑性树脂、聚乙烯材料为主，材料老化后，在土壤里易形成二次污染。此外，材料耐低温性能略差，在北方地区越冬后有断裂现象。

适用范围：可用于坡度在 1：0.75～1：1.25 范围内的土质上边坡或者坡度较缓的土石质上边坡，以及多级路堤的第一级土质边坡防护，每级坡高低于10m。

（5）土工格室植草护坡技术。

技术简介：土工格室类似于立体状的土工格栅，高度能达到 15～20cm，张拉后形成一个个格室单元，并利用锚固梢钉将其固定在坡面上，形成稳定的坡面防护结构。土工格室植草护坡技术是在土工格室内填充改良客土，然后在格室上直接喷播植草，或者挂三维植被网，再进行喷播施工的一种护坡技术。利用土工格室可以为草坪生长提供稳定、良好的生存环境（图 5.2-9）。

图 5.2-9　土工格室植草和初期绿化效果图

优点：能够起到很好的固土护坡作用，减少水土流失，给植物生长提供良好环境。

缺点：整体性不及圬工防护材料，修复的边坡坡度较缓，且黑色的土工格室初期露在表面，景观效果不好。

适用条件：适用于坡度较缓的土质、土石质路堑边坡。

（6）客土喷播技术。

技术简介：客土喷播是将泥炭土、腐殖土、保水剂、植物纤维、黏合剂、抗蒸腾剂、团粒剂、缓释复合肥等一系列材料按比例混合制成客土基材，经过专用机械搅拌后以压缩空气或高压水流为输送载体，喷附于立地条件较差的边坡表面使之形成稳定的营养土层。然后将选好的种子同木纤维、黏合剂、保水剂、复合肥、缓释营养液按比例混合后，利用大功率喷播机喷附到坡面客土层中，达到保护边坡、恢复植被的目的（图 5.2-10）。客土喷播技术已经成为我国边坡防护的一种常用技术。

图 5.2-10　客土喷播技术绿化效果图

优点：施工机械化程度高、速度快，工期短，植被防护效果好，可根据地质和气候条件进行基质和种子配方，具有广泛的适用性。客土与坡面的牢固结合，客土保水保肥能力强，基本不需要养护就可维持植物的正常生长。

缺点：要求边坡稳定、坡面冲刷轻微，边坡坡度较大时不易稳固，造价较高。

适用条件：要求坡面稳固，适用于坡度在 1∶0.5～1∶1 范围的石质或岩石含量高的稳定土石上边坡，适用于矿山修复。

（7）浆砌片石骨架植草护坡技术。

技术简介：浆砌片石骨架植草护坡技术是通过片石浆砌的方法在坡面上形成框架结构以稳固边坡，在框架内回填种植土，然后喷播、撒播草种或者铺植草皮的一种边坡防护措施。该类方式常见的为拱形结构（图 5.2-11）。

图 5.2-11　拱形骨架护坡绿化效果图

优点：结构稳固、护坡效果好，能减轻坡面冲刷，保护草皮生长。可用弃石方做砌筑材料，减少弃方对环境的污染。

缺点：施工速度慢，初期硬质景观效果强烈，造价较高。

适用条件：适用于边坡高度不高、坡度较缓的各种土质、强风化岩石边坡。

（8）框格植草护坡技术。

技术简介：框格植草是指先在边坡上用预制混凝土框格或直接利用混凝土砌筑框格，并在框格内回填客土，种植绿色植物的植草护坡技术。为了固定客土，该技术可与土工格室植草护坡、三维植被网护坡、蜂巢式网格植草护坡结合使用（图 5.2-12）。根据骨架形状不同可分为人字形、菱形、方格形三种形式。

图 5.2-12　框格植草护坡技术绿化效果图

优点：护坡结构十分稳定，且保水保土，有利于植物的长期生长。框格上设置导水块，能有效减少雨水对坡面的冲刷。

缺点：造价高、工期长，使用材料为硬质材料，对环境影响大，结构笨重，景观效果略差。

适用条件：一般用于浅层稳定性差，且难以绿化的贫瘠土坡和强风化岩类路堑边坡，以及高度大于 4m 的路堤边坡。

（9）生态袋护坡技术。

技术简介：生态袋是由双面熨烫针刺无纺布加工而成的袋子，是一种高分子生态袋，具有耐腐蚀性强、耐微生物分解、抗紫外线、使用寿命长等特点，其原材料为聚丙烯（PP）或聚酯纤维（PET）。

在生态袋内填充客土、肥料、保水剂等混合基质材料，并在材料上表面均匀撒上混合草种，形成生态袋单元，将袋体自下而上沿边坡表面层层堆叠，并利用专用连接配件将袋与袋之间，层与层之间，生态袋与边坡表面之间完全紧密地结合起来，形成稳定的柔性护坡结构，达到牢固的护坡效果（图 5.2-13）。

图 5.2-13　生态袋护坡技术绿化效果图

优点：涵养水源、保持水土，整体性能好，耐腐蚀，使用寿命长。形成的斜面纹理凹凸自然，景观效果好。

缺点：造价高，市场上有价格相对较低的生态袋，但其使用寿命较短，后期防护效果略差。

适用条件：该技术可用于景观要求较高的桥头路堤两侧，也可用于坡度为 1：0.75～1：1 的硬质岩上边坡、1：0.7～1：1.25 的软质岩石上边坡，以及 1：1～1：1.25 的土石质上边坡。

5.2.3.3　边坡恢复植物选择

（1）适地适树（草）、宜树则树、宜草则草。护坡植物选择首先要考虑到繁殖材料在种植地区易于获得，种植方便易行，自生特性好，养护成本低。其次要充分结合目标植被群落类型的建植需求，与当地的自然植被类型相一致，植物的生态习性应与种植地区的生态条件相适应，不宜强行种植不适应当地环境气候条件的植被。在水分条件好、降雨丰沛的南方地区，合理选用乔、灌、草营造护坡植被；在北方干旱或半干旱地区，则宜采用灌、草种植措施；在气候条件仅适于草本植物生长的高寒区及其他地区，则只宜选择草本植物。乔、灌、草、藤、花、竹等用于边坡生态恢复的植物选择要求见表 5.2-1。

边坡恢复植物种类选择要点　　表 5.2-1

植物种类	选择要点
乔木	选择深根，抗风能力强，不易倒伏或折断的乔木类型；布置于远离路面边缘线的坡位，避免其对行车视线影响及对边坡稳定性影响
灌木	选择根系发达、固土能力强、管理粗放、自生性强、枝繁叶茂、整体视觉效果好的灌木类型
草本	选择发芽早、分蘖迅速、成形快、根系发达或具有匍匐茎、固土效果好、休眠期短的草本类型
藤本	选择生长迅速、攀爬性能或悬垂表现好、覆盖范围大、观赏价值高的藤本类型
花卉	选择多年生或能自播繁衍、花期较长、花色艳丽、富有野趣的花卉类型
竹类	一般只在周围环境中有乡土种分布时根据景观营建的需求进行选择利用

（2）先锋种、建群种相结合。通过生长快的先锋种抑制早期杂草的生长，并保护建群种的建成，在其选择配比时应注意二者的结合，确定种子的合理播种比例，防止先锋植物抑制建群植物。

（3）豆科与禾本科相结合。通过具有根瘤菌豆科植物，固定空气中的氮，增加群落养护，改善边坡土壤条件，减少植被的养护，增强其持续性能。

（4）深根型植物与浅根型植物相结合。通过深根植物，防止边坡浅层滑塌，与水保性能好的浅根植物相结合，提高坡面水土保持及水源涵养能力。

（5）对于生态环境敏感区域的植被修复，除了必要的物种多样性群落设计外，还应注意在分段采用不同目标群落类型，合理增加路段之间的变化性，避免群落类型过度单一，并减少病虫害暴发危害。

5.2.3.4 近自然地形处理

参照邻近未干扰的地形地貌特征，利用生态思维与可持续发展理念对边坡和场地进行动态设计，营造与周围环境协调的地形地貌。在确保稳定性的前提下放缓坡面和场地，边坡设计可因势就形，做自然式过渡，减少坡面平整性和坡底坡顶的折线景观，坡面可修整成圆弧形，增强自然视觉效果，减少人工痕迹的遗留。

5.2.4 湿地连通

5.2.4.1 跨越构筑物形式选择

公路建设应避让湿地资源，实在无法避让时，用桥梁、涵洞、透水路基等不同构筑物对湿地影响的缓解效果进行比选评价，选择影响较小且切实可行的构筑物形式。

在鱼类或两栖动物分布丰富、路侧植被发达、湿地生物多样性丰富的湿地，优先选择桥梁方案，并应尽可能减少桥墩的数量，减少湿地阻隔。若湿地路段过长，可采用桥梁、涵洞和透水路基相结合的方式。

5.2.4.2 施工期准备措施

（1）施工前制订专项施工方案，优化施工组织，施工时尽量减少对湿地的扰动，最大限度缩小施工场地，湿地区域的施工尽量选择枯水期，减少对湿地系统的影响。

（2）在湿地路段施工时，特别要注意对动植物的保护，加强对施工人员的教育，严禁捕杀鸟类，打桩作业尽量避开鸟类迁徙时段，必要时应暂停施工。

5.2.4.3 施工中减缓措施

（1）施工过程中对湿地地表水的影响，主要是在桥涵基础施工过程中对河底的扰动产生大量泥沙，因此涉水桥墩施工尽量采用钻孔灌注桩，承台施工采用筑岛围堰钢护筒进行开挖浇筑，以减少施工悬浮泥沙产生，打桩钻孔泥浆需循环使用，防止溢流入河。产生的废渣用船运到指定地点堆放，不得弃于河道或湖、河滩地。

（2）桥涵施工和船舶运输都必须制订相应的油污染应急预案，配备必要的油污净化、清理器材和设备。

（3）施工队伍生活污水合理处理，不可直接排入湿地中。经常检查施工机械，以防漏油漏水，施工淤泥抛弃至指定地点，污水应处理后排放。

（4）湿地路段不宜就地取材，不宜设置混凝土拌和站、沥青拌和站等，不宜布设取弃土场、砂石料场、施工场地等临时工程，均应将其设置在湿地范围之外。

（5）采用粉煤灰、石灰、水泥等拌和稳定土施工时，为防飞灰、扬尘污染环境，应采取掺和外加剂或喷洒润滑剂使材料稳定及随时洒水等措施。

（6）运输施工材料的车辆必须加遮盖物减少散落，运输材料的车辆经过湿地路段时，须采取必要的洒水措施，降低扬尘的产生量。车辆选用先进车型，并加装汽车废气净化器，降低汽车废气对湿地保护区的影响，如遇大风天气则应禁止施工。

5.2.5 动植物保护

5.2.5.1 植物保护

植物保护要从全寿命周期出发，统筹考虑公路建设各领域，构建合理的技术体系。提出“植物群落设计、生态边坡修复、土壤种子库利用、主动施工保护、表土利用及土壤基质修复”的植物保护技术体系（图 5.2-14）。

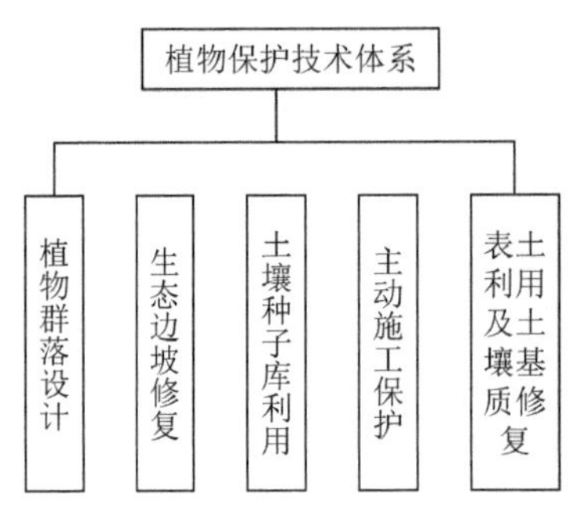

图 5.2-14 植物保护技术体系

（1）植物群落设计。选择路域几处典型天然林作为样本地，结合当地气候环境判断样本地自然植被的主要类型，然后根据公路现场环境，确定植物群落设计的先锋树种、建群种和伴生种。在植物群落结构设计中采取复层林、短期与长期效果相结合的互补模式，即下层采取多种类目标树种混合密植、上层配植速生先锋树种，起到遮阴木和肥料木的作用。

（2）生态边坡修复。边坡生态恢复技术有客土喷播、植物纤维毯、植生袋等多种技术手段，结合表土利用、自然植被诱导、乡土植物等综合设计边坡植物群落，在坡面构筑一个适合植物生存的生态系统，提高坡面的稳定性和抗冲刷性。为了体现对自然的最大尊重和保护，边坡尽量就地取材，充分利用绿色、生态、无污染、可循环的材料。

（3）土壤种子库利用。土壤种子库采用成熟的大数量小样方法取样，样品被采集后，种子库的鉴定有两种技术方法可被采用，即种子物理方法和萌发法，物理方法是直接从土壤中分离出种子来，然后记数；萌发法是让土壤中的种子萌发然后统计萌发的幼苗数量。对于原生植被濒临消失的敏感区，可充分利用清表收集的土壤种子库恢复原生植被群落，根据土壤种子库特征进行群落结构配置，恢复受损植被。

（4）主动施工保护。明确施工清表范围，设置“环保绿线”对沿线植物进行保护，即在清表之前划出“环保绿线”（路基压实边界至公路征地边界范围的区域）。该区域是植物资源保护的重点区域，对环保绿线范围内的原生植被应尽可能保留；根据不同区域植物保护特点进行灵活施工。例如在桥梁施工中，尽力缩小施工的作业面，采取截枝断顶的方法，保护桥下树木；对于互通区的植被，在不影响施工的前提下尽可能原地保留；合理安排施工时序，最大限度减少施工便道修建，从而减少用地范围和降低对植物的影响。例如建设桥隧相连的隧道时，先修建桥梁再修建隧道，可以减少因新建施工便道带来的山体破损和植物破坏。

（5）表土利用和土壤基质修复。表土中含有丰富的有机质及土壤种子库，根据不同地区土壤类型、气候特点和地形特征等因素，结合工程特征和施工工艺，因地制宜地制订表土收集与调配利用方案。对于条件恶劣的土壤，可以利用改造的机会采用客土改良、污染土壤修复等措施使之接近自然土壤，保持土壤具有高度的多样微生物特点，促使其具备植物生长的条件，促进土壤生态系统及植物群落的良性发展。

5.2.5.2 动物保护

1）通道选址

野生动物通道的选址大体上包括四个步骤：通行热区的判别、目标物种移动路线的识别、道路致死位置的识别以及最终动物通道选址的确定。

（1）通行热区的判别。通过资料收集、现场调研、专家咨询等确定区域关键野生动物物种，一般为保护级别最高或受公路影响最大的物种。从公路沿线地形、植被、资源和人为干扰 4 个主要栖息地因子来评价动物的栖息地质量，将公路全线划分为不适宜路段、边缘路段、一般路段、适宜路段 4 个等级，将等级区间为“适宜路段”判定为动物通行热区。

（2）目标物种移动路线的识别。在动物通行热区范围内，宜凭借卫星定位遥测项圈、雪踪、标记重捕法等摸清关键野生动物物种沿公路的移动路线，监测时间至少 1 年。

（3）道路致死位置的识别。对于改扩建工程，应调查公路致死动物的种类、数量、空间分布特征，调查应持续至少 1 年时间，记录致死种类、保护级别、数量、位置、时间、环境特征因素，将致死动物种类多、保护级别高、数量大的点位，设为高危点位。

（4）动物通道的选址推荐点位。在动物通行热区内，应将拟建或已建公路路线与关键野生动物物种移动路线、公路致死高危点位进行叠加，选择出冲突点位，结合工程建设投资、沿线地形等实际条件，精选推荐野生动物通道选址点位。

2）专属通道设计

专属通道是专门为野生动物穿越公路而设置的通道，分为上跨式通道和下穿式通道。

（1）确定专属通道的跨越形式。通过拟设通道位置的栖息地、地形和目标穿越物种习性的综合分析，来确定拟设通道的跨越形式：栖息地质量分为适宜、一般、不适宜 3 个等级，地形分为平坦、隆丘和洼地 3 个类别，动物习性可分为偏好开阔环境活动、偏好郁闭环境活动和无明显偏好 3 类；栖息地质量一般以上、地形平坦或洼地、动物偏好开阔环境或无明显偏好，宜采用上跨式通道；栖息地质量一般以上、地形平坦或隆丘、动物偏好郁闭环境或无明显偏好，宜考虑下穿式通道。

（2）确定拟设通道的密度。在拟设通道位置处开展目标穿越物种的分布密度调查，将结果与该区该物种平均分布密度相比较，如果高于平均分布密度，则应多设置通道；如果低于平均分布密度，则可少设置通道；具体设置数量及通道间距还需结合工程可行性、投资能力经咨询专家综合确定。

（3）确定拟设通道的净空。通过对类似环境中目标物种穿越公路动物通道的监测、国内外类似习性物种的经验总结或专家咨询，综合确定拟设通道的净空。采用现场调查法、痕迹追踪法、红外相机监测法监测类似环境中目标物种穿越动物通道的效率，构建穿越效率与动物通道尺寸的相关关系，构建回归模型：$Y = b_0 + b_1X_1 + b_2X_2 + \cdots + b_nX_n$，$Y$为某物种对于某动物通道的穿越效率，$b_0$为常数项，$b_1$、$b_2$、…、$b_n$为偏回归系数，$X_1$、$X_2$、…、$X_n$为动物通道尺寸指标，找出关键性指标和阈值，从而确定适应该哺乳动物的通道净空。

（4）设置诱导生境。由于公路施工干扰区域主要在征地范围内，诱导生境主要在该区域内布置。诱导生境的设置目的是引导动物利用动物通道，因此要在动物通道的出入口对动物的生活环境进行模拟设置。诱导生境由下穿式和上跨式动物通道诱导生境组成。

5.3 环境质量提升技术

绿色公路建设时需充分考虑对环境要素中的水、气、声进行保护，通过水环境保护、大气环境保护、施工期噪声与振动控制和运营期的噪声防治，可以提升公路两侧的环境质量，减缓对生态环境的破坏。

5.3.1 水环境保护

5.3.1.1 路基路面排水工程设计

根据降雨量、汇水面积等实际情况灵活选择排水设施形式和尺寸，并注重与环境、景观协调，尤其对生态敏感区、脆弱区、水土流失严重地区更应当注重地表、地下水的疏、引、截、排系统构建。

（1）因地制宜选用形式。

排水工程设计技术要点见表 5.3-1，边沟形式见图 5.3-1。

排水工程设计技术要点 表 5.3-1

技术要点	说明
因地制宜选用形式	结合具体地质条件、排水量大小选择适宜的边沟形式。浅挖方路段优先选用浅碟形边沟，深挖方路段优先选用矩形加盖板边沟，景观较好路段优先选用暗埋式边沟。 地下水丰富路段，可采用碎石边沟加盲沟的形式；在地下水不丰富路段，如果路侧空间充分，可直接采用浅碟形植草沟；若路侧空间不足，可采用浅碟形植草沟加地下盲沟的形式。 在互通立交内进行微地形改造，按照一定的坡度进行统一放坡，形成浅碟形卵石边沟、草皮边沟
排水设施圬工零裸露	通过植被遮挡或采用石笼、波纹管等形式，对路堑边坡处截水沟进行“潜隐”处理

a) 三角形边沟

b) 矩形盖板沟

c) 卵石边沟

d) 浅碟形植草边沟

图 5.3-1 不同的边沟形式

（2）生态边沟。

高速公路可在互通区进行微地形改造，按照一定的坡度进行统一放坡，形成浅碟形边沟，同时取消护栏，与周围景观环境协调（图 5.3-2、图 5.3-3）。

图 5.3-2　公路浅碟形植草沟 + 地下盲沟

（3）排水设施圬工防护零裸露。

通过植被遮挡或采用石笼、波纹管等形式，对路堑边坡处的截水沟进行“潜隐”处理，尽可能实现路域内排水设施圬工零裸露（图 5.3-4）。

图 5.3-3　高速公路互通区微地形处理

图 5.3-4　排水设施圬工零裸露

5.3.1.2　桥面径流收集处理

通过设置桥面雨水收集排放和处理系统（图 5.3-5），实现生态式处理。对于环保要求和运营风险高的路段可设置双层防撞护栏，防止危化品运输车辆侧翻入保护区。

云南小磨高速公路对跨越莱阳河、南醒河、罗梭江、南远河、南腊河、南木窝河等的桥梁进行桥面径流收集设计，设置收集池和径流管道，对雨水和污染液体进行收集处置（图 5.3-6）。

径流处理系统应急隔离池和沉淀池容易影响美观，尤其是在风景优美的旅

游公路上。为了减缓其带来的突兀感，可将池面进行仿生贴面，并于栏杆处栽植藤蔓植物进行遮挡，设置桥面径流仿生处理系统（图 5.3-7）。

图 5.3-5　云南小磨高速公路桥面径流收集处理系统

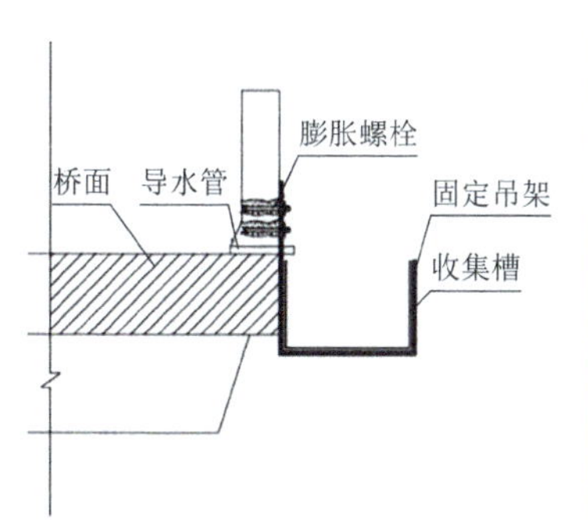

图 5.3-6　高速公路桥面径流收集系统

图 5.3-7　桥面径流收集仿生池

5.3.1.3　水资源循环利用设计

（1）污水处理回用技术。

可以设置雨污水分流的排水系统，实现雨污分流和中水回用；应用污水处理工艺，实现生活污水资源化。经膜生物反应（MBR）工艺（图 5.3-8）处理后的中水回用于服务区绿化灌溉（图 5.3-9）、冲厕等杂用水（图 5.3-10），解决服务区污水负荷较大的问题，实现生活污水资源化。

图 5.3-8　服务区多介质生物滤池

图 5.3-9　服务区人工湿地

图 5.3-10　服务区生活污水再生利用系统现场照片

考虑到服务区污水处理量较小且污水负荷变化较大的特点，可选用膜生物反应器处理工艺作为再生利用的核心工艺。膜生物反应器属于生活污水三级处理（或深度处理）工艺，其目的是使处理后的排水达到回用的要求。服务区生活污水再生利用处理工艺流程图如图 5.3-11 所示。

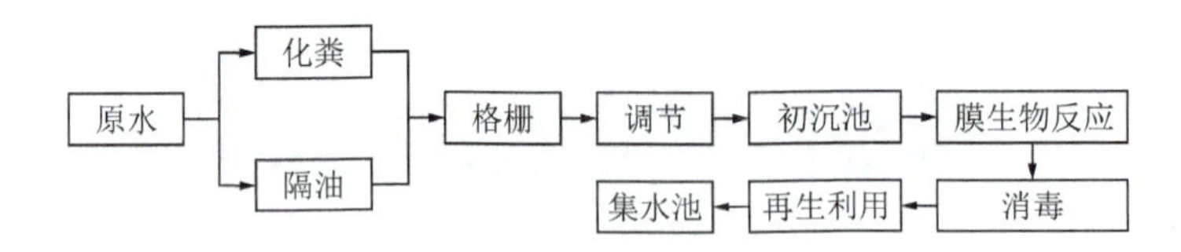

图 5.3-11　膜生物反应器处理工艺流程图

如选用兼氧膜生物反应器（型号 JDL-MBR-100），处理能力为 100t/d。其典型生活污水的处理效果见表 5.3-2。

兼氧膜生物反应器典型生活污水的处理效果表　　表 5.3-2

检测项目	pH	COD (mg/L)	BOD_5 (mg/L)	NH_3-N (mg/L)	色度 (度)	SS (mg/L)
进水水质	6～9	约 400	约 200	约 30	约 80	约 200
出水水质	6～9	≤25	≤5	≤8（15）	≤10	≤5

（2）雨水收集利用技术。

雨水收集利用技术主要包括屋面雨水收集系统、地面雨水径流收集系统、中水回用技术（图 5.3-12）等。

a) 停车位草坪砖绿化　　b) 透水砖铺地

图 5.3-12　服务区雨水收集利用技术应用

对于雨水量较大的服务区可选择以多介质生物滤池 + 人工湿地（图 5.3-13）为核心工艺的雨污水处理及回用技术，雨污水处理后达到《城市杂用水水质标准》（GB/T 18920—2020）中城市绿化用水标准后，用于冲厕及绿化浇灌等。

图 5.3-13　服务区多介质生物滤池与人工湿地

（3）节水系统。

可在服务区、人流密集的游客服务中心、餐饮休闲区的房间、厕所等安装感应式冲洗小便器、感应式洗脸盆、感应式冲洗大便器等节水器具（图 5.3-14），既节约水资源，又减少污水排放对周边水质的影响，社会及环境效益显著。

图 5.3-14　服务区厕所节水器具

5.3.1.4　施工期水环境保护

针对水体保护，重点开展涉水桥梁桩基环保施工，强化施工废水循环利用，加强施工场地雨洪管理，实现生活用地污水处理达标，最大限度降低公路施工对水环境的影响，见表 5.3-3。

施工期水环境保护技术要点　　表 5.3-3

类别	技术要点	说明
涉水桥梁桩基环保施工	施工方案优化	枯水期施工、非鱼类繁殖季施工；采用沉入桩、灌注桩、沉井等桩基形式；桩基施工平台尽量采取钢栈桥全平台施工方案，优先应用清水钻
	泥浆及油污染防护	采用环保泥浆施工工法，施工泥浆循环使用，钻渣采用泥浆船驳运至岸上指定地点处置；涉水桥墩桩基施工周围宜设置围油栏，防范施工机械跑冒滴漏所形成的油污染
	桩基防撞及其他安全处理	通航敏感水体桥梁桩基采用防撞处理措施
施工废水循环利用	施工废水处理利用	隧道排水、施工废水经三级沉淀后用于洒水降尘等
	含油污水处置	对于含油污水，应收集并交由有资质单位处理
施工场地雨洪管理控制	危废储存泄漏风险管控	对于易燃易爆、有毒有害物储存场所，做好防雨、防渗设施设计
	料场防雨多级沉淀	料场周边的收集沟渠与沉淀池布设，与桥梁事故池规划结合，预设沉降净化池防范油污水及地表径流影响
生活营地污水处理	污水收集及处理	优先利用村镇现有排水及卫生设施； 设置旱厕、改良型化粪池、小型生化处理装置等污水收集处理装置

广东汕湛高速公路惠州至清远段在涉水桥梁桩基施工中采用装配式钢板环保泥浆池、浆渣分离循环泥浆池、泥浆处理机等手段实现施工期水环境保护。

装配式钢板环保泥浆池将泥浆和土壤完全分离，不漏浆，无污染，且刚度大、安全性高，对环境保护成效明显，见图 5.3-15。

浆渣分离循环泥浆池应用于水环境敏感的跨河大桥桩基施工中，在成孔过程中采用沉浆池 + 泥浆泵作为泥浆循环结构（图 5.3-16），泥浆泵将泥浆（携钻渣）排进泥浆池中，经过滤通过回浆泵泵送至孔位，无须通过挖设泥浆槽进行循环，实现了冲孔过程泥浆不“落地”，避免了泥浆污染河流，保护了水环境。

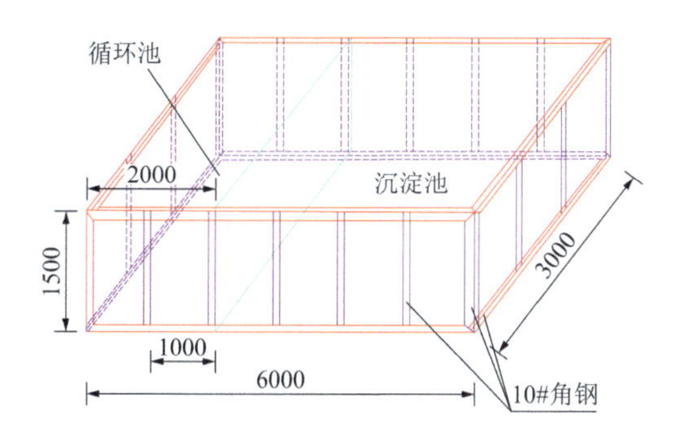

图 5.3-15　装配式钢板环保泥浆池构造图（尺寸单位：mm）

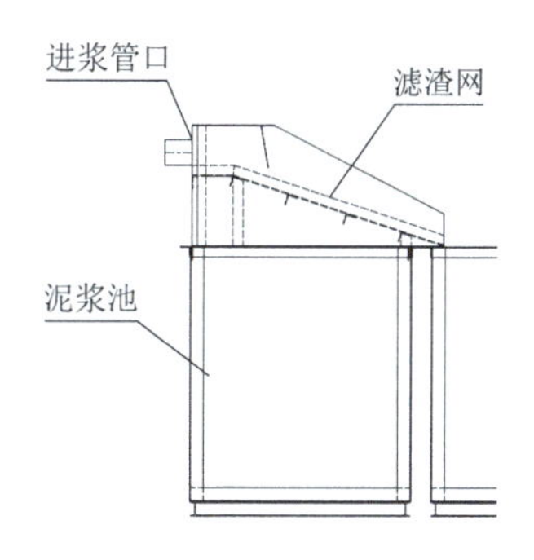

图 5.3-16　浆渣分离循环泥浆池构造示意图

泥浆处理机（图 5.3-17）应用于桩基施工，对泥浆进行固液分离，将废渣运输处理，泥浆浆水排放可循环利用，提高了现场环保施工能力。

图 5.3-17　泥浆处理机

除以上措施外，多地还针对施工废水采用多级沉淀工艺（图 5.3-18），实现废水净化并应用于冲洗施工车辆、道路洒水、便道扬尘控制等。

图 5.3-18　施工废水的多级沉淀过滤与利用

5.3.2　大气环境

5.3.2.1　隧道通风设计

隧道的通风系统及照明系统是隧道能耗的主要来源，采用智能通风控制系统和照明系统，并推广应用新能源，提高其在隧道能耗中的比例，可节省资源，详见表 5.3-4。

机电工程设计技术要点　　表 5.3-4

类别	技术要点	说明
隧道通风	智能通风控制系统	采用智能通风控制系统，降低设备起动能耗，延长风机寿命、降低噪声污染
	自然风节能通风技术	隧道洞口两端气压、洞内外温度、洞口大气自然风速等导致隧道内外产生压力差，形成自然风，但技术受路线平纵、自然环境等诸多因素影响较大
	单通道送风式纵向通风	开凿竖向风道，风道上方安置风机，使新鲜空气进入，污染空气通过竖井排出
	静电集尘技术	利用静电集尘装置对隧道内污染空气进行净化，既有利于环保，也可以取消或减少竖井，并使隧道的适用长度增大
	互补通风技术	互补通风技术以纵向通风辅以双向换气系统，将两条隧道联系起来进行内部相互通风换气，用下坡隧道富裕的新风量弥补上坡隧道新风量的不足
	选用节能设备	优化用能工艺，使用节能型、效率高、噪声低的射流通风机和轴流通风机

（1）智能通风控制系统。

对于均为双洞单向行车的隧道，可通过高速隧道智能通风控制系统（图5.3-19），采取全纵向射流风机的方式进行通风。隧道内风量通过风机台数控制，能在0～100%的额定风量范围内有级调节。每台风机控制器均配置RS485/232接口，可通过通信接口连接隧道局域网，实现与值班室的通信。射流风机采用电子式电机软起动装置起动，可根据需要实现平滑起动、正转、反转或停转，实现减小能耗的目的。

图5.3-19　高速隧道智能通风控制系统示意图

（2）自然风节能通风技术。

广东汕湛高速公路惠州至清远段自然风利用方案：机械通风的风向及通风方式应综合考虑自然风主风向与交通风方向；当自然风风速大于设计风速且足够克服交通风和隧道沿程损失时，完全利用自然风；当自然风风速小于设计风速，且不能完全克服交通风和隧道沿程损失时，开启部分风机，部分利用自然风，减少风机能耗（图5.3-20）。

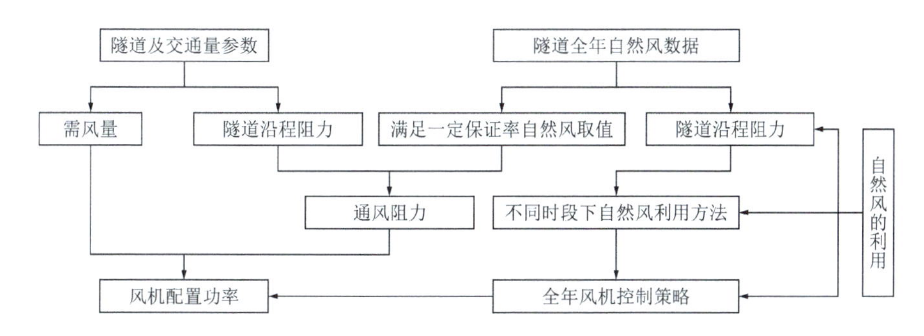

图5.3-20　广东汕湛高速公路惠州至清远段利用自然风节能通风流程

（3）单通道送风式纵向通风。

对于特长隧道，在原有通风设备的基础上，可采用单通道送风式纵向通风方案，降低隧道内爬坡高度，减少隧道内污染物积聚。可充分利用竖井或横通道中自然通风和互补通风的条件，每天仅需 2h 全负荷工作，节能优势显著，安装完成的现场效果如图 5.3-21 所示。

图 5.3-21　隧道风机安装完成现场

（4）静电集尘技术。

日本敦贺隧道采用静电除尘器的纵向式通风（图 5.3-22）。交通量为 1689 辆/h，通风量应达到 $580m^3/s$。但由于隧道内利用静电集尘器对空气进行处理（$280m^3/s$），通风量可降到 $389m^3/s$。集尘站设在距隧道口 1678m 处，内有静电集尘风机的双风道系统、动力分配设备、控制装置和集尘器的辅助机器。采用静电集尘技术，可有效降低通风量，减少风机布置。

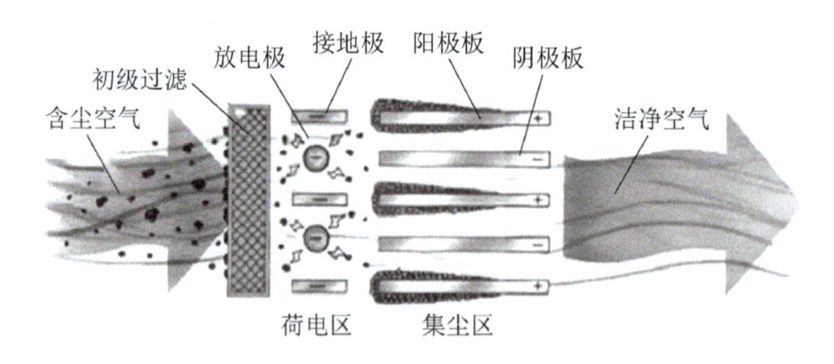

图 5.3-22　日本敦贺隧道静电集尘原理图

（5）互补通风技术。

特长隧道还可采用特长隧道互补式网络通风方法（图 5.3-23），利用双洞隧道需风量的差异性进行通风组织，解决其左右洞远期通风量极不平衡的问题，且运用右洞远期富余的新风可以减少左洞通风井的建设费用。

图 5.3-23　西秦岭特长隧道互补式通风技术

该通风方式利用车辆自身所带来的风能，在下坡隧道方向增大新鲜空气的供给，让运动的车辆将其带入隧道中部，然后通过两台风机，以纵向通风辅以双向换气系统，将两条隧道联系起来进行内部相互通风换气。该技术巧妙地绕开了特长隧道需要修建通风竖井或通风斜井的困扰，保证了日常及特殊情况下隧道内空气质量符合国家有关标准。隧道互补通风原理如图 5.3-24 所示。

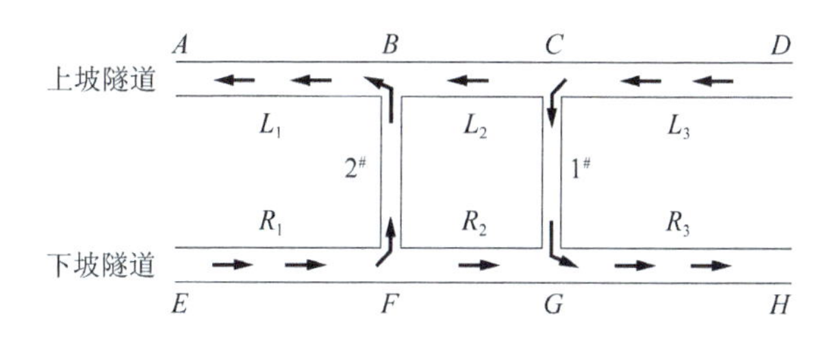

图 5.3-24　隧道互补通风原理图

5.3.2.2　施工防尘控制

针对居民区、医院、学校、野生动物生境及其他敏感区域，以及施工人员身体健康防护需求，应强化清洁运输、清洁施工与烟气控制，降低施工作业对周围敏感目标以及施工人员健康影响，施工防尘控制技术要点详见表 5.3-5。

施工防尘控制技术要点 表 5.3-5

类别	技术要点	说明
清洁运输	密闭化运输	土方、水泥、石灰等散装物料运输实现密闭化或半密闭化，综合应用苫盖措施，减少运输过程扬尘
	自动化喷淋	在料场堆体及料场出入口布设自动化喷淋装置，实现物料清洁堆放与运输
	临时场地铺装与洒水	临时场地、施工便道等根据场地特性及以后恢复要求，综合应用硬化、铺装地砖及其他材料，加强洒水抑尘
规范储存	物料存放	施工散体材料宜存放在库房或棚内，室外临时存放时宜覆盖
清洁施工	施工人员防护	施工场所作业人员配备防尘口罩、护目镜等防护用品
	拌和楼及其他场地设备除尘技术	拌和楼应封闭式管理，并安装除尘设备，控制扬尘对周边环境及施工人员的影响
	隧道施工控尘技术	利用水压爆破与雾化除尘等清洁工艺，降低作业产生的粉尘；采用湿喷式衬砌工法、全断面装配式衬砌施工
	环保抑尘剂应用	采用环保型抑尘剂喷洒裸露施工场地，减少施工场地扬尘
烟气控制	施工车辆及机械烟气控制	施工车辆及机械的大气污染物排放标准应当符合本地区执行的国家阶段性排放标准；超过标准排放大气污染物的，应当加装或者更换符合要求的污染物控制装置

广东汕湛高速公路惠州至清远段在拌和场站、隧道等施工场地综合采用各种扬尘控制措施，主要如下：

（1）自动喷淋循环洗车台：用于工地进出口，对各类工程车辆的轮胎、底盘和侧面进行清洗，实现智能控制、水循环利用的功能。

（2）环保除尘池技术应用：用于拌和站，在土建 18 标段三座拌和站合计 26 个水泥罐的仓顶处焊接一根直径 120mm 镀锌钢管，泵送散装水泥时粉尘通过钢管进入除尘池，除尘池再通过镀锌钢管将其引入沉淀池。相对集尘器，环保除尘池可免去人工清理和更换的工作。

（3）水幕除尘设施技术应用：在特长隧道中应用水幕除尘设施，如在南昆山隧道，采用无缝钢管 + 雾化喷头自行加工水幕除尘装置，每 200m 设置一道水幕，有效地控制了施工现场扬尘。在每 200m 设置水幕除尘系统的基础上，补充设置移动式降尘水炮，保证洞内空气质量，同时能有效减少每次循环爆破后的等待时间。

在高速公路拌和站可采用全封闭式料仓大棚控制扬尘，同时，在水泥罐仓机安装静电除尘设备，在拌和站内采用积料桶收集水泥粉尘，这些措施能有效减少水泥扬尘影响，同时回收粉料，减少资源浪费。在减少施工中可以大力推广隧道水压爆破技术（图 5.3-25），能提高炸药利用率，有效控制隧道施工超欠挖，同时还能降低爆破后的粉尘浓度，加快施工进度，达到节能环保的效果。

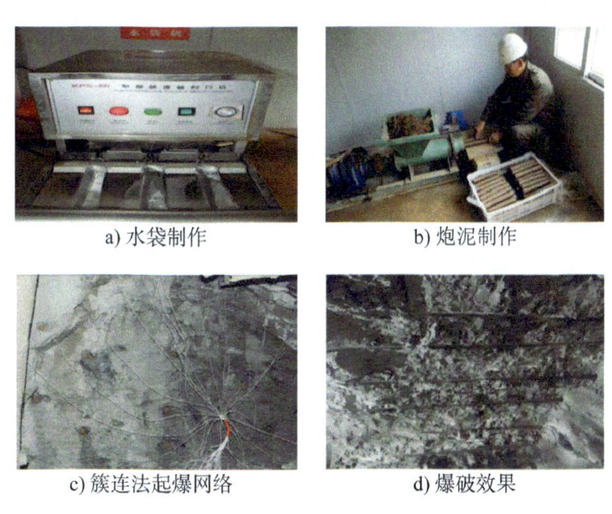

a) 水袋制作　　b) 炮泥制作

c) 簇连法起爆网络　　d) 爆破效果

图 5.3-25　水压爆破技术工作示意图

在公路建设中应高度重视施工场地路面洒水抑尘，裸露地表覆盖防尘，物料运输苫盖规范化管理，水泥、沥青、细砂石料等筑路材料规范有序存放等工作，不仅可以有效控制施工扬尘、减少物料损耗，通过场地围挡的规范化与美化工作，还可与居民德育美育及艺术宣教充分结合，相关图片如图 5.3-26～图 5.3-31 所示。

图 5.3-26　工地洒水抑尘措施

图 5.3-27　裸露地表苫盖防护

图 5.3-28　施工场地的临时围挡（1）

图 5.3-29　施工场地的临时围挡（2）

图 5.3-30　物料运输苫盖或密闭化、施工围挡

图 5.3-31　施工中搭建存料棚减少了物料损耗降低了环境影响

5.3.3 噪声防治

生态声屏障建设形式一般分为三种类型：顶槽型（图 5.3-32）、侧槽型（图 5.3-33）和土坡型。其中土坡型声屏障以“筑土成山”的方式进行生态绿化，由于涉及的宽度较宽，不适宜路基较窄的高速公路建设。建议一般高速公路选择顶槽型与侧槽型生态声屏障。

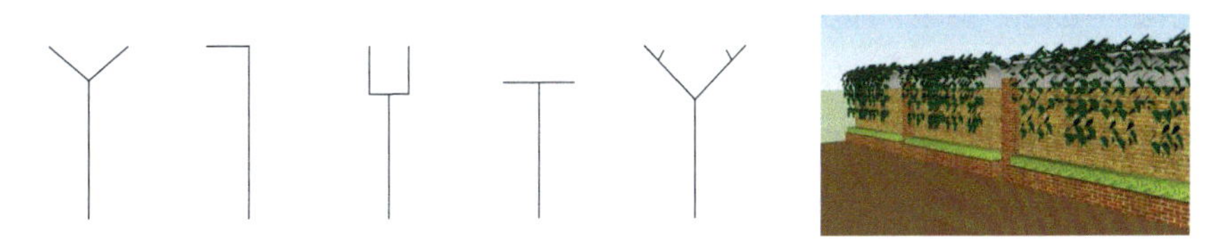

图 5.3-32 顶槽型生态声屏障建设形式与景观效果图

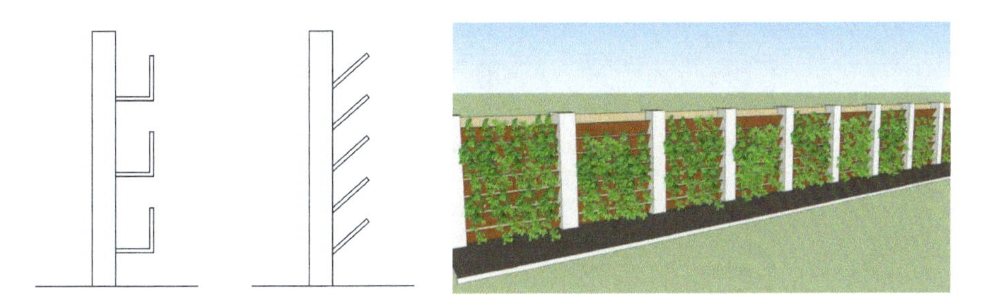

图 5.3-33 侧槽型生态声屏障建设形式与景观效果图

建设材料建议选用本地材料，从而控制建造成本；优先选用废弃物循环利用材料，尽量选取公路建设或社会生产所产生的废物，用于生态声屏障建设，以减缓环境负荷；适当选用具有当地特色的材料，从而与周边社会环境形成呼应，起到景观效果。如莆炎高速公路选择了生态混凝土和废旧轮胎复合型两种建设材料。

（1）生态混凝土声屏障。

莆炎高速公路（福州段）生态型声屏障建设选择生态混凝土作为主要材料之一。生态混凝土具有连续多孔的内部结构，有较大的内表面积，多孔的吸音混凝土直接面对噪声源，入射的声波一部分被反射，大部分则通过连通孔隙被混凝土吸收。利用生态混凝土与土壤层内部细小“孔隙”形成很好的吸声结构，以达到吸声降噪的目的。生态混凝土由固体废弃物作为原材料，不仅能够实现废弃物的循环利用，降低对环境的负荷，而且能够节约建设成本，形成良好的社会效益。

（2）废旧轮胎复合型吸声屏障。

结合莆炎高速公路沿线梧桐镇、嵩口镇周边社会资源，若废旧轮胎较易购买，可考虑采用废旧轮胎复合型吸声屏障（图 5.3-34），配合绿色攀缘类植物进行生态声屏障的建造。生态声屏障从结构入手，以水泥背板和方钢作为骨架，形成箱体结构。将废旧轮胎进行循环利用，将车胎沿胎面中线平均剖成两半，再将处理后的轮胎盘成饼状，组装在生态声屏障（图 5.3-35）箱体内。轮胎间隙处填以玻璃纤维棉，利用玻璃纤维棉把声能转换为热能，达到吸声降噪的目的。在保证吸声降噪的同时，在生态声屏障箱体下侧种植植物，使其覆盖整个箱体表面，实现生态声屏障与公路景观的良好融合。

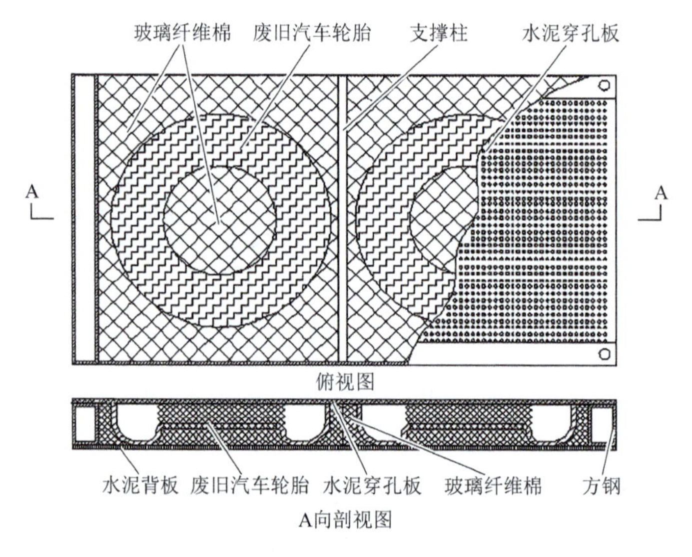

图 5.3-34　废旧轮胎复合型吸声屏障结构图

植被选择建议结合福州市特有的气候条件，以当地植被为主，可选择耐旱、耐高温、耐寒、易于养护的植物。常绿与落叶植物相结合，满足近、远期绿化效果，以及冬、夏景观与防护效果的需要。

聚合物粉煤灰陶粒环保型道路声屏障技术采用煤电副产物——粉煤灰陶粒和聚合物进行耦合制备粉煤灰陶粒声屏障，不仅有效发挥粉煤灰多孔材料的吸声性能与聚合物的连续相结构较稳定的优势，而且项目实施可以有效利用粉煤灰，同时不会造成二次污染，是一种清洁、高效的利用方式，实现了废物的再利用。

图 5.3-35 生态型装配式声屏障

5.3.4 施工噪声与振动控制

针对产生噪声与振动的关键环节与工艺，结合区域社会环境第三区（居民区、学校等）、自然环境敏感区（尤其是野生动物栖息地）等，综合应用敏感目标防护、爆破控振降噪、机械工艺降噪等手段，控制施工噪声与振动的影响幅度与时段。施工噪声和振动控制技术要点见表 5.3-6。

施工噪声和振动控制技术要点 表 5.3-6

类别	技术要点	说明
敏感目标防护	施工作业场地选址与布局	场地合理布局，高噪设备远离敏感目标布设
	施工作业时序控制	避开或优化敏感动物繁殖期施工，避开夜间施工等
	施工人员噪声与振动防护	对施工作业人员配备耳塞等防护措施
	野生动物保护措施	对于敏感水域陆域动物分布区的强振动作业，采用低影响的驱离方式，减少爆破振动对动物的影响
爆破控振降噪	爆破工艺选择	采用定向爆破、化学静音爆破、预裂爆破、微差起爆等低振动爆破工艺
	爆破改进技术	设置缓冲垫层，合理选择爆破器材，改进药包结构，合理安排起爆次序、间隔时间等技术措施，减少单段炸药使用量，采用小孔多孔爆破等
机械工艺降噪	高噪设备与工艺控制	对于高噪设备，如打桩机、夯土机、空气压缩机、切割机等，设置减振装置，缓冲垫等控制噪声影响，比选采用液压切割、数字化控制等系统性降噪工艺
	施工设备维护	保持良好的设备维护
	临时声屏障	设置隔音围挡等临时声屏障措施

在高速公路隧道掘进中可采用液体间隔爆破技术，能解决传统工程爆破工艺未能充分利用炸药能量的问题，减少了炸药的使用量，同时也降低了对围岩的振动，工程图如图 5.3-36 所示。

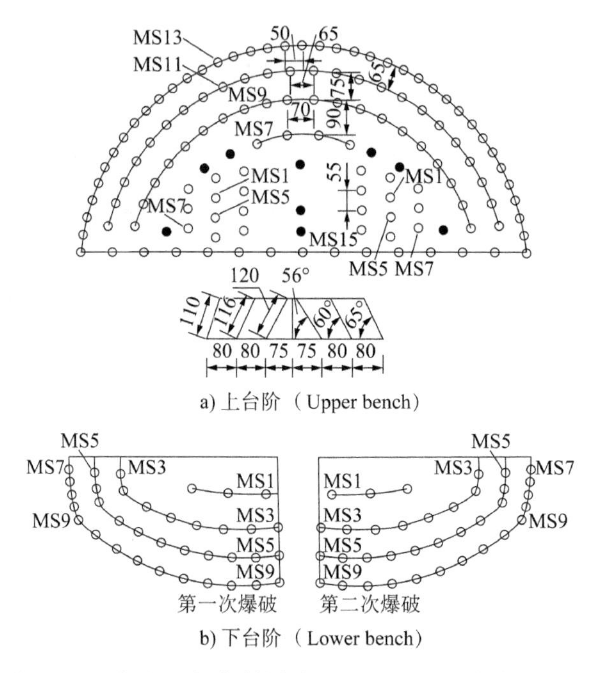

图 5.3-36　高速公路隧道控制爆破工程图（尺寸单位：cm）

5.4　资源集约节约利用技术

公路建设时统筹利用土地、设备、房建、表土、施工材料等资源，可以有效提高各类资源利用效率。在改扩建工程中应重点注重固体废弃物的循环利用，在新建工程中从场地集约、表土收集利用到施工期的永临结合都可以提高资源的利用效率。

5.4.1　固废循环利用

在公路改扩建工程、大中修工程以及日常养护作业中，应充分利用各种途径与技术消化弃方，综合利用各类固体废弃物减少借方，通过循环利用废旧材料实现资源节约。固废循环利用设计技术要点见表 5.4-1。

固废循环利用设计技术要点　　表 5.4-1

技术要点	说明
弃方利用	隧道洞渣的线内综合利用：在统筹考虑土方调配的条件下，推广隧道弃渣在路基填筑、路面集料、机制砂中的利用技术，降低废弃土石方数量
	石质挖方利用：挖方片、块、碎石可以作为格宾石笼、护坡及挡墙填充物
	结合地方规划、线外工程建设消化弃方
固体废物利用	利用地方拆迁垃圾、工业垃圾（粉煤灰、钢渣、粉砂性土、混凝土、煤矸石、矿渣、废旧轮胎、河道清淤）等作为工程材料
废旧材料再生循环利用	改扩建工程充分利用原有安全设施
	推广废旧沥青路面、钢材、水泥等材料再生和循环利用
	利用废旧模板等废旧材料

5.4.1.1　弃方利用

（1）隧道弃渣的线内综合利用。

隧道弃渣及弃方可以进行路基填筑，并加工碎石、块片石及生态砌块，用于制作挡墙，防护边坡等（图 5.4-1）。

图 5.4-1　隧道弃渣综合利用技术

（2）石质挖方利用。

公路施工建设中，可以将路面上的花岗岩和凝灰熔岩的片、块、碎石，作为格宾石笼护坡挡墙填充物或者河流护堤，材料就地利用，变废为宝（图 5.4-2）。

图 5.4-2　公路格宾石笼护坡挡墙示意图

5.4.1.2 固体废物利用

陕西省率先在公路建设中大规模应用建筑垃圾再生材料，并依托西安外环高速公路北段项目开展了建筑垃圾在公路工程中的规模化综合利用关键技术研究工作。项目沿线规划设置了 3 处固定式和 2 处移动式建筑垃圾加工厂（图 5.4-3），特别是移动式加工设备可深入房屋拆迁现场直接进行材料加工，项目在路堤、路床填筑中共计使用建筑垃圾再生材料 420 万 t，施工现场如图 5.4-4 所示。在路面基层、底基层集料中掺配 20%、30%的建筑垃圾再生粒料替代碎石，利用建筑垃圾再生集料 2 万 t；在工程施工便道、场地硬化等各类临时工程中使用建筑垃圾再生材料 160 万 t（图 5.4-5）。

图 5.4-3 设置移动式建筑垃圾加工厂

图 5.4-4 建筑垃圾再生材料施工现场

图 5.4-5 建筑垃圾循环利用

赤泥是氧化铝生产过程中排放的一种工业固体废弃物。赤泥基道路混凝土是以赤泥为基础材料，掺入改性固化材料，经拌匀压实形成的路基填筑体，实现了赤泥100%利用（图5.4-6）。经过改性固化之后的赤泥主要应用于新建及改扩建公路的路基填筑材料，高速公路、国道、省道路基，市政道路路基，二级及以下等级公路底基层的填筑材料，建筑、厂矿、港口及堆场基础的填筑材料。从而实现赤泥的减量化、资源化、无害化利用，是大规模消耗赤泥的世界前沿技术。

图5.4-6 山东济青高速改扩建工程中应用赤泥

湖北G209国道武当山至神农架公路（简称武神公路）利用路基开山石方砌筑挡墙，利用废旧轮胎作为弯道防护（图5.4-7）。

图5.4-7 路基开山石方砌筑挡墙，废旧轮胎作为弯道防护

5.4.1.3 废旧材料再生循环利用

（1）改扩建工程中充分利用原有安全设施。

原小磨公路两侧波形护栏总长约53.6km，立柱约16000根。小磨高速公路将已拆除的波形护栏（图5.4-8）、立柱在地方道路改造中利用，如在银河互通附近的辅路及其他辅道上进行利用；对拆除后暂未确定用途的波形板、立柱、标识标牌等设施，统一由管理处收集管理，统筹利用。

江西昌九高速公路改扩建对全线现有的70km中央分隔带混凝土新泽西墙

充分再利用，用于改建后的新中央分隔带。不仅安全可靠，而且节约了拆除、运输的成本，避免了大量混凝土废弃物的堆放，解决了废弃物污染环境、占用土地资源的难题。

图 5.4-8 云南小磨高速公路既有波形护栏再利用

（2）推广废旧沥青路面、钢材、水泥等材料再生和循环利用。

江西昌九高速公路改扩建全线拆除桥梁、涵洞等形成的旧混凝土块较多，将其破碎再生形成集料，用于路基改良、台背回填、低等级路面等（图 5.4-9）。

图 5.4-9 江西昌九高速公路改扩建废弃混凝土块再利用

北京市延庆区米黄路大修工程采用冷再生技术对旧路回收沥青混凝土进行了再利用，不但将该条路产生的废旧沥青材料全部利用，还消耗了大量库存沥青旧料，节约了大量材料，避免了环境污染（图 5.4-10）。

大广高速公路京衡段在 2017 年养护项目中采用就地热再生技术，将沥青面层材料回收利用（图 5.4-11），铺筑长度 42.4km。

在路面养护工程中对辅道路面面层及二灰稳定级配碎石基层可采用全深式冷再生技术，将再生材料应用于路面基层（图 5.4-12）。

图 5.4-10　北京延庆区米黄路综合利用旧路资源

图 5.4-11　大广高速公路京衡段就地热再生施工

图 5.4-12　道路冷再生施工前后对比图

（3）有地方特色的废旧材料利用技术。

云南小磨高速公路积极利用废旧竹片、废旧木模板及椰丝毯等进行边坡防护（图 5.4-13），减少水土流失，有助于植物生长，保障了绿化效果。

图 5.4-13　云南小磨高速公路充分利用废旧材料用于边坡防护

5.4.2 场地集约利用

通过合理布局，可以提高土地利用的集约和节约程度，改善室外环境，为驾乘人员营造宜人的休憩空间，详见表5.4-2。

场地集约利用设计技术要点　　表5.4-2

类别	技术要点	说明
节约用地	既有设施利用	选用原有场站设施和废弃地进行建设，通过改造或重复利用实现资源集约，减少新建成本
	同址合建	服务设施与收费、监控通信、养护、互通等设施同址合建，或者采用主线上跨式服务区布局，达到节约土地的目的
	一体化布局	采取集中式总体布局方案，集约节约利用土地

（1）既有设施利用。

云南小磨高速公路在建设之初，全面调查沿线服务区和收费站等既有设施，通过改造利用原有场站设施实现资源集约节约利用（图5.4-14）。

图5.4-14　云南小磨高速公路勐仑服务区既有房建设施利用

此外，高速公路服务区还可选用取弃土场、石砾地、陡坡地、盐碱地、沙荒地、废窑坑、仓库与工厂弃置地等废弃场地进行建设，节约成本。

（2）同址合建。

高速公路服务区在满足技术、经济、运行管理要求的条件下，可与收费、监控通信、养护、互通等设施统筹规划、同址合建（图5.4-15），通过合理设置服务区与互通、匝道位置，达到节约土地的目的。

（3）一体化布局。

高速公路服务区可与普通公路设置连通的开放式服务区（图5.4-16）。让国道上的驾乘人员可以进出使用服务区，享受和高速公路上车辆一样的出行服务。

图 5.4-15　高速公路服务区与互通立交合建

图 5.4-16　国道路侧服务区出入口、服务区楼、专用停车场

5.4.3　施工期永临结合

永临用地结合是节约土地资源的重要手段。为最大限度地减少用地范围和工程施工对周边环境的扰动，保护耕地和林地资源，公路全线应统筹各项施工配套，充分考虑取弃土场设计、服务区建设、施工便道开挖、梁场及拌和站布

置、施工营地搭建等相关环节。施工期永临结合技术要点见表5.4-3。

施工期永临结合技术要点　　表5.4-3

类别	技术要点	说明
施工便道	便道与其他工程结合	便道尽量修筑在主线征地范围内，有效利用土地，减少重复建设，充分考虑施工便道的土建标段公用、一期二期工程共用
	便道与已有道路结合	利用当地已有道路作为施工便道，须秉持“不降低原有功能”的原则，对施工重载车辆造成的损坏要及时修复；当地道路不满足施工要求的，根据工程需要改造现有道路
	便道与地方公路规划结合	结合地方公路网规划和农村公路建设计划，积极与地方政府合作，将施工便道在工程完成后用作地方道路，节约资源的同时促进地方发展
施工设施用地	施工设施用地与永久用地结合	拌和站、预制场、施工驻地、苗圃等施工临时用地建设在公路主线或取弃土场范围内
临时用房	租用当地房屋作为施工驻地	租用当地学校、居民房屋作为施工驻地
	驻地房屋移交地方使用	建设驻地用房，在工程完工后移交给当地使用
电网资源	施工电网与民用电网合作建设	与地方电力部门合作建设施工电网，施工结束后转当地民用
	施工电网与服务区等设施用电合并建设	与服务区等设施电网合并建设

（1）施工便道永临结合。

施工便道作为道路施工过程中修建的临时道路，不可避免地要产生占用沿线村庄或农田等征迁问题，还在一定程度上对生态环境造成破坏。一般情况下，施工便道在工程完工后，大多直接废弃，这样会造成极大的土地和资源浪费，且对环境造成破坏。采用“永临结合”实施方案，一方面设计中结合施工组织方案，重视施工便道的研究及优化工作，根据现场踏勘情况，并结合主体工程、地方路网、地方要求等，布设施工便道。另一方面充分利用路基坡底边缘至用地红线边界之间的平台及边沟宽度，将其作为施工临时便道的一部分，大大减少了便道的占用土地规模。

充分利用原有道路改造利用，将原来乡镇道路进行必要硬化后重新利用，降低造价的同时，也减少了施工便道二次征地对土地的占用。考虑到为沿线村民扶贫帮困，造福地方，在路基主体范围以外修建施工便道时需充分征求地方群众的意见、建议，尽可能为当地群众带来一些便利。将施工便道与地方“村村通”公路相结合，并且相应地提高了便道的道路等级，帮助解决乡、村不通公路的问题。

（2）施工设施用地与永久用地结合。

云南小磨高速公路全线共有桥梁预制场47个，其中42个布设在挖方路基上，3个布设在原二级路的弃土场或梁场，仅2个额外占用了临时用地；桥梁预制场的永临结合用地比例达95.7%，基本实现了永临结合。如图5.4-17所示，左侧为桥梁预制场设在弃土场，右侧为弃土场用作临时苗圃。

图5.4-17　云南小磨高速施工设施用地与永久用地结合

（3）施工驻地。

施工驻地可以租用公路沿线老旧厂房或现有房屋（图5.4-18），也可以把新建的驻地房屋在撤场后移交地方使用（图5.4-19）。

（4）施工电网合作共建。

施工电网可与民用电网合作建设，在施工期由施工单位出资与当地电力部门联合架设高压变电器和配套的电力线，来满足项目施工区域的用电要求；施工结束后，对施工单位已架设的电力线进行资源整合，转为运营期高速公路沿线用电设施的永久供电设施使用。同时，施工电网也可与服务区等用电设施合并建设，在服务区、收费站等房建场区附近提前架设施工供电电网，包括高压变电器和配套的输电线路，电源直接接入房建场区作为永久供电设施继续使用。

图 5.4-18 改建旧式厂房作为施工驻地

图 5.4-19 施工驻地移交给当地作为村委会新址

5.4.4 表土收集和利用

施工过程中坚持对表层腐殖土进行收集，后续用于回填和植被恢复，最大限度保留和利用本地肥沃土壤，减少外购腐殖土。表土收集和利用技术要点见表 5.4-4。

表土收集和利用技术要点　　表 5.4-4

技术要点		说明	案例
表土收集和利用	表土收集	采用推土机对主线、互通区、分离立交路基基地表土进行剥离，厚度根据实际情况确定，一般为20～30cm	云南小磨高速公路、四川理塘至亚丁公路
	表土堆放	为避免占地，收集的表土直接堆放于互通立交、服务区等利用位置，或在红线范围内开辟临时表土堆放场，并同步完善排水设施，设置临时拦挡	
	表土利用	施工后期为中央分隔带、互通立交区、沿线附属区（集中居住区、管理中心、服务区）、边坡绿化等提供绿化土源	

云南小磨高速公路对路基、弃土场等场地的表土进行集中收集、单独堆放（图 5.4-20）。最后将表土用于装填植生袋、边坡种植土回填、互通区微地形建设和分离式路基回填等绿化覆土，避免外借，节约成本。图 5.4-20 左侧为表土集中堆放，右侧为回填利用。

高原公路施工中，对脆弱而珍贵的高原草皮，可以先收集并切割成50cm × 50cm 的方块，整齐码放，并专门浇水养生。待路基成形之后，再重新铺回去，一般草甸的成活率能达到 90%（图 5.4-21）。

图 5.4-20　云南小磨高速公路表土收集

图 5.4-21　高原公路收集表土资源

5.5　工程高效管理技术

绿色公路建设过程中要树立现代化的项目管理理念、建立精干高效的项目管理组织，采用科学有效的项目管理方法，构建全面规范创新驱动的现代化建设管理技术“清单”，实现公路工程项目的高效管理。BIM 等信息化技术为创新工程管理手段提供有力支撑，标准化施工技术和规范化管理技术为绿色公路建设提供科学规范的建设管理指南，全寿命周期理论技术为公路规划设计、施工建设和运营维护提供全局最优管控策略。

5.5.1　建筑信息模型等信息化技术

探索建筑信息模型（BIM）技术应用于公路建设全生命周期，拓展 BIM 技术在结构物造型、精细化质量管理、远程实时监控、模拟施工组织以及管理信息公开透明等方面的应用，加速推进公路工程建设全方位技术创新和管理创新。应用 BIM 等新技术，可以事前模拟公路、桥梁、隧道等设计、制造、安装及管理养护各阶段情况，对设计、施工和养护过程中可能发生的质量安全隐患进行全面筛查，能够更好地提升绿色公路建设品质并降本增效。

5.5.1.1 利用 BIM 技术促进精细化设计

采用三维建筑信息模型，不仅能提升复杂公路设计的精细化水平，同时还能为公路工程信息数据的共享与传递提供有效途径，使得数据再利用成为可能。

1）BIM 技术在桥梁设计中的应用

案例 1：延崇高速公路河北段基于三维地理信息系统（3DGIS）和三维建筑信息模型（BIM），建立包含项目所有构件的三维精细模型。桥梁设计中通过施工图建模与模拟装配，发现设计碰撞问题，从而降低建设成本、提高生产效率，并为安全生产提供保障。施工阶段三维可视化 1∶1 全仿真模型，可指导施工参与各方跨专业协同，实现生产、施工、检验、交竣工及运营全过程信息化监管。竣工时提交基础设施三维竣工数字化档案，完成基础设施数字化建设，形成可移交运维和养护使用的数字化成果。通过以 BIM 技术为核心的全生命周期综合管理平台，实现项目建设、管理、运营、维护的可视化、精细化、流程化、标准化、智能化、一体化管理，打破了过去设计、施工、养护的信息壁垒，为打造“智慧高速”奠定了基础。

案例 2：范蠡大桥位于江苏省宜兴市，桥梁总长 1376m。该桥为三塔四跨的斜拉桥，桥塔造型独特。项目通过 BIM 技术的应用，建立适用于结构复杂的特大桥梁设计、施工全过程的整体解决方案，大大提高了设计和施工的工作效率，同时也使得设计和施工质量得到更有力的保证。

案例 3：瓯江北口大桥设计阶段用 3D 模型更直观地表述出中塔钢沉井加工制作工程结构，实现工程自动算量，协助吊装程序由 36 次优化到 18 次，首节钢沉井制作仅用 3 个月就顺利完成。而在沉井注水着床过程中，BIM 手机端载入沉井姿态监控系统，协助各参建方实时查看沉井厘米级偏差，及时纠偏，确保精准定位。监控显示，超大钢沉井最终的中心偏差为 11cm，小于 44cm 的控制值，水平角度偏差为 0.21°，小于 1°的控制值，达到国内水中超大沉井定位着床精度控制的新高度（图 5.5-1）。

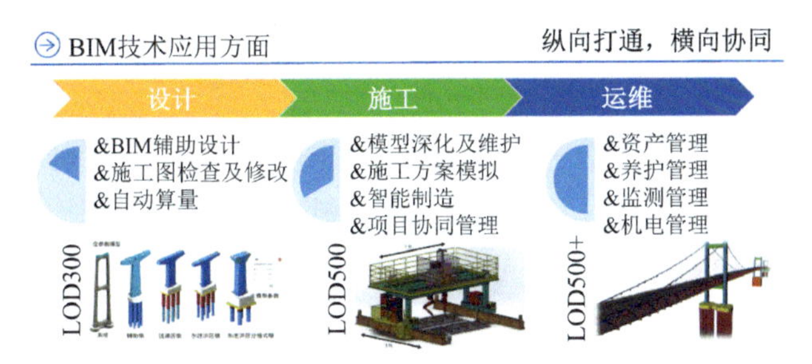

图 5.5-1　瓯江北口大桥 BIM 技术应用环节

2）BIM 技术在公路立交设计的应用

重庆潼荣高速公路利用 Civil 3D 软件建立三维地形模型，创建参数化的路线及纵断面模型，编写参数化的道路路面部件、路基边坡部件；利用路线、纵断面和装配进行道路主线、匝道以及交叉口的设计。通过 BIM 模型进行交通流量模拟分析、视距分析、标志标牌合理性分析，并利用 Navisworks 创建 4D 施工模拟模型，进行设计技术交底。

3）BIM 技术在隧道设计的应用

吉林延吉至长春高速公路龙井至大蒲柴河段甑峰岭特长隧道建立了施工反分析平台和基于 BIM 的隧道动态施工优化系统，具体包括：

（1）BIM 多元信息云采集和预警，建立基于甑峰岭特长隧道 BIM 的动态施工信息化流程，构建工程施工风险预警评估的监测硬件体系和软件采集系统。

（2）建立“围岩级别”多因素动态判释方法和 BIM 分级分区的可视化表达，用三维 BIM 表达隧道三维不连续的空间，分析岩体结构控制特征。

（3）建立基于多元监测信息的地应力反演算法，给出硬岩岩爆或软岩大变形风险预测模型，提出高应力环境特长隧道围岩施工控制方案。

（4）采用基于 BIM 的特长隧道施工方案的优化和模式识别方法，实现特长隧道施工支护的动态调整，集成多元监测信息采集管理、围岩动态分级、反分析、支护方案分类与支护参数优化子模块，形成动态施工软件系统。加快了隧道的施工进度，并有效地保障了隧道施工的安全。

5.5.1.2 施工图设计 BIM 可视化信息模型建立与应用

（1）建立 BIM 工程三维协同设计与可视化漫游子系统。在公路工程规划设计阶段，应用 BIM 技术开展工程多专业协同设计，进行可视化方案比选，实施包括公路运营功能及通行安全的仿真模拟和评价。

（2）建立 BIM 工程设计协同管理子系统。在设计阶段建立两阶段设计 BIM 模型（图 5.5-2），开展设计图纸审查、工程算量、辅助施工图概算与招投标辅助、技术交底等工作。

图 5.5-2 瓯江北口大桥两阶段设计 BIM 模型

（3）设计图纸审查。运用 BIM 软件平台协同设计、碰撞检测及净空检查等功能，并开展施工图复核，解决图纸“错、漏、碰、缺”问题（图 5.5-3）。

（4）工程算量。将 BIM 模型算量与设计改变联动，工程量即时响应，算量高效、精确，提高了设计效率。

（5）辅助施工图概算与招投标辅助。利用 BIM 模型辅助施工图阶段的概算，建立 BIM 工程量预算模型，对各标段招标工程量开展 BIM 复核（图 5.5-4）。

（6）技术交底。充分依托 BIM 的三维模型与精细的可视化展示，开展设计阶段技术交底工作（图 5.5-5）。

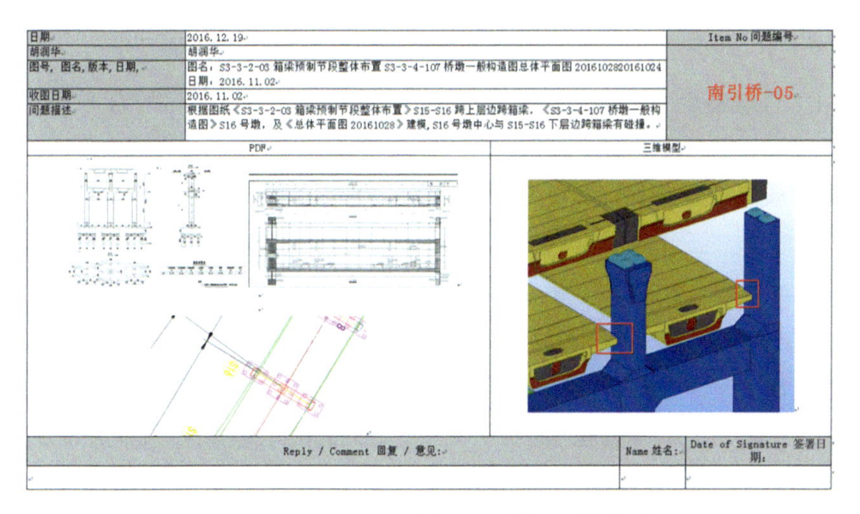

日期	2016.12.19	Item No 问题编号
胡润华	胡润华	南引桥-05
图号，图名，版本，日期，	图名：S3-3-2-03 箱梁预制节段整体布置 S3-3-4-107 桥墩一般构造图总体平面图 2016102820161024 日期：2016.11.02	
收图日期	2016.11.02	
问题描述	根据图纸《S3-3-2-03 箱梁预制节段整体布置》S15-S16 跨上层边跨箱梁，《S3-3-4-107 桥墩一般构造图》S16 号墩，及《总体平面图 20161028》建模，S16 号墩中心与 S15-S16 下层边跨箱梁有碰撞。	

PDF	三维模型

Reply / Comment 回复 / 意见：	Name 姓名：	Date of Signature 签署日期：

图 5.5-3　瓯江北口大桥 BIM 模型碰撞检测

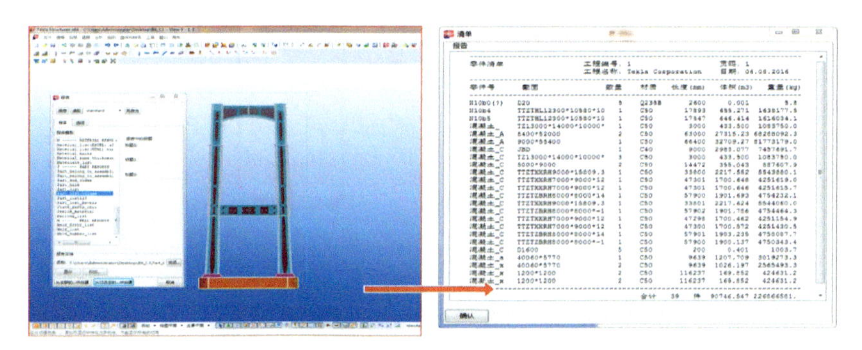

图 5.5-4　施工图设计 BIM 校核工作量统计

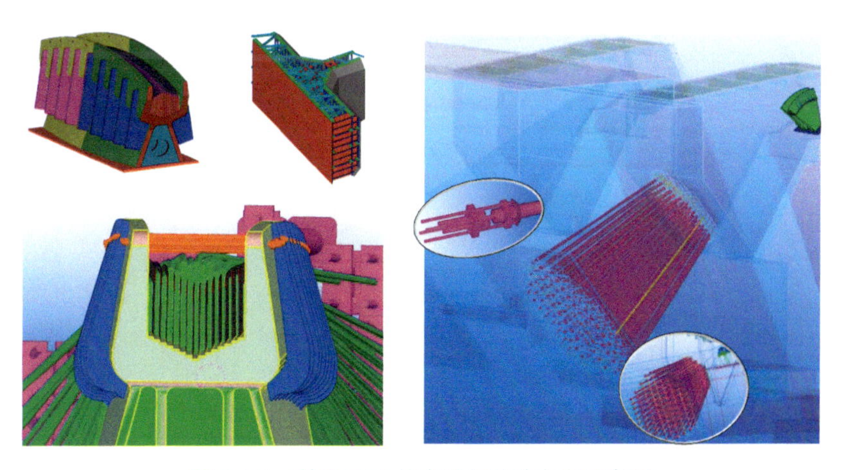

图 5.5-5　利用 BIM 技术进行设计交底示意图

5.5.1.3 基于“互联网＋BIM”技术的深度智慧化协同管理平台

（1）打造基于“BIM＋互联网”的公路建设期可视化协同管理平台。打造“智慧工地”，推行“一物一码，一人一证”，项目全要素纳入信息化管理，为工程进度、质量、安全和计量投资管理提供一站式可视化信息管理服务。

（2）开发“云计算＋互联网”的新一代工程项目管理协同工作平台。实现设计、施工、监理、监控、检测、咨询等各方的工作协同和数据共享，实现工程建设大数据的有效收集、共享及科学分析利用。利用物联网＋大数据技术，实现公路建设过程中的各项机械、设备、物料、构件、人员，预制构件制造、运输、装配安装，工地拌和站、试验室、门禁系统等内容的智能感知和在线管理（图 5.5-6）。

图 5.5-6 “互联网＋BIM”技术的深度智慧化协同管理平台

5.5.1.4 BIM 施工模拟

（1）模拟不同施工方案。利用 BIM 三维可视化技术，开展施工方案模拟，从而优化施工方案，提高施工效率。

案例：瓯江北口大桥对南引桥预制截断箱梁架设安装、中塔及沉井基础施工、中塔主鞍座构造焊接与检测、南锚碇及沉井基础施工模拟、悬索桥上部结构架设施工等重要工程节点进行模拟（图 5.5-7）。

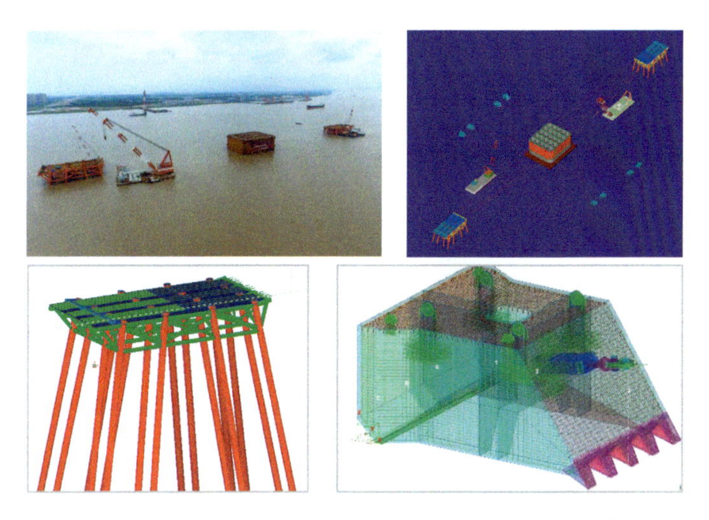

图 5.5-7　利用 BIM 技术的中塔沉井施工现场图与 BIM 模拟图

（2）模拟地形辅助施工场地布置。通过 BIM 三维可视化技术，根据施工场地地形特点，模拟布设施工营地、预制化工厂等施工场地（图 5.5-8）。

（3）BIM 施工监控管理。在设计 BIM 成果基础上，对设计 BIM 模型进行深化设计，用于建立超大型沉井基础施工全过程三维可视化监控、预制构件的施工和制造、场地优化布置、三维空间精确放样、施工工艺方案模拟及成本-时间优化等，实现大型桥梁的精细化施工。

案例：瓯江北口大桥在中塔及南锚沉井基础施工、南引桥预制和架设施工、悬索桥上部结构架设安装等重要工程节点进行重点监控管理（图 5.5-9）。

（4）标准化建设管理监控。通过 BIM 技术协同管理平台可开展工厂化构件远程进度质量管理，具体包括钢桁梁生产制造、鞍座及索夹生产制造和预制截断箱梁生产制造工厂等标准化施工。

案例：瓯江北口大桥利用“BIM + AMG（自动导引设备）”技术，实现钢结构桥梁智能化数控辅助下料切割，采用三维激光扫描技术严格控制制造误差精度；基于“精益生产”理念，实现短线法预制节段箱梁工厂化生产、预制、物流、仓储、调配、运输和架设等方面的智能化管理（图 5.5-10）。

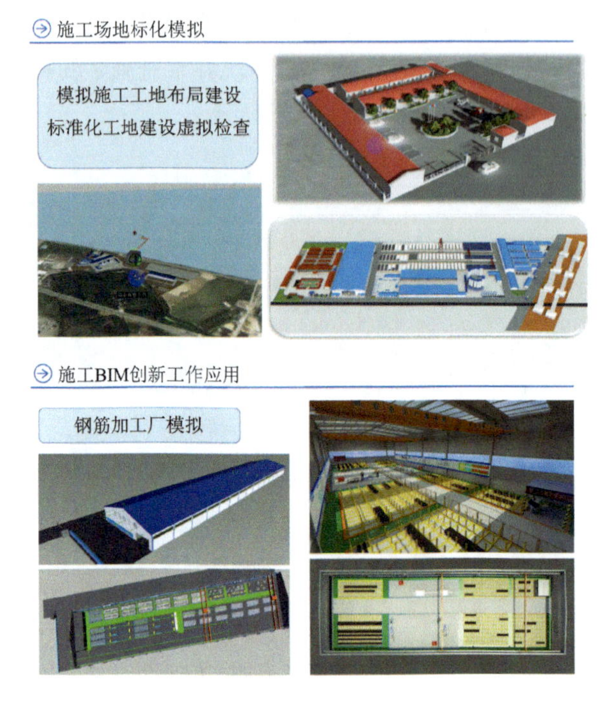

图 5.5-8　利用 BIM 技术模拟施工场地布置

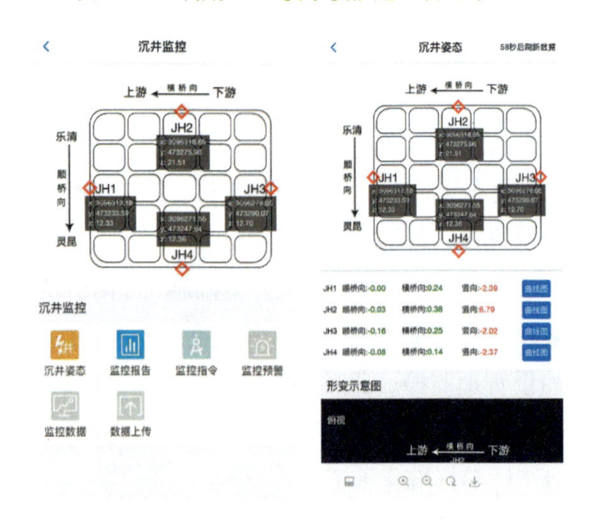

图 5.5-9　利用 BIM 技术的沉井施工实时监控 App 客户端截图

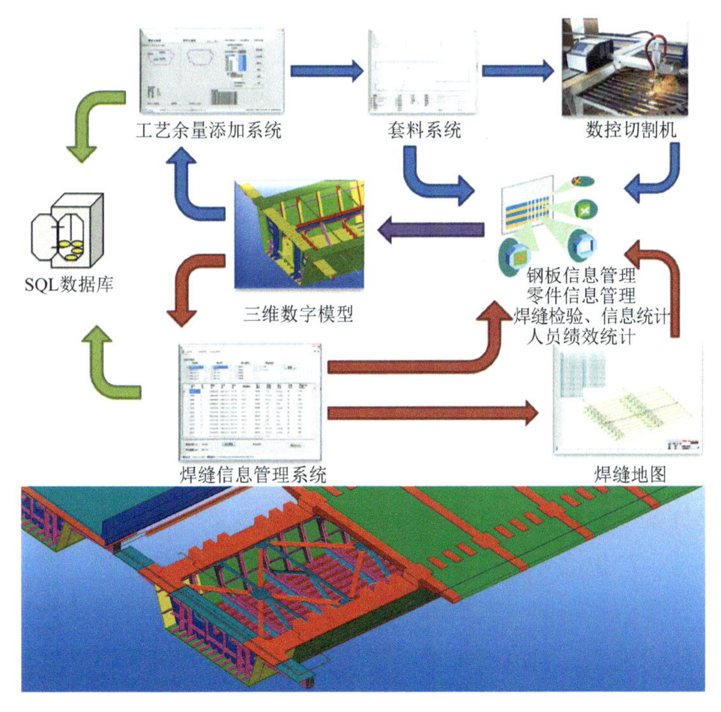

图 5.5-10　利用 BIM 技术进行工厂化预制流程示意图

5.5.1.5　现场质量和安全隐患现场排查处理

利用“云 + 端”技术，研发部署项目管理手持式智能移动终端。

案例：信息化服务渗透在每道施工工序，瓯江北口大桥项目现场参建各方人员均可在手机上实时开展工作，实现了施工现场及时管理，大幅提升了各方协同能力和工作效率，并在手机移动端建立了现场问题实时解决闭环机制（图 5.5-11）。

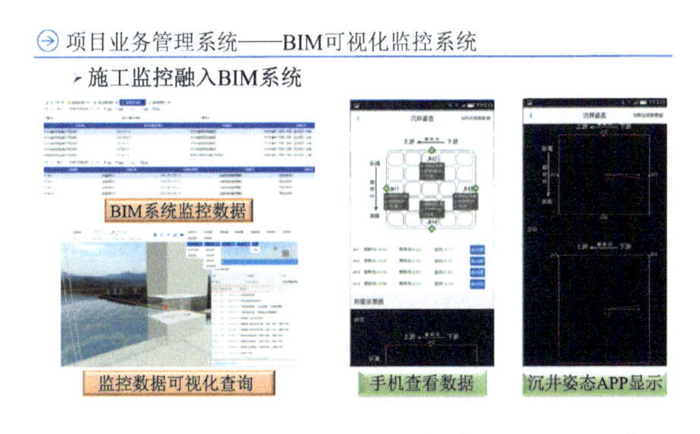

图 5.5-11　瓯江北口大桥移动客户端 APP 界面示意图

5.5.2 标准化施工

参照《关于开展高速公路施工标准化活动的通知》(交公路发〔2011〕70 号)和《高速公路施工标准化技术指南》丛书，可从工地标准化、施工标准化、管理标准化等方面深化现代工程管理和施工标准化工作。

5.5.2.1 工地建设标准化

工地建设包括两驻地、两试验室(施工、监理)、六场站(拌和站、机械站、料场及库房、钢筋加工场、梁板预制场、小型构件预制场)、施工便道、施工工点现场。工地建设标准化把握“四个集中”——材料集中存放、钢筋集中加工、混凝土集中拌和、构件集中预制。主要对驻地建设的选址条件、建设标准和布局提出了具体要求，强调了硬件设施、保障措施及施工要素的有效配置，着力改善参建单位生产生活环境；推行混合料(混凝土)集中拌制、钢筋集中加工和混凝土构件集中预制的“三集中”制度，促进施工现场的集约化管理、工厂化生产及专业化施工；规范临时工程和安全文明施工的有关要求。

(1)项目部和监理驻地：庭院式驻地。驻地选址安全便捷(交通、通信、工作、医疗、生活便利)，便于施工管理，设置会议室、办公室、档案资料室、活动室、职工餐厅、浴室、宿舍及消防设施。

(2)监理单位和施工单位试验室：硬件标准化，以保障试验检测能够有效管控施工质量和指导施工；配备备用发电机组，试验仪器使用后防尘覆盖。

(3)拌和站：场地混凝土全部硬化，并设置盖板排水沟；项目部直接管理，全自动电子计量和自动记录，拌和楼料斗采取防串料、防雨雪等措施；拌和站必须保证在混凝土初凝或重塑前达到并完成浇筑。

(4)料场：场地混凝土全部硬化，并设置盖板排水沟；料仓分区隔离；防雨雪设施三面围挡、纵坡排水；砂石料水洗；集料存放高度不超过 5m；钢材存放在轻型结构仓库内，预应力材料及支座不能露天存放。

(5)钢筋加工场：场地混凝土硬化，室内加工，数控机床加工，支垫分类整齐存放，骨架采用定型胎架制作、整体吊装。

(6)梁板预制场：场地混凝土全部硬化，并设置盖板排水沟；使用定型钢模板；侧模与底模结合应采用整体过渡；冬季施工必须采用蒸汽养生，在保证养生质量的情况下可采用土工布覆盖、自动喷淋养生；存梁平台基础硬化。

（7）小型构件预制场：统一、集中预制，采用高强塑料、钢模等模具，采用振动台振捣，采用土工布覆盖、自动喷淋养生。

（8）施工工点现场：施工作业队在某一路段、结构物或附属工程等进行施工作业的地点，要达到标准化要求，并设置相应的标志标牌；施工工点把握责任主体、工艺流程、质量控制要点和自检体系四要素。

（9）施工便道：统筹做好永临结合、便道规划，考虑各种运输、过水通行等需要。

5.5.2.2 施工标准化

（1）路基工程施工标准化：主要从一般规定、施工工序、施工要点等方面对施工和管理作出具体要求，优化施工组织和工艺流程，强调做好路基防排水工作，严格控制路基压实度、宽度、厚度、纵横坡度、平整度“五度”和涵台背回填、集中小型构件预制，加强防护工程动态设计和监测，注重保护环境。

（2）路面工程施工标准化：主要按路面不同结构层从施工准备、材料要求、配合比设计、试验段施工等方面，对施工工序、要点和质量控制提出了具体要求；通过明确程控参数、科学采集程控指标、及时分析改进措施，减少施工过程的质量变异，提升工程质量，延长路面使用寿命；发挥路面机械化施工集约、高效、稳定的特点，提高施工效率；推行沥青面层石料准入制度，确保面层质量稳定。

（3）桥梁工程施工标准化：桥梁工程施工前应按照“连续性、均衡性、节奏性、协调性和经济性”原则，编制实施性施工组织设计，并从关键节点出发，总结以往工程成功经验，同时借鉴、吸收其他行业、其他项目的成熟技术，通过采取措施，有效地提高和解决施工中存在的质量问题；桥梁工程施工应积极而慎重地推广应用新技术、新工艺、新材料和新设备，把握关键环节，积极总结应用成果，为提高施工管理和技术水平服务；桥梁工程施工前应根据实际情况进行施工安全风险评估，对于在实施过程中疏于控制、操作上执行力度不足的要求加以强调，以提高施工现场安全预控的有效性。

（4）隧道工程施工标准化：主要从一般规定、施工工序、施工要点等方面提出具体要求，统筹考虑施工准备、洞口与明洞工程、超前地质预报、洞身开挖、初期支护与辅助施工措施、仰拱与铺底、防水与排水、二次衬砌、监控量测、路面及附属工程及安全管理等方面。

（5）交通安全设施工程施工标准化：针对高速公路交通安全设施，从一般规定、施工工序、施工要点等方面提出具体要求，统筹考虑施工准备、交通标志、路面标线、波形梁护栏、活动护栏、旋转式护栏、混凝土防撞护栏、轮廓标、防眩设施、隔离栅和桥梁护网、声屏障、安全生产和文明施工等方面，有效地消除质量通病，提高施工及安全管理水平，实现交通安全设施施工标准化，确保高速公路交通安全设施工程质量。

（6）绿化工程施工标准化：主要包括高速公路生态绿化施工准备、高速公路生态绿化施工工艺、高速公路生态绿化养护管理及高速公路生态绿化安全文明施工等方面，重点规范高速公路绿化工程施工中的施工工艺、要点、质量及安全措施，旨在更有效地消除质量通病，提高施工及安全管理水平，实现绿化工程施工标准化，保证绿化工程施工质量和美观效果。

（7）机电工程施工标准化：主要包括施工准备、监控设施、通信设施、收费设施、隧道机电、低压供配电与照明设施、安全生产及文明施工，进一步规范监控设施、通信设施、收费设施，以及隧道照明、通风和消防设备施工的各项工序操作，提高施工管理水平，实现高速公路机电施工标准化。

（8）房建工程施工标准化：主要包括施工准备、基础工程、主体工程、装饰装修工程、防水工程、保温工程、室内给排水、消防工程、电气工程、暖通工程、室外工程、冬/雨季施工、安全生产、文明施工与环境保护等方面，着重强化房建工程的施工工序、技术、工艺和管理，有效消除质量通病，提高施工及安全管理水平，实现房建工程施工标准化，确保高速公路房建工程质量。

5.5.3 规范化管理

5.5.3.1 项目建设单位规范化管理

（1）组织机构配备至少一正、三副和一位技术负责人，下设计划、合同、质量、安全、技术、财务、纪检、办公室等子部门。配备的项目工程师不低于每15公里1人，且应具有中级以上专业技术职称。项目工程师负责抓好现场管理、重点部位和关键工序。

（2）建设理念：发展理念人本化、项目管理专业化、工程施工标准化、日常管理精细化、管理手段信息化。

（3）项目建设程序：编制项目建议书—编制工程可行性研究报告—项目建

设单位备案—初步设计审批—施工图审批—招投标管理—施工许可—组织项目实施—交竣工验收—项目后评价。

（4）工程设计管理：保证地质勘察质量，落实设计新理念，执行安全性评价，实行双院制审查。严格执行勘察监理和设计文件审查（咨询）制度，编制外业勘察与地质勘察指导书，并进行专项验收。

（5）工程技术管理：项目建设单位或现场执行机构、监理及施工等从业单位必须配足技术管理人员；形成一个技术管理体系，并保证其有效运行；加强图纸与施工工艺等技术审查把关；严格进行技术交底；做好事先控制、事中把关和事后验收。

（6）工程施工管理：合同管理、质量管理（首件工程制）、进度管理、计量支付管理、工程变更管理、建筑材料管理、工程试验检测管理、安全生产管理、文明施工管理和环境保护管理。

（7）信用评价管理：对施工、监理、试验检测单位及监理工程师等认真评价，更加注重成果应用；逐步将项目建设单位或现场执行机构，以及勘察、设计、第三方试验检测等从业单位纳入信用评价。

（8）跟踪审计管理：对建设项目全过程监督制约、规范建设程序、完善建设管理、维护财经法纪、防止损失浪费。

（9）廉政建设管理、档案与工程验收管理。

5.5.3.2 监理、施工单位规范化管理

（1）监理单位：严把“七关”——材料进场、设备准入、开工审批、首件工程、拌和站作业、试验检测及成品验收；加强事先预防与过程监理；对特殊工种作业人员和劳务队实行考核准入。

（2）施工单位：执行施工工点管理，将制度、措施、质量保证体系落实到工点；执行工序交接制度；加强施工人员的岗前培训和技术交底；精细化施工。

5.5.4 全寿命周期统筹

全寿命周期管理，是指通过先进技术手段和管理方法，统筹项目规划、建设、运营和回收等全部环节，在确保规划合理、工程优质、生产安全、运营可靠的前提下，以全寿命周期的整体最优为目标。

绿色公路建设理念与全寿命周期理论密切关联、缺一不可。绿色公路建设

的内涵是统筹项目规划、设计、建设、运营、养护及管理全过程的资源占用、能源耗费与环境影响等，而全过程控制就是全寿命周期管理。全寿命周期是衡量绿色公路的一把“尺子”，没有全寿命周期最优，便不可能实现真正意义的绿色公路。当前，实施绿色公路建设期间，有些项目只能说建设期是绿色的，但在全寿命周期并不一定是绿色的。因此，运用全寿命周期视角，可以更科学、健康和持续地发展好绿色公路。

一般公路项目全寿命周期阶段，可划分为规划研究、勘察设计、施工建设、运营养护与大修改建等阶段，如果从全寿命周期各阶段成本分析，可以看出规划与设计阶段是项目建造成本的决定性阶段，决定范围通常达到90%左右，而这个阶段实际花费占项目概算仅在3%～5%。因此，规划与设计是项目的灵魂，这个阶段是绿色公路建设的关键环节。与此相反，施工建设期只是按图施工，对决定项目总成本的影响相对较小，但却是项目成本投入最大的阶段，一般可达60%～90%。如果建设期投入不足，后期运维养护费用必然会高。

5.5.4.1 耐久性设计

考虑永久构件和可更换构件的特点，应重视公路建筑物结构的耐久性设计，统筹建设与养护需求，耐久性设计应满足下列要求：

（1）结构设计应考虑各部件在荷载作用下的易损性，对于预计寿命低于主体结构的部件，应设计可更换备选方案。

（2）应考虑在全寿命周期内各主要构件的养护、维修和更换情况，合理确定各构件使用寿命。

（3）混凝土建筑物应合理选用具有高耐久性、高工作性和高体积稳定性的混凝土（如高强度混凝土、自流平混凝土、纤维增强混凝土及环氧树脂改性混凝土等）。

（4）混凝土建筑物宜采用预制装配工业化建造技术，提高混凝土构件的耐久性；连接部耐久性设计宜不低于主体结构，且应易于维修，同时避免将接缝设在腐蚀作用较为集中的地方；在腐蚀性介质较多的不良环境中不应使用干接缝；采用环氧胶接缝时，应在接缝表面采取附加的耐久性措施，如环接缝涂装封闭等。

（5）在高腐蚀环境，钢结构应选用耐候钢、环氧钢筋、防腐涂层、硅烷浸渍及阻锈剂等材料提高结构耐久性；针对钢结构抵抗腐蚀问题，应完善钢结构桥梁排水系统设计；构件边角区宜采用较大的角度过渡，切实做到不渗不漏，防止桥面水对钢结构的腐蚀；在排水系统材料选择、结构设计和施工安装等方面，强调精细化设计。

（6）钢结构应考虑纵、横向受力的连续性和均衡性，细化截面过渡和连接设计，避免应力集中引起疲劳损伤。合理应用纤维增强复合材料（FRP）等高性能钢材，注重材料强度、可焊接性、耐候性和耐震性。

（7）钢结构构造设计应便于养护、检查，应减少能积留湿气和大量灰尘的死角或凹槽。

（8）加强节点、截面过渡和连接部的细部设计，减少结构疲劳损伤，防止水对钢结构的腐蚀。部分钢拱肋和钢管混凝土拱肋，将上锚头布置在拱肋内部（图 5.5-12）；需注意当焊缝开裂或焊缝不严密时，雨水容易渗入；当采用外露式锚固构造时，其防水性能显著提升（图 5.5-13）。

a) 拱肋内锚固端积水

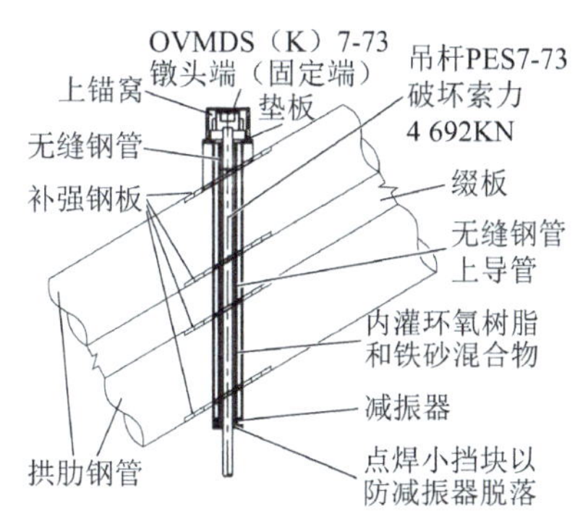

b) 锚头设置在拱肋外部

图 5.5-12　拱肋锚固段示意

案例：温州瓯江北口大桥位于瓯江入海口附近，为实现在海洋环境中达 100 年的使用寿命，根据桥梁结构所处环境类别及作用等级进行结构耐久性设计。索塔防腐采用海工耐久性混凝土、严格控制氯离子扩散系数和外表面涂装环氧树脂漆等措施，主缆防腐采用 S 形钢丝 + 外表面柔韧性环氧树脂漆 + 氟树脂面漆 + 主缆内压

图 5.5-13　主梁锚固端积水

注干燥空气的除湿系统的配套体系，锚固系统采用预应力孔道内压注干燥空气无黏结式成品索＋预留吹干风等多重防腐措施。

5.5.4.2 建养一体化设计

应将运营和维护纳入工程设计与建设一并考虑，突出全寿命周期设计理念，强调系统性，强化结构设计与养护设施的统一。

（1）统筹公路规划、设计、建设、运营、养护、管理全过程的资源占用、能源耗费、环境影响等，做到全寿命周期最优。应积极推进钢结构的应用，尤其在大跨径桥梁、非标准跨径桥梁、跨越通行道路桥梁中的应用，发挥其全寿命周期成本优势。

（2）全面贯彻公路预防性养护理念，以工程没有发生结构性破坏为前提，不以提高结构承载能力为目的，在工程没有发生明显损坏尚满足使用功能要求的情况下进行有计划的主动性养护。

（3）针对复杂构筑物，宜积极应用建筑信息模型（BIM）新技术，搭建建设期 BIM 协同管理平台和运营期 GIS＋BIM 养护管理平台，提升各阶段的工作品质和自动化程度。

5.5.4.3 标准化设计

桥梁方案鼓励采用钢结构、装配式混凝土结构及高性能混凝土结构等适宜工业化建造的结构形式。方案设计应注重结构设计体系化、结构构件标准化、加工制作自动化、现场安装装配化、建造运维信息化与拆除部件再利用化。标准化设计技术要点见表 5.5-1。

（1）减少设计差异性。

中小跨径桥梁方采用可集中预制、便于吊装、施工及养护费用低的装配式混凝土结构。桥涵注重标准化设计，尽量做到桩基尺寸统一，在采用经济跨径基础上，尽量统一型式、减少模板种类，便于施工和管理，降低施工能耗、提高施工质量。

（2）结构构件标准化。

安徽芜湖长江公路二桥上部结构采用了全体外预应力节段拼装薄壁箱梁。节段拼装箱梁总长约 27.83km，合计有约 1.3 万片箱梁。相比传统现浇箱梁，节段拼装箱梁节约造价约 1300 万元，施工标准化和工厂化程度显著提高（图 5.5-14）。

标准化设计技术要点　　表 5.5-1

技术要点	说明	案例
减少设计差异性	同类桥梁统一设计风格，采用相似的设计思路和方法，减少差异性	沈阳绕城高速公路
结构构件标准化	①构件标准化：形成标准化、系列化的结构构件体系，包括截面形式、用钢，实现用最少种类的标准“积木”搭建尽可能形式多样的桥梁； ②标准化主梁：主要采用混凝土节段梁和钢结构主梁； ③下部结构标准化：主要包括对盖梁、桥墩、桩基等的标准化设计； ④小型构件标准化：可采用装配式混凝土通道、涵洞等	安徽芜湖长江公路二桥、安徽徐明高速公路、济祁高速公路安徽段，江苏五峰山高速公路
构件工厂化生产	①小型构件，如路基排水沟板、锥坡实心六棱块、拱形骨架护坡预制块、六棱空心植草砖、边沟盖板、边沟台帽、路缘石等可进行工厂化生产； ②通过与 BIM 技术结合，实现构件加工制作自动化、高精度化	温州瓯江北口大桥、济祁高速公路安徽段
装配化施工设计	①现场安装关系到桥梁整体性、安全性和耐久性，应针对成熟构件或部品研制专门装配设备，实现装配工艺优质、高效； ②对主梁、承台、盖梁、墩、管桩、涵洞、通道等进行装配化设计	广东港珠澳大桥
减少钢结构现场装配焊接	鼓励现场采用螺栓连接，优化钢结构分解方式，减少现场接头数量	—

图 5.5-14　安徽芜湖长江公路二桥使用节段拼装薄壁箱梁技术

五峰山公路连接线工程为江苏省首条新建双向八车道标准高速公路，采用30m、50m跨径预制节段拼装箱梁方案，节段预制精度达到“毫米级”（图5.5-15）。

图5.5-15 江苏五峰山高速公路连接线节段拼装箱梁

重庆潼荣高速公路田家枢纽互通式立体交叉钢箱梁位于重庆市潼南区田家镇境内，包括主线桥、A匝道桥及E匝道桥三座。主线桥钢箱梁分左右幅，主梁采用 45m + 45m + 45m 三跨一联的钢箱梁；A 匝道桥钢箱梁主梁采用 22m + 35 + 35m + 22m 四跨一联的钢箱梁；E 匝道桥钢箱梁主梁采用 30m + 50m + 30m 三跨一联的钢箱梁。钢箱梁先在工厂内分段预制，再运至现场分段吊装（图5.5-16）。

图5.5-16 重庆潼荣高速公路钢箱梁施工

5.5.4.4 预防性养护

1）可达、可检、可修的养护设施设计

注重设计与建设的前瞻性，统筹考虑后期养护管理的功能性需求，为后期的维修和养护提供较大便利。后期运营维护中，依照“绿色公路”的具体要求，以科学养护为统领、提高养护便利化水平；实施养护过程中的智能化管理与健康预警；配备专业的养护队伍、落实养护职责与风险应急事故、降低事故污染概率。

（1）加强结构布局和构造细节设计，使结构易于检查、维修。如桥梁墩台做成空心，检查人员可以在桥台、桥墩及主梁内通行检查；箱梁及墩顶预设小孔，必要时可吊挂脚手架；设计专门的检查车、照明车；公路边坡、边沟、急流槽设计踏步，增强可达性。

（2）提高结构抗震能力。增加墩柱延性，加强防落梁设计，综合运用隔震耗能装置减小地震反应；针对钢结构桥梁自重轻的特点，加强上部结构的抗倾覆构造设计和验算；保证结构稳定性，对于箱型等整体性断面，支点间距不宜小于构造宽度的 60%。

（3）构筑物设计应为改建留有余地，考虑可能的改扩建方案，同时考虑拆除再利用措施。

（4）斜拉桥换索与拱桥更换吊杆等应保证拉索、吊杆锚固段可达，有足够操作空间。桥墩或盖梁顶部预留设置千斤顶等提升设备的空间及运送支座通道，为工作人员留有操作平台；盖梁计算及配筋考虑更换支座时的应力集中情况；伸缩装置具有可靠的排水系统，以保护桥梁结构表面及桥台免受腐蚀，允许在部分桥面通车的情况下进行更换。

案例1：瓯江北口大桥预防性养护总体设计采用双层结构，增加桥梁检修的可达性，桥梁两边设置有维修便道，利于维修人员车辆，特别是大型维修器械的通行。大桥建筑南塔和北塔各设 1 部电梯，2 套人行检修楼梯，中塔设 2 部电梯，4 套人行检修楼梯。桥梁及主塔检修维护设计如图 5.5-17 所示。双层结构设计保证了桥面养护的可达性，维修便道的设置则实现了桥梁各个衔接点的可修可达，特别是大型维修器械的通行；大桥各桥塔均设有电梯及维修楼梯，保证了各塔柱的可达性；各项设计都增加了桥梁养护的便利性，节约了养护资源，并减少了养护过程的污染排放。

案例2：设计多个检修点和观测点，提高桥梁自身的通达性，使整个桥梁的各个部位，包括桥梁中塔、索塔、锚碇和桥面等都可以进行检测和维修；塔柱内部上下横梁、纵梁与人孔相连；主梁上弦配 4 台检查车，下弦配 8 台检查车，使大桥的主要构件具备可以随时检修的条件。桥梁及主塔观测点及检修点如图 5.5-18 所示。中塔、索塔、锚碇和桥面配备了检修点及观测孔，增加了大桥结构内部的可达性；主梁上下弦配备检查车，使维修和养护更为便利；提高养护效率和养护的精确性，节约资源，减少污染排放。

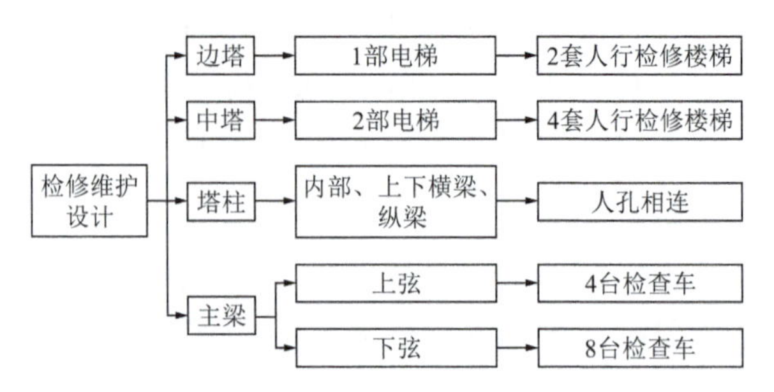

图 5.5-17 桥梁及主塔检修维护设计

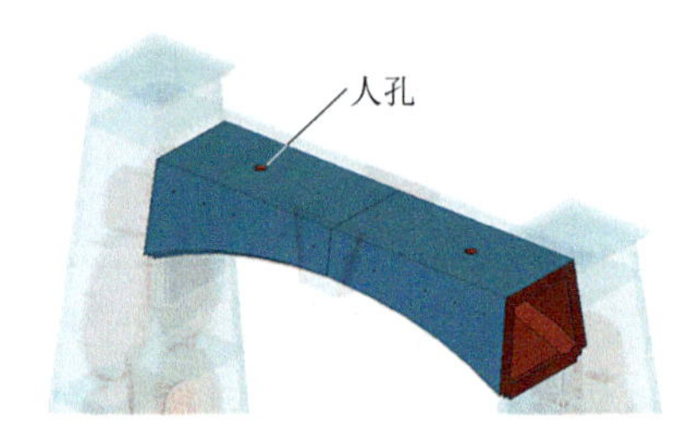

图 5.5-18 桥梁及主塔观测点及检修点

案例 3：以科学养护为指导，利用 BIM 技术，对桥梁整体实施模块化和可视化控制；根据桥梁工程及结构的特点，设计预留维修通道，实现桥梁桥体、桥梁索塔、桥面等桥梁主要构造的可达，以便在后期运维养护中，实现中小型养护机械设备，甚至大型设备的运送和可达，真正实现桥梁的科学养护，温州瓯江北口大桥养护便利化设计如图 5.5-19 所示。

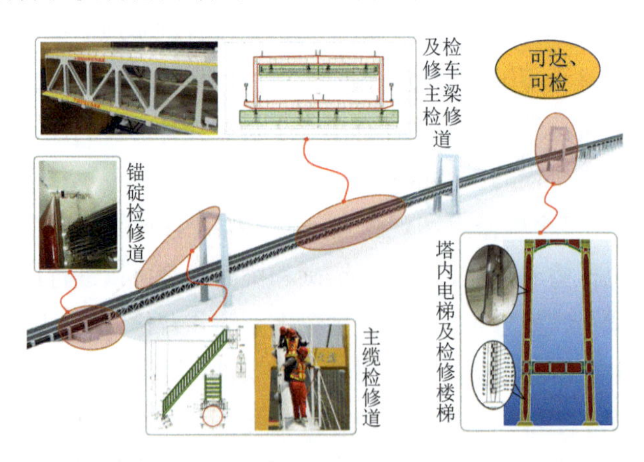

图 5.5-19 温州瓯江北口大桥养护便利化设计

案例4：落实整体的模块化设计，主桥主梁采用双层钢桁梁，如图5.5-20所示，桥面系采用正交异性桥面板与主桁结合共同受力的板横组合结构；南引桥为双层主线桥，采用了短线匹配法预制节段箱梁拼装施工工艺，增加桥梁构件的可更换性。维修过程中，对受损较严重的构件可以进行更换，延长了桥梁使用周期，减少了使用过程中的资源能源消耗。

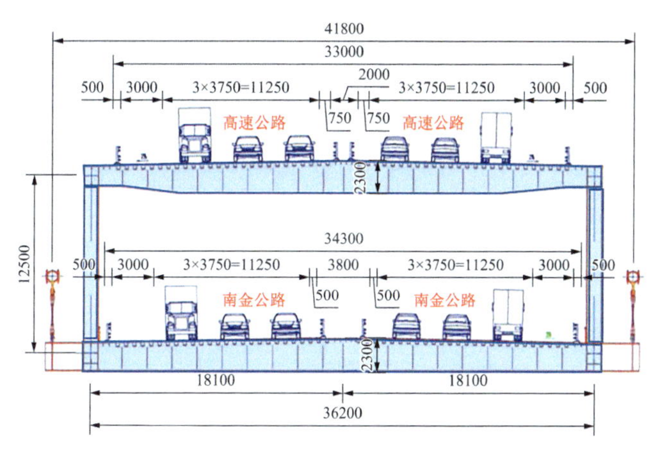

图5.5-20 主桥桥梁设计（尺寸单位：mm）

2）主动防御的精细化设计

主动防御的精细化设计主要有：优化材料、精细计算、改进结构、严控施工等措施。如优化混凝土配合比，以减小混凝土徐变的影响；精细化分析箱梁的空间效应，避免遗漏关键部位的抗裂性验算；改进预应力体系，保证运营期预应力的有效性；严格控制节段超方，采用顶推或预压合拢改进受力状态等。

5.5.4.5 智慧化运营

1）运营期BIM健康监测与养护管理一体化平台

建设BIM + GIS（地理信息系统）综合运营养护管理平台，运用现代化桥梁检测技术（无人机倾斜摄影等），实现病害原位快速采集、传输和可视化定位，融合桥梁检测及健康监测数据，引入大数据挖掘分析技术，智能辅助养护管理决策。具体健康监测环节包括：

（1）关键代表性构件、控制截面的变形状况，关键部位的相对变形；

（2）关键控制截面的应力（应变）及温度；

（3）缆索结构受力、断丝状况；

（4）动力及振动特性；

（5）支座反力（桥塔、梁及桥墩位置处）；

（6）腐蚀进程（主缆腐蚀、桥墩及锚碇混凝土腐蚀）；

（7）重要的环境荷载（交通荷载、风荷载、温湿度、地震震动、船舶撞击）。

2）运营期 BIM 运营管理系统

（1）BIM 运营交通流量监控子系统。利用互联网 + 大数据技术，实时监控公路运行的交通状况，充分挖掘交通运行大数据，实现交通运营智能统计分析和通行安全预判预测。

（2）BIM 运营智能管理子系统。结合收费性高速公路与公益性普通道路的运营模式，开展信息化的管理模式，提高公路智能化管理水平。

第6章

CHAPTER 6

绿色公路建设工程与专项示范

本书示范应用主要选择交通运输部发布的3批33条绿色公路建设典型示范工程中的代表性和典型性重点项目，首先开展整体工程示范应用，考虑华北山区、华南亚热带山区、西北生态脆弱区、西南热带雨林示范等不同地区的生态环境特征，以及新建高速公路和改扩建工程的不同条件，分别遴选北京延崇高速公路、广东惠清高速公路、宁夏银百高速公路和云南小磨高速公路改扩建工程分别进行全线应用验证，同时挖掘不同地区不同工程的好的经验做法。其次开展专项行动示范应用，《交通运输部办公厅关于实施绿色公路建设的指导意见》（交办公路〔2016〕93号）提出，要组织实施“零弃方、少借方”“实施改扩建工程绿色升级”“积极应用建筑信息模型（BIM）新技术”“推进绿色服务区建设”“拓展公路旅游功能”五大专项行动，本书分别遴选四川九绵高速公路、重庆潼荣高速公路、福建莆炎高速公路、江西昌九高速公路和浙江瓯江北口大桥等不同地区的工程针对五大专项行动进行示范验证，以及技术重点突破，以点促面，推进绿色公路建设取得较大成效。

6.1 工程示范

6.1.1 华北山区示范——北京延崇高速绿色公路

延崇高速公路是2019年延庆世园会和2022年冬奥会赛场主要联络通道，作为京津冀交通一体化项目，对于缓解北京西北通道京藏、京新高速公路交通压力，带动北京、张北及内蒙古锡林郭勒盟区域交通旅游产业发展具有重要意义。延崇高速公路（北京段）长约33.2km，设计速度80km/h，双向4车道，全线桥隧比92%。工程位于生态涵养区，沿线生态环境敏感区多，人文景观、旅游资源丰富，经过野鸭湖国家湿地公园、玉渡山自然保护区、松山国家级自然保护区，毗邻官厅水库一级水源地保护区。项目位于长城文化带，在工程设计中还重点融入了长城、古崖、山戎文化和冬奥、世园元素，并体现北京建筑特色。

6.1.1.1 绿色公路建设条件

1）地位突出，位置重要

延崇高速公路（北京）位于北京市西北部，是河北省张家口市与北京市沟通的一条重要道路，也是2022年北京冬奥会的重要赛场联络线。该条高速公路的建设不仅为世园会和冬奥会的顺利召开起到了重要的交通保障作用，有利于落实“坚持绿色办奥、共享办奥、开放办奥、廉洁办奥，确保把2022年冬奥会办成一届精彩、非凡、卓越的奥运盛会”的指示要求，而且对加强沿线县镇的沟通联系，带动京西北沿线旅游资源和冬奥会后开展相关主题旅游开发利用，促进沿线区域经济的发展具有重要的作用。

2）工程量大、建设难度高

延崇高速公路（北京段）起点位于京藏高速公路营城子互通立交，接兴延高速公路，终点位于张山营镇京冀界，全长约33.2km。工程设计采用双向4车道标准（部分路段预留双向6车道条件），路基宽度分别为28.5m和26m，设计速度80km/h。其中，兴延高速公路至国道G110段长15.7km，工程位于规划延庆城区，部分主路边旁设置辅路，辅路长 8.7km，辅路道路等级为一级公路，设计速度60km/h，为保障世园会召开，工程需要于2018年底通车。国道G110至京冀界段长18.0km，地处山区，为保障2022年冬奥会顺利举办，工程需要于2019年底建成通车。

延崇高速公路（北京段）起点至国道G110段共设桥梁7座，其中特大桥10座/13937m，大桥1座/120m。桥梁全长14057m，总面积约为47.4万m^2。国道G110至市界段共设桥梁13座，桥梁总面积12.9万m^2，其中主线桥13座总面积12.7万m^2，松闫路立交匝道桥0.7万m^2。全线共设隧道10座，全部位于国道G110至市界段山区，其中长度超过1km隧道3座，隧道总长为11.18km。本工程需要路基挖土方168637.5m^3、挖石方449700m^3、填土方168637.5m^3、填石方224850m^3。

3）生态环境敏感，沿线旅游资源丰富

延崇高速公路项目生态保护目标主要为沿线野生动物植物，沿途有北京松山国家级自然保护区和玉渡山风景区：

（1）北京松山国家级自然保护区始建于1985年，并于1986年晋升为国家级森林和野生动物类型自然保护区，位于北京市西北部延庆区海坨山南麓，地处燕山山脉的军都山中。延崇高速公路项目穿越了部分缓冲区和实验区。

（2）玉渡山自然风景区位于延庆城区西北，风景区南沿后河，古城河河谷，西起北京市第二高峰海拔2241m的海陀主峰，东至龙庆峡，面积约100km^2，境内海拔580～1589m，地貌主要以沟谷、中山及谷地侵蚀阶地为主，植物生长茂盛且种类繁多。

延庆地区的植被区划上属于我国东部华北暖温带落叶阔叶林区的北缘，地处东北、华北与内蒙古植物区系交会的过渡性地带，植被的组成具有明显的过渡色彩，有多植物区系和广泛引种成功的可能性。延庆地区的原始植被类型为暖温带落叶阔叶林和温带针叶林。中山上部原生植被为落叶松林和云杉林，已演替为山顶杂草草甸和桦、山杨、栎类及混交次生林。中山中、下部，阴坡分布着大面积的辽东栎、蒙古栎萌生丛和灌丛，局部地区生长有山杨和油松林；阳坡主要有侧柏、臭椿和山杏等。低山区原生植被破坏后，演替为各类灌丛，种类以酸枣及荆条为主；草本有白草、菅草、黄草与蒿类等。山间盆地及沟谷地带生长有杨、柳、榆、桑、核桃楸和板栗等。延庆山区人工栽植的树种主要有油松、侧柏、落叶松、刺槐、国槐、杨、柳、榆、椿、栾树、黄栌、火炬与元宝枫等。

此外，延庆旅游资源丰富，对外开放的景区景点 30 余处。其中 A 级以上景区 16 家，包括八达岭长城、龙庆峡、康西草原、国家自然保护区松山森林公园、千古之谜古崖居及国家级湿地保护区野鸭湖等景区和景点。2010 年，“百里山水画廊”被评为国家 AAAA 景区，该景区连年举办春季杏花节、夏季消夏避暑节、秋季登高采摘节以及冬季冰雪旅游节，形成四季兴旺的旅游格局。

6.1.1.2 绿色公路建设实践

1）生态引领

延崇高速公路在生态引领方面的建设实践主要包括：BIM + GIS 技术应用（图 6.1-1）、生态选线方案比选、有机防冰雪路面、橡胶改性沥青路面（图 6.1-2）、桥面径流收集处理、污水处理中水回用、海绵湿地景观。

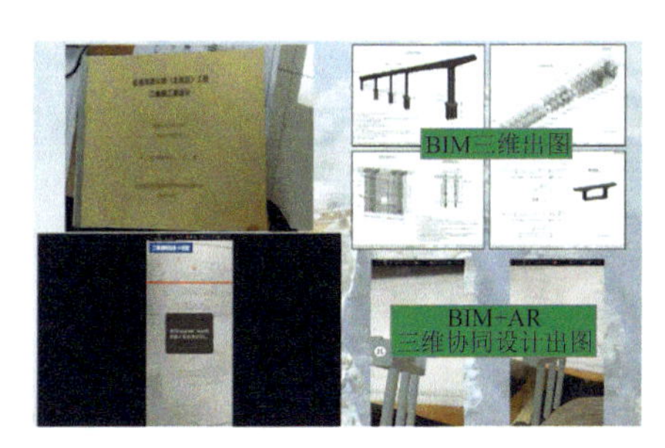

图 6.1-1 BIM + GIS 建模

图 6.1-2 防冰雪及橡胶沥青路面应用

2）低碳集约

延崇高速公路在低碳集约方面的建设实践主要包括：土地资源集约利用（图 6.1-3）、隧道弃渣资源化利用、桥梁耐候钢应用、光伏设施应用（图 6.1-4）、超级电容路灯、地源热泵与充电桩应用。

图 6.1-3 典型路段（温泉特大桥）节约大量高填方占地

图 6.1-4 隧道间桥梁罩棚设置光伏设施

3）景观融入

延崇高速公路在景观融入方面的建设实践主要涉及全线景观提升、边坡生态修复与隧道洞口生态修复（图 6.1-5、图 6.1-6）。

图 6.1-5 隧道洞口景观绿化

图 6.1-6 温泉大桥桥墩生态修复

4）服务共享

延崇高速公路在服务共享方面的建设实践主要包括：服务预约、房车露营地、旅游信息服务和能耗监测统计系统应用（图 6.1-7、图 6.1-8）。

图 6.1-7 服务区冰雪运动 VR 体验

图 6.1-8 服务区光伏路面应用

5）智慧创新

延崇高速公路在智慧创新方面的建设实践主要包括：基础设施数字化（智慧健康监测、公路资产动态管理）（图 6.1-9）、路运一体车路协同与自动驾驶、隧道智慧照明、疲劳唤醒技术应用（图 6.1-10）、施工环境监测与工程管理信息化。

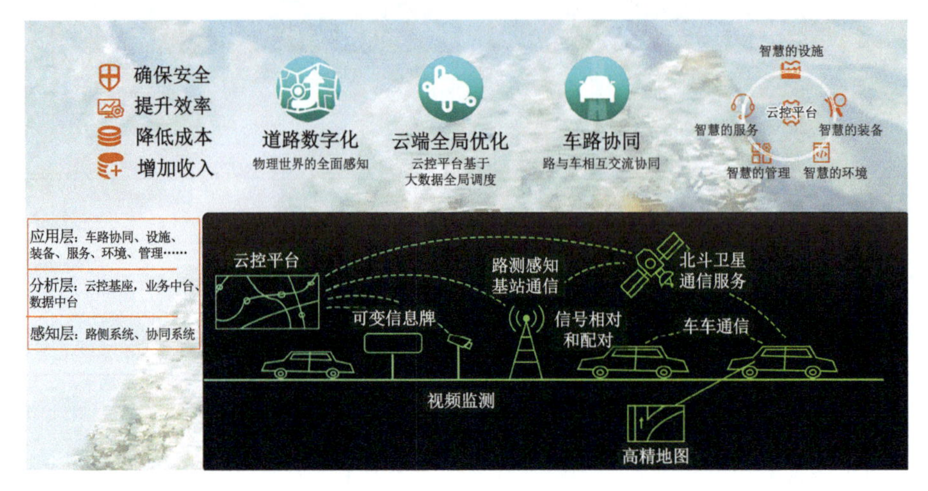

图 6.1-9 智慧健康监测

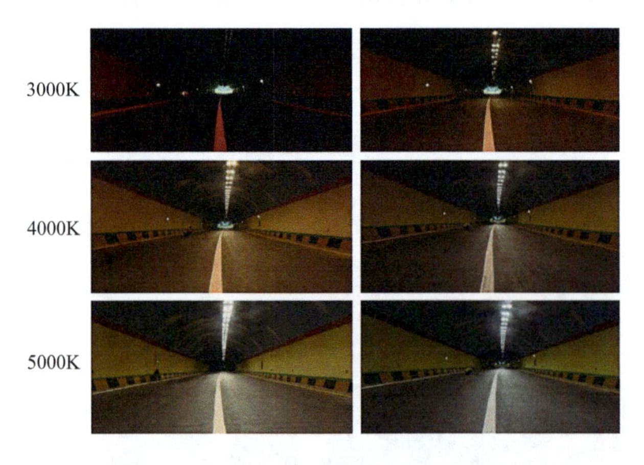

图 6.1-10 隧道变色温照明疲劳唤醒系统

6.1.1.3 绿色公路建设成效

（1）立足现状资源使工程生态化。贯彻“最小破坏就是最大保护、循环利用就是最大节约、自然合一就是最大协调、以人为本就是最大和谐”等生态文明理念，充分利用既有廊道和现有工程，最大限度减少对地形地貌的破坏，有效降低污染和植被损害，将公路工程最大限度地融入生态景观资源。

（2）污染防控减小工程影响。针对桥面径流处理、隧道弃渣利用、隧道智能通风与大气污染防治、绿色路基和路面技术应用、清洁能源综合利用、生态服务区等进行研究及示范，实现了边坡“零裸露”、隧道“零弃方”、污水“零排放”与洞口“零开挖”等目标。

（3）文化展示凸显冬奥和世园特色。充分挖掘延崇高速公路（北京）沿线自然山水、历史文化、奥运文化与世园文化等深厚的文化底蕴，凸显奥运主题，赋予公路文化色彩和美学价值，构筑了一条“畅通、安全、舒适、美观”的生态景观高速公路。

（4）旅游服务提升通道品质。延崇高速公路沿线区域北京和河北均有丰富的旅游资源，以夏季草原休闲游和冬季滑雪项目为主要特色，其中崇礼、张北县境内的天路旅游为近期发展较好的旅游项目之一，在高峰时期，道路旅游交通量达到5500pcu/d，周边道路负荷度较大，制约本区域旅游产业的发展。延崇高速公路（北京）作为京津冀一体化的重要连接线，加强了沿线县镇的沟通联系，对于带动京西北沿线旅游资源的开发利用及促进沿线区域经济的发展具有重要的作用。

（5）创新引领绿色公路技术。延崇高速公路（北京）是全国第一批绿色公路工程，地处北京，作为冬奥会和世园会的直接交通保障，具有巨大的示范作用。该工程通过结合工程及环境特点开展技术创新，并使部分领域的技术引领绿色公路发展，如：防冰雪路面材料、隧道弃渣综合利用、新能源利用及节能减排技术、绿色服务区建设等。

6.1.2 华南亚热带山区示范——广东惠清高速绿色公路

惠清高速公路位于广东省中部地区，是广东省高速公路网规划的“二横”线——汕湛高速公路的重要组成部分，2017年1月被确定为全国第二批绿色公路建设典型示范工程。线路全长125.28km，双向6车道，设计速度100km/h，全线桥隧比为51.5%。工程整体呈现出以下特点：沿线物种丰富、水体敏感，生态环境脆弱；桥隧比高、工程规模大；地质复杂、建设难度大；路线交叉点多，安全管控压力大；沿线经济发达，选线定线难度大。因此，工程在建设实施时，以“运营中提需求、建设中加要求、设计中抓细节、规划中把方向”为主线，执行“项目策划时倒序思考、实施内容展开时正序优化”的总体思路，全过程采用绿色技术，全寿命实现绿色效益，全方位进行绿色管理，全面展示绿色成果，力争建成华南亚热带生态敏感山区绿色公路建设典型示范工程。

6.1.2.1 绿色公路建设条件

1）工程规模大，建设标准高

惠清高速公路起于惠州市龙门县永汉镇油田北，终于清远北互通立交，整体呈东西走向，全线长 125.28km，计划分两期建设：一期工程 47.60km，二期工程 77.68km。全线设互通立交 18 处，一期 9 处，二期 9 处；设服务区 2 处，一期（四九）和二期（清远）各 1 处；设停车区 2 处，一期和二期各 1 处；设收费站 11 处，一期 5 处，二期 6 处。工程永久占用土地 16139.8 亩（耕地 6467.5 亩），其中一期占地 6600.6 亩（耕地 2407.9 亩），二期占地 9539.2 亩（耕地 4059.6 亩）。全线挖方总量 2733 万 m^3，其中一期工程 1029 万 m^3，二期工程 1774 万 m^3；填方总量 1652 万 m^3，其中一期工程 844 万 m^3，二期工程 808 万 m^3。

惠清高速公路建设标准相对较高，双向 6 车道设计，路基 33.5m，设计速度 100km/h，桥涵设计汽车载荷等级采用公路I级。全线桥隧比 56.1%，其中一期工程桥隧比 44.73%（含特大桥 3 座/8555.8m，无隧道），二期工程桥隧比 70.17%（含特大桥 6 座/11907.2m，隧道 19 道/21.224km）。

2）地位突出、位置重要

惠清高速公路是广东省高速公路网规划主骨架“五横”中二横的重要路段，线路途经三市、五县区、十个镇，是连接广东省东西两翼和珠三角地区北部横向重要通道。该项目从东到西连接大广、京珠、广乐、广清等四条北向出省通道，地位非常重要，建成后将成为珠三角地区与粤北山区之间过渡地带的东西向重要通道，便捷连通广东省中部地区各城市，有效提高区域内高速公路网络化水平。显然，打造惠清绿色公路能够高效展示“绿色交通”建设成果，可为提升高速公路服务品质提供示范。

3）穿越敏感区多、生态环境好

惠清高速公路穿越粤北山区，全线绝大部区域位于山岭重丘区，桥隧比较高（全线 56.1%，二期工程 70.17%），给工程建设带来了较大难度。此外，清远境内有石灰岩溶地貌，常有地下溶洞、塌陷和暗河分布，对工程建设提出了较高要求。公路沿线区域生态环境整体非常敏感、生态功能非常重要，惠清高速公路建设涉及多处环境保护目标，将带来明显的生态环境影响。

（1）GK83 + 630—GK83 + 660（长山埔特大桥）、GK95 + 639—GK95 + 811

（流溪河特大桥）穿越水产种质资源保护区。

（2）GK92＋600—GK95＋700穿越从化五指山森林公园，主要工程为碧水新邨、楼田、合潭大桥和石榴花隧道。

（3）QK172＋300—QK177＋900穿越太和洞省级森林公园，其中桥梁786.8m、隧道1895m，桥隧比94.99%，全隧道通过清新太和洞县级自然保护区，主要工程为玄真大桥、八片山和太和洞隧道。

（4）GK95＋890—GK97＋547和GK97＋930—GK99＋073穿越从化新温泉县级森林公园，主要工程为流溪河特大桥，车坡田、良新、石床、分水坳大桥和大岭隧道。

（5）GK62＋410—GK88＋236、GK92＋370—GK95＋143、QK169＋804—QK175＋308三处穿越生态严控区，共34.1km。

6.1.2.2　绿色公路建设实践

惠清高速绿色公路建设共包含五大类52个重点支撑项目，具体技术应用如下：

（1）统筹资源与节约利用。

主要包括亚热带生态优化选线技术、高效节约土地资源、合理调配土石方、材料循环利用、施工建设节能技术及运营管理节能技术等内容。

（2）低碳环保与生态保护。

主要包括环境敏感区生态环保施工专项方案、桥面及路面径流净化工程、“无痕化环境融合理念”设计方案、高陡边坡及隧道无痕修复技术、公路隧道棚洞修筑技术、表土资源与珍贵树种保护和利用技术、排污减尘施工技术等内容。

（3）安全耐久与绿色施工。

主要包括振动拌和水稳碎石抗裂技术、沥青混合料旋转压实剪切试验（GYRATORY TETING MACHINE，GTM）设计技术、钢-超高性能混凝土（Ultra-High Performance Concrete，UHPC）装配式轻型组合梁桥设计施工关键技术及隧道绿色低碱湿喷混凝土技术。

（4）智慧创新与服务共享。

主要包括BIM技术的应用、施工监控系统、治超不停车预检系统及绿色服务区建设。

（5）标准规范与制度管理。

主要包括华南山区绿色公路建设技术体系和标准、施工“双标”管理细则，以及绿色公路职业健康、安全、环保一体化管理体系应用。

6.1.2.3 绿色公路建设成效

（1）资源节约利用。

通过节地选线、坡脚增设矮挡墙收坡设计、施工便道共用、统筹布设临建设施等，有效节约土地资源，减少临时用地 45.7 万 m^2，减少占用基本农田 150 余亩；合理调配土石方、减少弃方；就地取材，利用隧道弃渣加工碎石和机制砂，材料循环利用、降低成本。仅南昆山隧道再利用洞渣就达 130 万 t，节约建设成本 1700 万元。

（2）低碳环保。

在施工中严格落实表土资源和珍贵树种的保护和有效利用，收集和再利用表土 11.6 万 m^2，保护原生树木 2000 余株，节约苗木成本近 80 多万元。

（3）安全耐久。

钢-UHPC 装配式轻型组合梁桥可降低桥梁自重，有效控制混凝土开裂，提升工程耐久性；振动拌和水稳碎石抗裂技术、沥青混合料 GTM 设计技术可节约水泥和沥青的用量，减少基层、面层裂缝，延长道路使用寿命；隧道绿色低碱湿喷混凝土技术，应用高性能绿色低碱液态速凝剂，对水泥的适应性强，初凝及终凝时间可控。

（4）智慧创新。

通过应用 BIM 技术、混凝土拌和站智能数据采集系统、路面管控一体化系统等，提升了建设管理智能化、信息化水平；绿色服务区建设以打造“五化”（个性化、人性化、智能化、低碳化、海绵化）服务区为目标，集成运用生态环保与节能降碳技术，全面优化服务区质量和品位，提升服务区服务水平，拓展服务区服务功能。

6.1.3 西北生态脆弱区示范——宁夏银百高速绿色公路

6.1.3.1 创建条件

1）工程特点

（1）无重大控制性节点，涉及工程类型多。

银百高速公路起点位于青银高速公路北 1km 处，终点接甜罗高速公路起点，途经盐池县高沙窝镇、王乐井乡，灵武市马家滩镇，盐池县冯记沟乡、大水坑镇、惠安堡镇。线路总长 113.61km，其中大中桥 40 座/6405.44m、涵洞 106

道、天桥 19 座/1489m，桥梁总长占路线长度的 6.77%；线路包括互通式立体交叉 7 处、分离式立体交叉 12 处、通道 109 座、主线收费站 1 处、匝道收费站 5 处、服务区 2 处、养护中心 1 处，全线采用双向 4 车道高速公路标准建设，设计速度 100km/h、路基宽度 26m；项目建设工期 3 年，总投资估算 67.67 亿元。

总体来看，银百高速公路项目无重大控制性节点，但涉及工程类型多样：既有对原有道路的改扩建工程，又包括了二级公路连接线的建设工程。为了方便线路在起点同青银高速公路西侧高沙窝南互通式立交相接，故对青银高速公路按照双向 8 车道、设计速度 100km/h、路基宽 42m 的标准进行改造：左侧改造长度为 4800m，右侧改造长度为 5100m，而国道 G307 线按照双向 2 车道、设计速度 60km/h、路基宽 12m 的标准改造，改造长度为 1700m。在项目终点处同步建设萌城连接线，起点接国道 G211 线 K169 + 800，终点接萌城互通 A 匝道终点，线路全长 6.821km，全线采用二级公路标准建设。

（2）不良地质路段较多、施工养护难度大。

项目沿线不良地质包括风积沙、湿陷性黄土、膨胀土、盐渍土等（图 6.1-11）。半固定沙丘和流动沙丘在风的作用下易吞噬路基路面；湿陷性黄土容易产生沉降，破坏路基；膨胀土会导致路面变形、边坡失稳及构造物开裂等；盐渍土对路基材料具有腐蚀性。这些不良地质路段均须采用相应的有效措施处理后才能进行公路的建设，施工难度大、要求高，且建成后一旦发生路基沉陷、路基陷穴以及边坡破坏，养护难度大。

（3）存在高填深挖路基，边坡生态防护难度大。

项目在 K99 + 130—K99 + 170 处跨越冲沟，中桩最大填方高度 17.86m，左侧最高边坡 21.82m，属于高填方路基。在 K102 + 200—K102 + 660 左侧、K104 + 720—K104 + 880 左侧、K105 + 900—K106 + 160 左侧、K108 + 400—K108 + 620 右侧、K108 + 400—K109 + 200 左侧为深路堑边坡，边坡高度在 37.3～59.5m 之间，属于深挖方路基。其中在 K94 + 760—K112 + 472 为黄土梁峁沟壑地貌，沟深 20～50m，宽 20～40m，沟坡坡度一般为 30°～70°，沟壁陡立，工程设计中难以缓慢放坡，从而形成了部分高陡边坡。高填深挖路基边坡的坡度较大，不利于植被的生长，对工程后期边坡防护与生态修复提出了极高的要求，尤其是对湿陷性黄土、红砂岩类型的边坡雨季防护要求更高。

a) 风积沙　b) 膨胀土　c) 湿陷性黄土　d) 盐渍土

图 6.1-11　沿线特殊地质路段示意图

（4）施工迹地利用率低，生态恢复规模大。

项目在 K94 + 760—K112 + 472 为黄土梁峁区，山峦起伏，沟壑纵横，梁峁相间，现有的道路无法满足施工要求，因此施工便道的修建体量较大。由于银百高速公路沿线区域特殊的生态环境条件限制，且人烟稀少，施工结束后施工便道的可利用性较差，需要开展大规模的土地平整与生态修复工作。

此外，项目取弃土方量大，沿线共有 8 处取土场，11 处弃土场，全线总取土方量 1001.07 万 m^3，弃土方量 964.58 万 m^3。其中设计 1 标（土建 YB-1～3 标段）共有 6 处取土场、4 处弃土场；设计 2 标（土建 YB-4～6 标段）共有 2 处取土场、7 处弃土场。因此，施工后期取弃土场的生态修复规模大，且难度较高。

（5）工程社会效益较大，标准化程度要求高。

该项目是国家发展改革委核准的第一个新建高速公路 PPP（政府和社会资本合作）项目，是宁夏第一个采用 PPP 模式融资建设的高速公路项目，同时也是宁夏唯一一条绿色公路建设典型示范工程。工程主要服务于宁夏境内盐池县、甘肃境内环县以及陕西境内定边县等革命老区、贫困地区，是陕甘宁革命老区的交通大动脉，也是一条扶贫路。为贯彻落实“绿色公路，品质工程”的相关理念，必须全方位、全过程贯彻环境保护新理念新要求，探索绿色公路的建设经验，提高工程建设品质与施工标准化水平。此外，银百高速公路建设单位与运营单位相同，可全过程落实绿色设计、绿色施工、绿色运营与绿色养护的“建、管、养、运”一体化绿色公路理念。

2）环境特征

（1）地形环境简单，不良地质路段多。

项目所在区域地处黄土高原与内蒙古高原的过渡地带，毛乌素沙漠西南边缘，从南向北表现为由流水侵蚀的黄土地貌向干旱剥蚀、风蚀地貌过渡，地形起伏变化小，地势平坦开阔。项目线路起点—K95 段为丘陵地区，大部分为缓坡滩地，地势极为平坦，植被覆盖较少；K95—终点段为黄土梁峁区，山峦起伏、沟壑纵横、梁峁相间，水土流失严重，地表支离破碎，植被覆盖率低。项目沿线地貌现状见图 6.1-12。

a) 丘陵地区

b) 黄土梁峁区

图 6.1-12 项目沿线地貌现状

项目沿线不良地质路段较多，主要表现为风积沙、盐渍土、湿陷性黄土、膨胀土。如在 K4 + 330—K15 + 200、K28 + 150—K35 + 000 段、K62 + 650—K64 + 350 段及线路沿线两侧局部分布有风积沙；K37 + 200—K37 + 950 及 K85 + 500—K85 + 900、K90 + 800—K91 + 800 段两侧分布有盐渍土；K16 + 975—K18 + 400 段、K21 + 275—K37 + 150 段和 K93 + 570—K112 + 472.11 段两侧分布有湿陷性黄土；K6 + 625—K10 + 285 段、K31 + 085—K46 + 750 段、K51 + 000—K61 + 500 段和 K90 + 082—K92 + 680 段分布有膨胀土。

（2）降水少蒸发大，水资源严重匮乏。

项目沿线气候气象以道沟大桥（K87 + 437）为分界线，北部平均年降水量为 189.23mm，南部为 290.23mm，降水量自北向南逐渐增大。夏季降水最多，占年降水总量的62%，多为暴雨形式，具有历时短、强度大且集中的特点，对沿线湿陷性黄土、红砂岩等高陡边坡的水土流失防护工作提出了极高的要求。区域最大年蒸发量为2055.4mm，最小年蒸发量为1351.1mm，对后期公路生态修复的效果存在较大的影响。

项目所处区域属于黄河流域苦水河水系及盐池内陆河流域，沿线地表水贫乏。线路所经区域，地下水埋藏深，一般路段地下水埋深均大于30m，仅在局部低洼路段地下水埋深0.5～10m。地下水类型属第四系松散堆积物孔隙潜水，水量较小，主要补给来源为大气降水入渗补给，排泄以蒸发为主。沿线水资源的匮乏对工程施工与后期运营养护用水提出了较大的挑战。

（3）风沙大日照强，风光资源极丰富。

项目沿线所在区域是典型的大陆性气候，日照时间长，太阳辐射强，冬春季风沙较多。项目线路起点—K95段为丘陵地区，年平均日照时数为2867.9h，多年平均风速为2.8m/s，最大风速20.3m/s，每年11月—次年5月为风沙期，路线全线区域风沙活动强烈，植被覆盖率低。

此外，宁夏风能、太阳能资源丰富，项目沿线区域内建设和规划有多处风力、光伏发电厂。距离线位较近并已投入并网发电的发电项目包括大水坑哈纳斯一期项目、惠安堡哈纳斯一期项目、麻黄山马斯特一期项目等。银百高速公路项目建设可充分利用沿线丰富的风能和太阳能资源，在服务区、收费站推广风能和光伏发电，提高清洁能源使用水平、降低碳排放、改善区域环境。

（4）沿线地广人稀，生态环境极脆弱。

项目所在盐池县是国家级贫困县，是宁夏面积最大的县，具有较广阔的土地资源，土地总面积为8366km^2，但人口密度仅为20.2人/km^2，地广人稀，区域内多为荒山丘陵地带。由于该区域降水稀少、风大沙多、水资源贫乏、草原退化和土地沙化严重，其发展水平远不如项目北部地区，但却是宁夏资源潜力最大的待开发地区。

项目沿线涉及1处文物保护目标——明长城遗址，2处声环境和空气环境敏感目标——南场村和王冲庄，2处主要水环境保护目标——杜窑沟调蓄水库和盐环扬水干渠。此外，项目沿线主要为荒漠生态系统，生态极为脆弱，一旦遭到破坏较难恢复至原始状态。

（5）特色产业突出，文化旅游资源优。

项目线路主要分布于盐池县境内，其特色农业和旅游资源优势明显。盐池县得天独厚的天然地理环境，培育了盐池滩羊独特的质量，其肉质细嫩、无膻味、味道鲜美且脂肪分布均匀，中外驰名，所产二毛裘皮是裘皮中的上品。盐池的甘草具有补脾益气、清热解毒、祛痰止咳、缓急止痛和调和诸药的功效（图 6.1-13）。这两种农业资源被国家知识产权局商标局认定为“中国驰名商标”，而盐池县也被国务院命名为“中国甘草之乡”。此外盐池盛产荞麦、马铃薯、糜谷、豌豆与胡麻等作物，使得盐池成为国家认证的以荞麦为主的小杂粮绿色原料基地，也因此造就了一系列特色小吃，如剁荞面、软米糕和羊奶子米饭等。

图 6.1-13　盐池县特色滩羊、甘草产品示意图

项目沿线因其独特的地理位置和悠久的历史，形成了独特的多边文化，既有秦汉时期的长城墩堠，又有近代革命的历史遗迹；既有中原的农耕文化，又有塞外的游牧文化；既有陕北的信天游，又有宁夏的“花儿”、内蒙古的草原文化。沿线有隋、明长城 4 道 250 余公里，素有“长城博物馆”之称。此外，盐池县是宁夏唯一的红色革命根据地，旅游景点包括解放盐池战役遗址、革命历史纪念园、苏维埃纪念馆及毛泽民纪念馆。生态旅游景点包括花马湖旅游区、哈巴湖旅游区、白春兰牧场及沙生灌木植物园（图 6.1-14）。

图 6.1-14　盐池县旅游景点示意图

3）基于工程和环境特点的绿色公路建设要点

（1）特殊性路基边坡处理。

①风积沙路段与湿陷性黄土路基边坡的生态修复；

②结合国内有关湿陷性黄土等特殊路基边坡处理的好经验好做法，提出科学合理的技术方法和实施方案。

（2）水资源匮乏。

①施工期污水处理系统和雨水收集处理系统的设计；

②预制构件水泥混凝土养护用水的沉淀过滤和循环利用系统的设计；

③提出水泥混凝土节能环保的养护技术措施；

④服务区、养护站的水资源循环利用设计；

⑤地下水的合理取用及水处理；

⑥运营期路基路面排水与集水。

（3）生态修复。

①高陡边坡生态修复；

②低路堤过渡段面生态修复；

③弃土冲沟回填区生态修复；

④施工便道的无痕处理与生态修复。

（4）资源节约集约。

①选线优化；

②风积沙填筑路堤综合利用；

③废旧材料再生循环利用；

④表土收集及存放。

（5）弃方量大、占地大。

①土石方平衡以及调配方案优化；

②弃土场位置优化。

（6）打造绿色服务区。

①建设绿色、智慧化服务区；

②完善服务功能，拓展旅游文化展示功能；

③打造新能源示范服务区。

（7）标准化建设。

①施工组织方案优化、重点突出永临结合；

②强化运营管理；

③钢混组合桥梁建设。

6.1.3.2 建设实践

银百高速公路宁东至甜水堡段于 2017 年 5 月被列入交通运输部第三批绿色公路建设典型示范工程，是宁夏回族自治区唯一一条绿色公路典型示范工程。沿线途经缓坡丘陵区、冲积平原、黄土梁峁沟壑三类工程地质分区，属于国家级水土流失重点监督区，生态环境十分脆弱，并且工程建设面临湿陷性黄土、风沙区等不良地质条件，水资源严重匮乏，因此建设绿色公路势在必行。成功打造银百高速公路宁东至甜水堡段绿色公路典型示范工程，对于解决我国西部干旱脆弱区高速公路建设中存在的共性和关键技术问题具有重要现实意义，对于西部地区公路绿色建设品质的全面提升具有极大的推动作用。

1）施工期的水资源节约循环利用

（1）预制场混凝土养护用水收集利用。

目前，以项目主线 K1 + 600 左侧的高沙窝混凝土预制场为代表的大部分施工临时场地，设置有集水措施——“集水沟槽”，将养护用水收集，经沉淀后循环利用，达到对水资源节约和综合利用的目的（图 6.1-15）。该技术措施不仅可降低工程成本、提高混凝土养生质量，而且具有显著的节水环保效果。

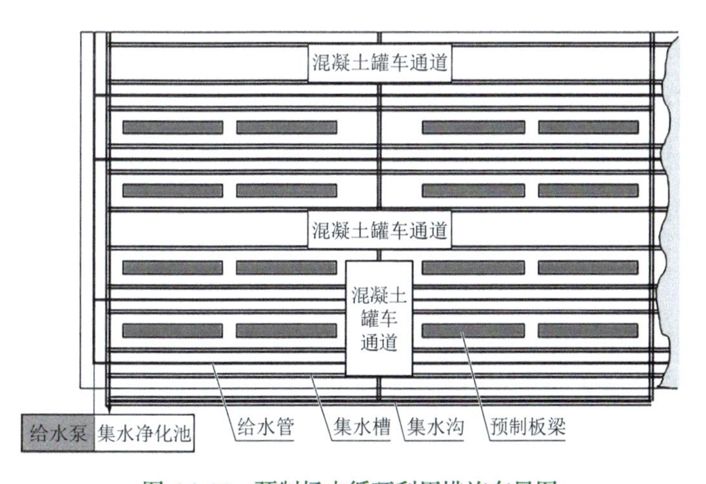

图 6.1-15　预制场水循环利用措施布局图

养生水循环利用设施功能要满足以下的设计要求。

①供水体系设施：包含给水泵、地下供水管线、喷淋设施的供水体系。

②预制场污水收集设施：包含集水槽、集水沟、集水净化池、蓄水池的集水体系，可收集整个预制场喷淋养生所形成的落地水（图 6.1-16）。

③收集储蓄用水检验：需要测试 pH 值，以确定污水循环利用的可行性。

图 6.1-16 混凝土预制场集水、沉淀处理设施图

（2）采用新型混凝土节水养护薄膜技术。

为达到节省混凝土后期养护用水、减少消耗与喷淋养护水资源量，采用由粘胶非织造布和 PET 膜（聚酯基片）作为原材料制备而成混凝土节水养护土工膜——高吸水保水土工养护膜技术（图 6.1-17）。

图 6.1-17 混凝土节水保水土工养护膜

高吸水保水土工养护膜（混凝土节水保湿养护膜）是一种覆盖于混凝土表面、具有连续不透水性质的密封膜层材料，既可用于项目中新浇混凝土养生，也可用于拆模后混凝土的继续养生（图 6.1-18）。根据结构及工艺可分为单层养护膜和双层养护膜：

①单层养护膜是由吸水保水高分子材料和单层塑料膜构成的养护膜；

②双层养护膜是由塑料膜、吸水保水高分子材料和有孔底膜构成的养护膜。

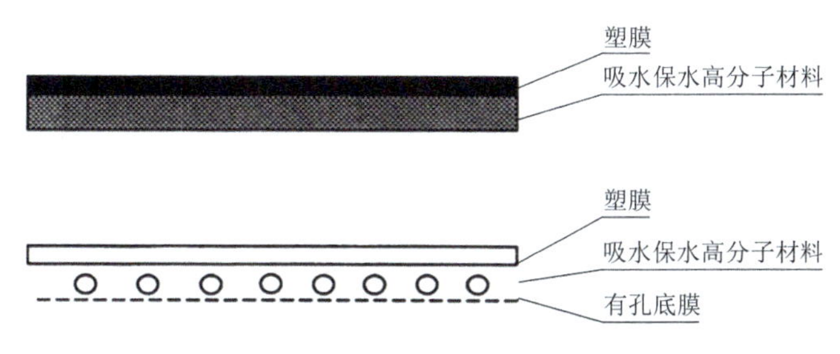

图 6.1-18　混凝土节水保水土工养护膜结构工艺示意图

新型混凝土节水养护薄膜技术，运用养护膜的吸水材料把液态水储存于高分子材料中，然后通过毛细管作用向混凝土表面渗透；与此同时，又不断吸收混凝土在水化热中产生的水蒸气，使土工养护膜内总能保持充足的水分。该技术既有助于提高混凝土工程质量，还可减少后期养护次数、节省用水水量，可实现施工期水资源高效利用和节约用水的目的。

2）运营期水资源的集蓄与利用

（1）建设生态边沟。

在银百高速公路主要桥梁、服务区及道路两侧建设浅碟形生态边沟进行雨水收集。边坡坡面、路基坡脚、护坡道与中央分隔带内均可采用雨水集蓄技术，将雨水资源作为水资源重要补给，利用收集的雨水、雪水作为后期道路管理、植物养护等的补给水源（图 6.1-19）。

图 6.1-19　公路生态植草沟示意图

（2）修筑集水窖。

水窖具有成本低、使用时间长及建设简便等特点，在甘肃西长凤高速公路中应用良好。根据银百高速公路沿线区域的环境特征，集水窖适合在该项目区域内使用。结合银百高速公路生态边沟修筑集水窖蓄水工程设施，把集流面所汇集的径流拦蓄储存起来，以备后期利用（图 6.1-20）。

图 6.1-20　雨水集蓄工程示意图

（3）采用滴灌技术。

滴灌技术不会造成深层渗漏和地表径流，使蒸发量降到最低限度，以低用量、高频度的方式适时适量向根区供水，使得植物在整个生长期内保持均匀的营养水平，从而保证良好的植物景观形成条件。银百高速公路全线一百多公里，路线较长，且沿线水源较少。建议该项目运营期服务区、收费站等区域的景观植物养护与灌溉用水，采用滴灌技术及其他适宜的节水灌溉形式；路侧绿化选用当地耐干旱乡土树种，中央分隔带采用工程措施防护无绿化（图 6.1-21）。

图 6.1-21　节水滴灌技术示意图

3）地下水资源利用合理取用评估

目前工程建设用水主要来自周边城镇自来水及周边村镇的分散式生活饮用水水井、运水罐车运输城镇水厂的自来水，水源极度缺乏。经现场勘察和工程地勘发现，项目区沿线 ZK0 + 000（YK0 + 000）—ZK3 + 405（YK3 + 405）段、

K11 + 570—K13 + 130 段、K20 + 500—K23 + 260 段、K26 + 120—K28 + 300 段和 K37 + 000—K38 + 650 段，地下水埋深较浅，具有潜在开发利用价值。建议和当地政府沟通开采沿线地下水，缓解项目建设用水压力。目前，项目土建 2 区段现场施工中已发现地下水排泄区，施工单位充分利用该地下水涌水作为沿线路基洒水，进一步降低工程新鲜用水量。

项目区水资源较少，对于经净化处理后使用的地下水资源应重复使用、减少浪费，有效提高地下水利用率。施工用水可通过集水窖回收，后期用于场地洒水降尘。运营阶段服务区和收费站污水处理达标后可用于绿化灌溉和场地洒水。

4）风沙区边坡生态修复

项目区风积沙路段主要分布在 1 标段，较为严重的区域为 K3 + 800—K15 + 000 段，需针对不同程度的风沙侵害采取不同的工程防护。

（1）风沙路段边坡防护。

风沙路段填、挖方边坡采用 1∶4 缓边坡，边坡防护采用混凝土框格，并在框格内撒播灌草种压覆卵砾石进行基础防护与边坡绿化。

（2）草方格沙障防护。

在银百高速公路沿线风积沙严重路段，在对路基边坡防护基础上，再将路基两侧坡脚外 20m 范围内作为整平带，采用撒播灌草种平铺卵砾石防护；整平带范围外 100m 内设置（1 × 1）m 半隐蔽式草方格沙障，并植草防护。草方格沙障防护技术实施要求如下。

①技术简介：草方格沙障主要使用稻草、麦秸、芨芨草及芦苇等材料。在流动沙丘上扎成挡风墙，以削弱风力的侵蚀。同时有截留降雨的作用，能提高沙层的含水率、有利于沙生植物的生长；并且该方法成本低廉易于操控实施，非常适用于我国西北地区的风沙防护（图 6.1-22、图 6.1-23）。

②原材料：沙障材料（稻草、麦秸、芨芨草、芦苇等）、灌草种。

③工艺流程：整理材料—修整地面—画网格线—铺设草障—撒播灌草—养护管理。

④注意事项：a. 栽植草方格时需设置防火隔离带；b. 铺设卵砾石，其厚度控制在 5cm 以内；c. 卵砾石下喷洒的灌草种需选择本土耐干旱耐高温的植物，草方格内的灌草种选择本土植物即可。

图 6.1-22　草方格沙障示意图

图 6.1-23　塔克拉玛干沙漠公路草方格沙障效果示意图

（3）修复植物种类的选择。

该项目沿线属于典型的大陆性气候，日照时间长、太阳辐射强、干旱少雨且冬春季风沙较多。设计时根据当地自然条件来选择一些耐高温、耐旱/寒性好、蓄水性强、存活率高、景观性好并能实现短期覆盖的乡土小灌木和草种，以及一些乡土乔木作为推荐树种，具体见表 6.1-1。

风沙区边坡修复推荐植物种类及其特性　　表 6.1-1

种类	植物名称	生物学特性	备注
草本	艾草	适应性极强，耐旱、抗寒、耐瘠薄，分布广，几乎遍及全国	乡土植物
	黄蒿	属于温带旱生或中旱生草本，性耐干旱和寒冷。适生于沙质草地、干山坡等沙质土壤上，在轻度盐渍化的土壤上生长尚好	
	骆驼刺	耐旱植物，主要分布在沙荒地、盐渍化低湿地和覆沙戈壁上	
	甘草	喜光、耐旱、耐热、耐盐碱、耐寒，适宜在土层深厚、土质疏松、排水良好的砂质土壤中生长	耐高温
灌木	白刺	适应性极强，耐旱、喜盐碱、抗寒、抗风、耐高温、耐瘠薄，为荒漠地区及荒漠平原典型植物	耐高温
	红柳	喜光、耐旱、耐水湿、耐寒、耐盐碱土、抗风，为温带及亚热带树种	
	杨柴	耐寒、耐旱、耐贫瘠、抗风沙、适应性强，能在极为干旱瘠薄的半固定、固定沙地上生长	

续上表

种类	植物名称	生物学特性	备注
灌木	花棒	为沙生、耐旱、喜光树种，适于流沙环境，喜沙埋，抗风蚀，耐严寒酷热	耐高温
	沙柳	抗逆性强，较耐旱，喜水湿；抗风沙，耐一定盐碱，耐严寒和酷热；喜适度沙压，越压越旺，但不耐风蚀；繁殖容易，生命力强	耐高温
	柠条	耐旱、耐寒、耐高温，是干旱草原、荒漠草原地带的旱生灌丛	耐高温
乔木	沙枣树	抗旱，抗风沙，耐盐碱，耐贫瘠、耐高温、生命力极强，是很好的造林、绿化、薪炭，防风、固沙树种	耐高温

5）高陡边坡防护与生态修复

三联生态防护技术在银百高速公路黄土边坡的应用，需要针对性地从物理防护、土壤改良、植物筛选组合、微生物菌剂施用四方面实施推进。

（1）结合土壤生境材料力学指标、植物群落深根系锚固和浅根系加筋的自身力学性质进行锚固参数计算，采用镀锌三维网、主锚杆和辅锚杆锚固优化物理防护设计，稳固黄土边坡（图 6.1-24）。

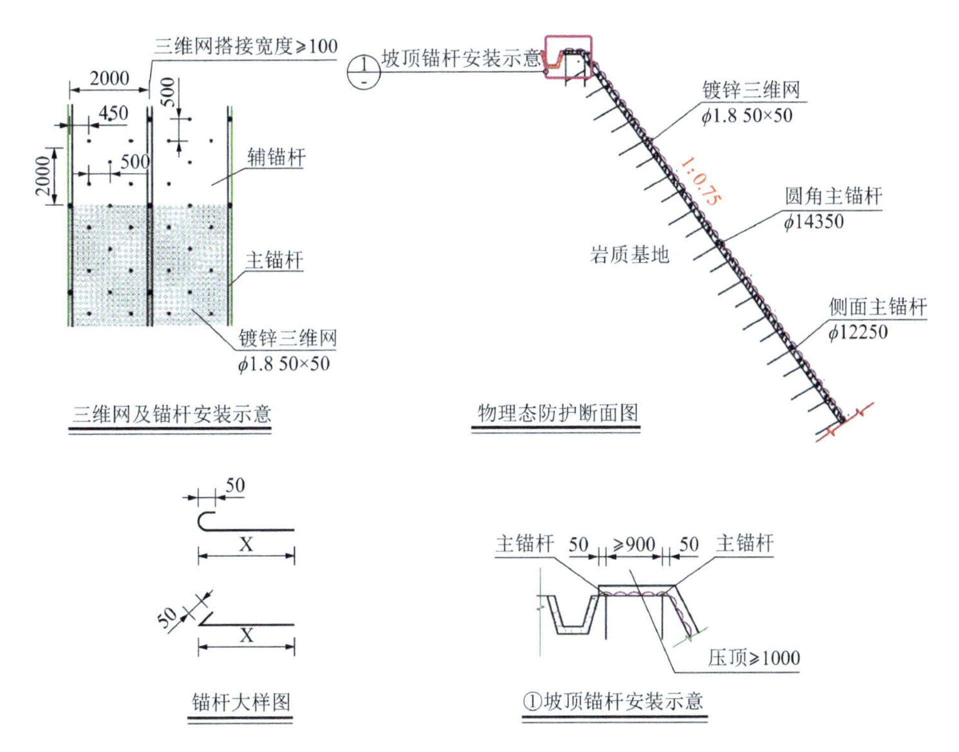

图 6.1-24　黄土路基边坡的三联生态防护技术物理防护设计示意图（尺寸单位：mm）

（2）植生层构建以当地自然土壤为基础，通过配方材料改良形成养分充足、抗雨蚀和固土保水性强的土壤生境层。综合考虑坡面质地以及植物根系生长适合条件，植生层包含基质层、微生物层和种子层（图 6.1-25）。

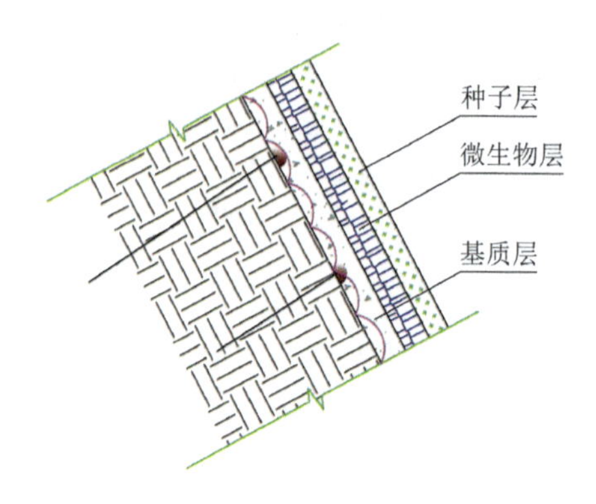

图 6.1-25 黄土路基边坡的三联生态防护技术植生层设计示意图

（3）根据气候、土质和坡面情况，依据生物生态学特性、立地类型以及经济性原则筛选适应性植物物种，植物群落建植设计采取适合本地区的耐旱、贫瘠乔灌草组合，植物物种为干草、沙柳、苦豆、柠条及蒿草等，植物物种配比需要根据气候条件与坡面植被生态功能的研究确定，最终形成稳定具备物种多样性的植被群落。

（4）根据土壤微生物群落检测分析植被自维持系统的菌剂，通过土壤生境系统、植被群落系统和物质循环系统构建，促进植被发芽生长繁殖，促其根系发达枝叶茂盛，形成根系、镀锌三维网、坡体为一体的三维立体防护体系。

6.1.3.3 建设实践

将宁夏银百绿色公路打造成“西部干旱脆弱区绿色公路典型示范工程”，成为西部内蒙古高原与黄土高原上的绿丝带。提升工程建设在资源集约、生态保护和周期成本控制方面的水平，提高工程建设品质、减少工程资源能源消耗、控制工程生态环境影响，在西部地区为绿色公路建设形成了一套可复制、可推广的示范经验。

6.1.4 西南热带雨林示范——云南小磨改扩建工程绿色公路

昆磨高速公路小勐养至磨憨段改扩建工程（简称“小磨高速公路”）位于西

南热带雨林区，是 2016 年 5 月交通运输部确定的首批 8 个绿色公路建设典型示范工程之一，同时也是 3 批 33 条绿色公路典型示范工程中唯一一个西南地区改扩建项目。

6.1.4.1 建设条件

1）工程建设特点

（1）改扩建工程，以新带老任务重。受道路廊道、敏感目标保护、居民拆迁等因素影响，现有道路及新建道路多次交叉、并行和分隔。工程主要路段采用占用硬路肩、临时占道、半幅封闭等施工方式。施工期要求分时、分段单边放行确保施工期内不中断交通，工程保通任务重大。现有小磨公路建设时间较早，正在面临隧道大气污染、野生动物保护、边坡滑坡及水土流失等环境问题，工程改扩建“以新带老”任务艰巨。

（2）运输大通道，宣传展示作用大。小磨高速公路是国家高速公路网 G85 渝昆高速公路联络线 G8511 昆明至磨憨口岸的末端，是连接我国中部、西南地区及通向南亚、东南亚各国的公路通道，也是云南省高速公路网中“七出省、四出境”公路主通道中连接东南亚、南亚国家的“昆明—曼谷”国际大通道，是云南省实施桥头堡战略的重要支撑之一。小磨高速公路位于热带雨林区且民族风情独特，身为国际大通道且地处交通要塞，工程利用既有单幅公路进行改造扩建，具有极强的代表性和辨识度。打造小磨绿色公路能够多方面展示“绿色交通”建设成果，为提升高速公路服务品质提供广泛积极的示范。

（3）环保要求高，穿越生态敏感区多。项目区生态环境非常敏感、生态功能重要，工程改扩建涉及西双版纳国家级自然保护区、西双版纳风景名胜区、西双版纳罗梭江鱼类州级自然保护区、南腊河国家级水产种质资源保护区等多处环境保护目标和补远江（罗梭江）、南腊河、南养河、南醒河、南远河、南木窝河等众多敏感水体。

2）自然环境特点

（1）终年温暖，长夏无冬。西双版纳傣族自治州（简称“西双版纳”）地处北回归线以南热带北部边缘，热带季风气候（山区为亚热带季风性湿润气候），终年温暖、阳光充足、热量丰富、湿润多雨，具有“长夏无冬、一雨成秋”等特点。年均气温在 21℃，终年无霜雪。一年分为雨季和旱季，雨季长 5 个月（5

月下旬至 10 月下旬）；旱季长达 7 个月（10 月下旬至次年 5 月下旬）。雨季降水量占全年降水量 80%以上，全年降水量在 1200mm 以上。

（2）动植物种类多，资源丰富。西双版纳享有“植物王国”“动物王国”和“绿色王国”盛誉，在全国 0.2%的土地上保存着北回归线沙漠带上原始风貌最完整的热带雨林，共有植物 5000 多种，占全国植物总数的 1/6。动物具有热带特色，种类繁多，多为树栖种类和热带森林种类；有陆栖脊椎动物 539 种，约占全国陆栖脊椎动物总数的 1/4；鸟类 429 种，占全国鸟类总数的 1/3。

（3）水系发达，跨河桥梁多。西双版纳有大小河流 170 多条，均属澜沧江水系，其中长度 50km 以上河流有 6 条。工程跨越河频繁，桥梁所在水域多为Ⅱ类和Ⅲ类水体，水质要求高。

3）人文环境特点

西双版纳全州共有景区景点 120 多个，主要是以热带雨林为中心的自然景观和以傣族为主体的多种少数民族民俗风情园，其中包括“野象谷森林公园”“勐仑植物园”“热带花卉园”“傣族文化园”“西双版纳原始森林公园”“民族风情园”等 A 级以上精品景点共 18 处。

西双版纳以傣族为主的 10 多个少数民族形成并保留了独具特色的民族文化、传统习俗和生活方式。众多历史遗迹、佛塔、亭井、佛寺，以及具有代表性的民居和村寨、民族节日、宗教和民族风情，构成了独特而多样的人文景观。

6.1.4.2 建设实践

1）廊道与道路的集约利用

（1）绿色廊道选择。

小磨高速公路在工程可行性研究阶段，基于绿色理念对廊道路线进行了比选。西双版纳是国家重点自然保护区之一，小勐养至磨憨区域热带雨林分布广，自然保护区是该区域路线选择的一大制约因素。结合区域内地形条件，对国道 G213 线原路线、现有二级公路和澜沧江三个走廊带进行了比选。现有二级公路走廊带，对热带雨林及各个自然保护区干扰小，不存在再次产生新的自然保护区的分割、破坏，有利于环境保护，且利用既有道路资源，建设里程短，工程量较小，最终推荐使用二级公路走廊带。

（2）线路集约利用。

针对改扩建工程的特殊性，最大限度地利用既有廊道是节约资源耗用、降低工程对环境干扰、减少污染排放的重要手段，是对绿色公路建设的深刻践行。根据廊道集约理念，小磨高速公路在环境影响评价阶段通过方案比选最终确定推荐方案，该推荐方案全长167km，其中143km为单幅新建，24km为两幅全部新建，其中单幅新建部分约80%的长度为两侧新老路廊道共用，两幅新建部分全部为两侧廊道共用，共用廊道长度约138.4km。

（3）既有道路利用。

充分利用原通道资源是小磨高速公路从根源上推进绿色建设的重要手段。小磨高速公路全线长167km，除银河立交至莱阳河路段和勐腊过境路段共24km全幅新建以外，143km均是在既有二级公路的基础上进行改扩建，既有二级公路在高速路段中利用率达到85%；余下的24km二级公路全部被纳入地方路网，实现既有道路100%利用。最大限度地利用既有桥梁和隧道对改扩建工程意义重大，不但能极大地降低施工难度，也能节约成本。如原司徒老寨隧道、巴洒老寨隧道、买卖河隧道、腾蔑山隧道、勐远隧道、南贡山隧道、勐腊隧道以及雨林谷大桥等桥梁和隧道均实现了再利用（图6.1-26）。

图6.1-26　小磨公路既有二级公路利用

2）既有桥梁利用

（1）既有桥梁现状检测。

为准确掌握小磨二级公路继续沿用路段桥梁的当前技术状况，使继续沿用的原路段改建工程具备详细、完整的数据资料，设计单位对全线桥梁技术状况进行了全面、系统、规范的检查。

全线共检测桥梁202座（其中SJ-1标段146座、SJ-2标段56座），检测结果为一类桥梁35座，占全线桥梁总数的17.33%；二类桥梁133座，占全线桥梁总数的65.84%；三类桥梁34座，占全线桥梁总数的16.83%。《昆磨高速小勐养至磨憨段改扩建工程SJ-1标段全线桥梁检测报告》检测结果表明：本合同段桥梁总体技术状况良好，能满足原设计荷载汽车-超20级，挂车-120级安全运营需要；但由于服役时间较长及施工缺陷，个别桥梁存在不同程度的缺陷病害，主要表现在混凝土表面裂缝、混凝土表面缺陷、墩柱、桩基受水流冲刷、支座缺陷等。

（2）既有桥梁改造利用方案。

全线利用的既有桥梁共196座/31.262km，检测结果为一、二类桥梁占全线桥梁总数的83.17%，其余为三类桥梁。既有桥梁总体技术状况良好，能满足设计荷载安全运营需要。达不到二类标准的桥梁，需要进行修复设计，加固维修后均达到了一、二类标准，改造后桥梁可以继续使用。

3）既有隧道利用

（1）既有隧道现状检测。

为充分利用既有隧道，项目组请试验检测中心对沿线隧道技术状况进行了全面、系统、规范的检测（图6.1-27）。小磨高速公路全线共利用隧道26座/15367m，既有隧道土建结构、机电设施存在不同程度的病害，经检测整体技术状况判定为S类和B类。

图6.1-27 缺失、破损的检修道盖板清理、修复

（2）既有隧道利用方案。

既有隧道主要改造工作集中在病害处理、机电及消防工程更新，以实现最

大程度利用。

对于隧道渗漏水的病害，根据围岩的地质条件和水文条件进行综合分析判断，采取以排为主，截、堵、排综合治水的原则进行处治。隧道渗漏水主要出现在隧道拱部和边墙，因此采用“拱部封堵，边墙疏导、引排”的原则对渗水进行处治。

小磨高速公路既有隧道运营近十年，裂缝病害发展趋于稳定。对宽而深的裂缝进行环氧树脂液灌注处理；对细而浅的裂纹采用环氧树脂浆液进行表面封闭处理；对路面中心渗水，在渗水处及两侧 5m 处各设置一道横向盲沟，通过盲沟将水导入排水边沟内，通过排水边沟将水排出洞外；隧道内排水系统的病害，对隧道内排水边沟、洞口处外漏排水边沟进行清淤以及对缺失、破损的检修道盖板及侧壁进行修复（图 6.1-27）。

4）既有房建设施利用

有效利用原小磨高速公路服务区、收费站、加油站等区域内的既有房建设施对绿色公路建设至关重要。根据小磨高速公路建设要求，合理保留并改造既有综合楼、收费站、变电所等房建设施，可尽可能地避免重复建设。

设计阶段，小磨高速公路统筹考虑既有房建设施位置与改扩建沿线站点间的关系，将沿线既有的房建设施充分利用。在建设过程中，对多处原有建筑继续保留或进行适当的改建，实现资源设施的节约利用。

小磨高速公路对既有服务区、管理所、收费站、隧道变电所、隧道管理站、管理中心等房建设施考察评估后，进行适当改造装修，除了既有隧道管理站继续保持原来使用性质，其他房建设施在施工期作为项目驻地使用，施工结束后变为管理用房。全线站点管理用房总面积 2.2 万 m^2，实现了全部利用，节约建筑安装工程费近 7000 万元，实现资源设施节约（图 6.1-28）。

5）既有交通安全设施利用

既有交通安全设施（简称“交安设施”）的循环再利用，不但能大大降低工程成本，也能有效防止浪费。小磨高速公路在交安设施利用过程中遇到了一个问题：既有二级公路交安设施均采用的是 2003 版标准，而现在施行的是 2012 版标准，在材料、高度、参数等方面都存在着新旧差异，导致交安设施没办法直接利用。小磨高速公路建设结合实际需求，将新旧设计施工规范衔接，挖掘利用潜力，多措并举探索既有交通标志、波形护栏、隔离栅、百米桩、公路界碑的综合利用。首先对既有交安设施进行检测，其次采取多种措施将可利用的设施用于该项目和其他地方道路中，最后将不可利用设施收集起来回收利用，送入加工厂，重新生成可用的资源。

图 6.1-28　利用已有房建作为施工项目驻地

（1）既有设施波形护栏循环利用方案。

受新老路护栏规范差异影响，拆除的护栏不能直接用于主线。小磨高速公路改扩建工程建设指挥部遵循绿色工程、循环利用、变废为宝的原则，精心组织监理单位、施工单位成立专家组对旧波形护栏材料进行分类、分级，评估检测，将检测合格的既有波形护栏设施一部分用于自身道路铺装，另一部分用于地方或其他旧规范道路（表 6.1-2）。

既有交安设施材料循环利用和不可利用材料处理方案　　表 6.1-2

交安设施	循环利用途径和方法
波形护栏	钢立柱、螺栓、托架、护栏板拆除后，分类、检测评估、挑选合格材料、精洗、收集存放、二次利用
交通标志、波形护栏、隔离栅、里程碑、百米桩、公路界碑	集中收集、移交、废品回收、重新回炉、可再生各类材料

对于波形护栏循环利用方案，一是将已拆除的波形护栏、立柱用于辅道，提升辅道行车安全性，二是用于地方道路改造，三是将剩余部分统一由云岭高速公路建设集团公司高速公路管理处进行收集管理，全部集中放置在普洱管理处，主要用于相同防护标准其他高速公路的管养。经统计，用于辅道和地方道路的既有护栏总长度超过 50km，其他全部用于执行 2003 版规范的道路养护，最终实现了 100%利用（图 6.1-29）。

图 6.1-29 利用原小磨高速公路二级路拆除旧护栏板用于地方机耕道路

（2）新老护栏搭接技术。

在利用原二级路护栏过程中，发现既有混凝土护栏高度在 30～90mm 之间，与新版规范的波形护栏存在搭接高差问题，如果按照规范施工，采用延长并砌高混凝土护栏方式实施，会产生视觉效果不美观，且与周边环境不和谐的问题。小磨高速公路改扩建工程建设指挥部和设计单位经多方案设计尝试，提出灵活搭接技术，既解决了问题，又能使护栏更加适用、协调、美观（图 6.1-30）。

图 6.1-30 新老护栏直接搭接

①与相同高度混凝土护栏搭接。波形护栏与高度相当的混凝土护栏搭接时，采用直接搭接方式。

②与低混凝土护栏搭接。三波板与 800mm 混凝土护栏搭接时存在高差，小磨高速公路采用的是通过先搭接两波板降低高度，再搭接混凝土护栏的方式（图 6.1-31）。

图 6.1-31　与低混凝土护栏搭接

6.1.4.3　建设成效

小磨高速公路项目于 2017 年 9 月 28 日通车试运营，对“绿色公路典型示范工程建设”进行总结，可见小磨高速绿色公路建设成效显著。

1）绿色设计示范

设计是绿色公路的灵魂，经多方研讨，首先确立了总体设计指导思想、设计原则、设计措施和设计目标。

总体设计指导思想：保证安全、功能主导、适度灵活、合理利用。

设计原则：确保安全的前提下最大限度利用原有公路资源。

设计措施：通过“两控三新七辫九分十拓”实现了充分利用原有公路资源，做到新建幅与沿用幅指标连续、均衡、统一。

设计目标：打造热带雨林区高速公路改扩建绿色典型示范工程。

项目取得了以下设计成果：

全线 167km 中的 143km 在既有二级公路的基础上进行改扩建，占比达到 85%；余下的 24km 二级公路全部被纳入地方路网，没有产生一点浪费。技术要点是提前规划改扩建路线，解决了对低指标路段利用的问题。

在设计阶段就统筹考虑全线既有房建设施位置与改扩建沿线站点间的关系，将沿线既有的房建设施充分利用。沿线站点管理用房总面积 2.2 万 m^2 全部利用，仅此一项就节约了建筑安装工程费近 7000 万元。充分发挥了既有设施在服务水平提升过程中的作用。

通过合理的生态选线减少 5 次跨河、避让 1 处大学校区、远离 4 处生态保护区。设计过程中对影响生态的路线经过多方案比选，为生态选线提供案例参考。

2）绿色施工示范

小磨高速公路项目以施工标准化为抓手，从 7 个方面全面提升工程质量和安全、耐久性，全力推进资源节约、减少污染、保护生态，全力提升项目整体服务水平，构建和谐社会。

（1）永临结合是小磨高速公路节约用地最重要的落实措施。通过尽可能租用现有民房、减少开挖、减少修建便道等手段，大力推进永临用地相结合，减少临时用地。

（2）隧道弃渣利用是工程变废为宝的重要手段，全线隧渣能用于混凝土的共约 10 万 m^3 优质岩石均通过现场设置的碎石场完成加工，用于隧道混凝土；其余用于路基软基处理垫层、换填，还用于替代原设计以挖作填，实际有一部分确实不能使用的填料约 120 万 m^3。

（3）小磨高速公路沿线竹林密布、椰树广布，工程建设废旧模板集中，为“就地取材”、推进资源利用提供了较理想的条件。在项目施工过程中发现沿线竹林大面积自然更新，有很多的竹竿可以利用，通过收集废旧竹片、废旧模板和椰丝毯，在边坡修复中将其有效应用。

（4）将拆除的波形护栏和立柱回用于辅道、地方改移道路。起点段辅道长 34km，沿途改移地方道路密集。在坡急弯陡路段，充分利用小磨高速公路既有护栏进行防护，总利用长度超过 16km；剩余材料全部收集移交运营单位，主要用于相同防护标准的思小等高速公路的管养，因而旧护栏未产生浪费。

（5）工程建设过程中，对沿线的 4500 株珍稀植物进行了异地移栽保护，并给予精心养护。现移栽成活率高达 98%，已回移到服务区、收费站等区域。

（6）桥面径流污染防治。全线设置桥面径流应急收集系统的桥梁合计 29 座；同时，对原有径流收集系统损坏部分进行修复。

（7）沿线站点污水处理以及噪声防治。全线 9 个匝道收费站、1 个主线收费站、5 对服务区全部设置污水集中收集、处理系统，做到中水回用、污水零排放。全线 17 段声敏感点，共设置声屏障 5500m，并将开展生态声屏障试点建设。

6.2 专项示范

6.2.1 拓展公路旅游功能专项示范——四川九绵高速绿色公路

九寨沟至绵阳高速公路区位条件优越，沿线自然、文化、民俗资源得天独厚，周边旅游产业发展势头强劲。2017 年 4 月，四川省人民政府印发的《四川省“十三五”旅游业发展规划》提出以转型升级、提质增效为主线，构建现代旅游产业体系，并将四川旅游发展定为“511”格局，同时明确指出九寨沟至绵阳高速公路（简称“九绵高速公路”）对区域旅游业发展的重要支撑作用。2017年8月，四川省交通运输厅、旅游发展委、发展改革委联合印发的《四川省“交通＋旅游”融合发展专项行动计划（2017—2020年）》着力强调了九绵高速公路的重要作用，提出“积极推动沿线旅游资源丰富的雅安至康定、汶川至马尔康、绵阳至九寨沟等高速公路开展‘交通＋旅游’融合发展示范试点”。

6.2.1.1 交旅融合建设条件

1）区位条件分析

（1）完善高速公路网布局，推动“一带一路”倡议。九绵高速公路北出口或将成为未来成渝地区连接兰州的唯一一条高速公路，其建设将积极推进国家“一带一路”倡议、长江经济带的发展，对四川省建成世界重要的自然生态和文化旅游目的地，具有重要现实意义和深远战略意义。

（2）川甘交界，出川快速通道。九绵高速公路是连接四川和甘肃两省的一条重要的南北向快速通道，是串联九寨沟县、平武县、北川县、江油市和绵阳市的快进通道，线路全长244.38km，将有效连接阿坝藏族羌族自治州与成德绵地区，并将彻底改变北川县内无高速公路的现状，交通价值十分突出。九绵高速公路起于九寨沟县川甘界青龙桥，止于绵阳市张家坪，是四川旅游发展“511”格局成都平原旅游区向川西北旅游区重要的快速通道，是四川旅游业发展规划实施的重要支撑，旅游交通价值十分重要。

（3）四川旅游业发展重要通道。九绵高速公路作为成都平原核心旅游区通向九寨沟景区的唯一快速通道，属于大九寨世界遗产游目的地的重要通道，对九寨沟建设国际一流的旅游目的地、深度开发沿线新景区具有重要意义。《四川省“十三五”旅游业发展规划》从产业和空间两个维度，构建十大精品线路，九绵高速公路同时属于大九寨环线和蜀道三国文化旅游线，是一条不可多得的旅游线路，具有重要的旅游导向价值。

（4）大熊猫国家公园。四川省是中国野生大熊猫最重要的活动区，2017年1月31日中共中央办公厅、国务院办公厅正式印发《大熊猫国家公园体制试点方案》，同年四川省印发《大熊猫国家公园体制试点实施方案（2017—2020年）》，将四川省境内的大熊猫栖息地，结合邻近的陕西、甘肃两省的大熊猫栖息地，划定为大熊猫国家公园。九绵高速公路在 K42 + 920—K135 + 250 段穿越大熊猫栖息地。随着大熊猫国家公园红线及功能区范围划定，未来四川省将严格管理新建线路与公园的线位关系；因此，九绵高速公路或将成为最后一条新建的可供旅客观赏大熊猫的旅游线路，其重要性和稀缺性愈加凸显。

2）地域文化解读

（1）历史文化。九绵高速公路沿线区域历史悠久、文化积淀深厚，其中包括以刘备和诸葛亮遗迹为代表的三国文化，诗仙李白故里江油形成的李白文化，北川县的大禹文化，文昌帝君发祥地绵阳孕育的文昌文化，极具地域风情的土司文化、藏羌文化和白马藏族文化，以及古代民族经济文化交流的走廊——茶马古道。茶马古道是存在于中国西南地区，以马帮为主要交通工具的民间国际商贸通道，茶马古道包括：陕甘茶马古道、陕康藏茶马古道、滇藏茶马古道、川藏茶马古道，其中九绵高速公路走廊带就是四条茶马古道之一，历史文化特色鲜明。

（2）民俗文化。九绵高速公路走廊带位于藏彝走廊、西北走廊和南岭走廊三条民族走廊中藏彝走廊的核心地带。线路沿线居民以藏族、羌族为主，并有其他 40 多个少数民族，呈多民族聚居状态。其中包括极具特色的白马藏族、国内唯一羌族自治县——北川羌族自治县，民风民情令人神往，并在多民族融合过程中形成了极其丰富的民俗文化。

（3）宗教文化。九绵高速公路沿线区域的宗教文化底蕴深厚，九寨沟县主要有藏传佛教和伊斯兰教两种宗教，县内有唐卡寺、达琼贡巴寺等著名寺院；绵阳市以佛教、道教为主，其中以全国四大道观之一的云台观和平武县的报恩寺为代表，平武县报恩寺是我国目前保存最为完好的明代宫殿式佛教寺院建筑群，是平武县古代历史、文化、宗教和艺术遗迹的典型代表。

（4）红色文化。红色文化精神在九绵高速公路沿线区域有着充分的体现，红色足迹遍布区域各地。其中在绵阳发生过著名的中坝战役、千佛山战役等战役，留下了大量红色文献资料和碑刻等遗迹；平武县内以红军碑林、红军桥、张秀熟故居、宋北海故居、万人坑、苏维埃政府遗址等为代表的红色遗产，均展示了优秀的革命传统和红色文化光辉；江油市的革命烈士纪念碑、红军碑林等体现了当地良好的革命传统。

3）旅游资源梳理

九绵高速公路是连通成都平原核心旅游区与川西北旅游区的重要快速通道，途经大九寨世界遗产旅游目的地、大九寨沟环线与蜀道三国文化旅游线，项目周边旅游资源丰富，有世界自然遗产 1 处（九寨沟景区），国家级自然保护区 2 处（白马王朗自然保护区、白水江金丝猴自然保护区），省级自然保护区 1 处（勿角大熊猫自然保护区），省级森林公园 1 处（龙池坪省级森林公园），国家 AAAAA 级旅游景区 2 处（九寨沟景区、北川羌族旅游区），国家 AAAA 级旅游景区 8 处（报恩寺、药王谷、九皇山猿王洞、佛爷洞景区、窦圌山、百年好合爱情谷、李白故里、李白纪念馆）。同时，公路沿线紧邻旅游资源，其中沿线 3km 范围内，共有景点 8 处；3～5km 范围内，共有景点 4 处；5～10km 范围内，共有景点 10 处；10～30km 范围内，共有景点 12 处。

6.2.1.2　交旅融合建设实践

1）特色主题服务区与慢行体验系统

（1）咨询功能——综合服务区。

综合服务区包括拓展旅游咨询中心和 VR（虚拟现实）展厅两部分。旅游咨询中心为旅客提供旅游咨询服务，建立旅游信息服务系统，满足公众计划需求、换乘信息便利查询、车票预订服务、可定制出行服务等多层次、个性化、精准化的出行需求；VR 展厅提供九绵高速公路沿线景点 VR 实景体验，让游客在服务区即可提前感受多角度、全方位的旅游体验（图 6.2-1）。

图 6.2-1　旅游咨询中心示意图

（2）娱乐功能——特色产品展示体验区。

白马藏族民族服饰及装饰极具地域风情，游客可在特色产品体验区穿戴和购买白马藏族风情百褶裙、插着吉祥的锦鸡颈羽或者雄鸡白色尾羽的毡帽等饰品，同时体验白马藏族民族风情（图 6.2-2）。

图 6.2-2　白马藏族特色产品及服饰示意图

（3）购物功能——农旅产品售卖一条街。

农旅产品售卖一条街提炼了白马藏族最具特色的旅游产品，如代表寓意吉祥的鱼骨排、极具白马特色的“池哥昼”面具和沙嘎帽等，同时还有平武县最具代表性的平武果梅和黄肉桃等农副产品，既满足了游客的购物需求，又带动了特色农产品加工及手工业制造产业发展。

（4）展示功能——熊猫主题乐园区。

结合服务区场地情况，设置大熊猫主题乐园。大熊猫主题元素贯穿服务区景观始终，按照熊猫环境进行打造，并在其中展示熊猫的历史与故事，营造憨厚生趣、生态自然的休闲方式（图 6.2-3）。

图 6.2-3　熊猫主题元素示意图

（5）食住功能——餐饮住宿区。

提炼白马藏族风格建筑形式，应用于服务区建筑的外立面中，突出当地民族特色。设置白马风情主题酒店，从室内设计、服务、餐饮、住宿价格等各个环节提升产品的竞争力，保证在周边有接待能力的情况下可以吸引相对稳定的客源，为游客提供短暂休息和过夜住宿两种服务形式（图 6.2-4）。

图 6.2-4　酒店建筑风貌示意图

（6）休憩功能——自驾车房车营地。

根据场地情况设置房车营地、木屋营地、纯帐篷营地三种不同风格的营地形式。房车营地需要备有电线和给排水管的接线点，需要提供完整的给水、排水、供电设施；木屋营地包括木屋、休闲活动区（如室外桌椅、儿童玩具、秋千、吊床）、停车位（可根据营地标准及规模确定）；纯帐篷营地包括帐篷、露营者的活动区，提供必要生活卫生设施和生活设施（图 6.2-5）。

图　6.2-5

图 6.2-5　自驾车房车营地示意图

（7）漫游步道。

王朗服务区周边景观资源以藏羌民族风情为主，距离详述家民俗村寨比较近，详述家民俗村已开发得较为成熟，配套设施较为完善；可结合服务区场地实际情况设置漫游步道通往周边少数民族村寨及天际村自然风景区，步道沿线设置休闲座椅和藏羌主题小品点缀，让游客由“快进”向“慢游”转变（图 6.2-6、图 6.2-7）。

图 6.2-6　王朗服务区周边村寨现状

图 6.2-7　王朗服务区漫游步道

（8）旅游接驳点。

王朗服务区距离王朗国家级自然保护区约为 10km，距保护区边界约 3km，可结合服务区停车区设置旅游客车接驳点作为进入王朗景区的一种方式，提升景区游客流量（图 6.2-8）。

图 6.2-8　接驳旅游客车示意图

2）交通旅游产品

（1）全游线产品。

①大长假游线。

针对大长假推出的全游线产品含服务区餐饮、住宿、购物折扣，大长假游线覆盖九绵高速公路全线的主要景区：

江油服务区—李白故里—佛爷洞—药王谷—西羌九皇山（猿王洞）—北川羌城—平武报恩寺—高海拔旅游支线（雪宝顶自然保护区/泗耳自然保护区/虎牙大峡谷）—小河沟自然保护区—白马藏寨—王朗服务区—大熊猫国家公园（远期）—平武王朗国家级自然保护区—杜鹃山—九寨沟服务区—九寨沟—黄龙。

②小长假游线。

休闲线：佛爷洞—窦圌山—药王谷—罗浮山温泉—西羌九皇山—报恩寺—

平武王朗国家级自然保护区—九寨沟—黄龙。

亲子线：爱情谷—西羌九皇山—白马藏寨—平武王朗国家级自然保护区。

景观线：药王谷—窦圌山—（小河沟自然保护区/虎牙大峡谷/雪宝顶自然保护区/泗耳自然保护区）—平武王朗国家级自然保护区—九寨沟—黄龙。

购物线：江油服务区—桂溪服务区（北川）—九寨沟服务区—九寨沟—黄龙。

运动线：西羌九皇山—白马藏寨—平武王朗国家级自然保护区—九寨沟—黄龙。

民族线：九寨沟—黄龙—白马藏寨—藏羌五龙村—桂溪羌寨。

③周末游线。

周五出行线：王朗服务区—白马藏寨—平武王朗国家级自然保护区—九寨沟服务区—九寨沟。

周六出行线：江油服务区—白马藏寨—平武王朗国家级自然保护区—九寨沟服务区—九寨沟。

（2）ETC 促销产品。

采取 ETC 套票模式，周末和节假日 ETC 通行费打折、游线联票实行非节假日折扣。

①九黄线联程促销。

示例：绵阳至九寨沟黄龙，费用包含 ETC 通行费 + 服务区餐饮 + 九寨沟黄龙门票 + 住宿（藏羌风情晚会），联程优惠券为 680 元（图 6.2-9）。

图 6.2-9　游线联票折扣示意图

②ETC 节假日折扣及景区平日促销。

为了促进游客节假日出行旅游，九绵高速公路可推行 ETC 7 折优惠，在图 6.2-10 所示的时间内皆可享受折扣价格。

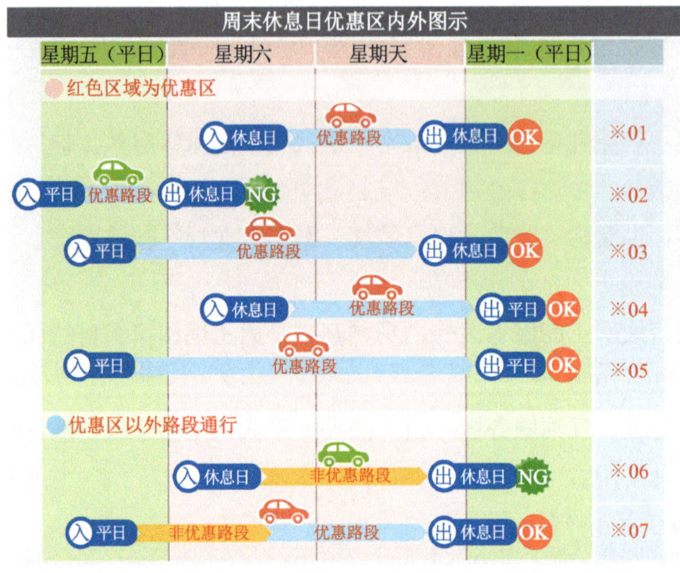

图 6.2-10　ETC 节假日折扣示意图

（3）九绵全游线促销。

为推广九绵高速公路旅游精品产品，可与旅行社开展合作，推出周末高速公路自驾游套票（图 6.2-11）。

图 6.2-11　九绵全游线促销示意图

3）智慧交通旅游服务

整合并建立网站、移动应用和大屏应用三个公共服务平台。出行者利用智慧导航服务系统提供的终端连接工具（例如网站、手机 App 及微信公众号等），可以在出行前、出行中、出行后全交通旅游过程享受智慧导航服务。

出行前，可以通过手机终端、电脑终端充分获取旅游目的地的交通、住宿、天气、旅游项目、旅游景区景点全景等旅游资讯，安排自身的行程，定制私人交通旅游线路。出行中，依靠手机体验全面的信息化服务，包括旅游地图浏览、地图定位服务、路线规划服务、导航服务、景点自助讲解等服务。出行后，通过微博、微信等平台分享交通旅游信息，进行满意度评价。这些反馈数据又可作为其他出行者出游的信息参考。

交通旅游公共服务平台包括网站、移动应用和大屏应用三种应用方式。

（1）网站。

①全景浏览：包括全线地图/全景切换、全景缩放、全景旋转，全景点切换等功能。

②地图浏览：支持地图基本操作，包括地图缩放、地图平移及鹰眼等功能，并可以通过鼠标拖拽或工具栏按钮对地图进行移动，通过滚轮对地图进行缩放，支持全景地图的展示浏览。

③自主添加标识信息：支持通过接口对接、Excel 批量导入、用户自主标注等方式添加标识点，可作为自定义图层叠加在地图上，同时可以对标识进行分类查询、编辑。

④信息查询：支持用户模糊搜索，搜索结果以列表形式展示，并在地图上显示；支持用户分类查询，包括商家、店铺及公共设施等信息；支持搜索结果展示以颜色区分。

⑤范围搜索：支持用户自主设定范围半径，并且根据输入的关键词或类型进行范围内搜索，搜索结果在地图上展示；选择某一搜索结果后可以查看该点的详细信息，并支持选择以驾车或公交的方式展示规划线路。

⑥线路规划：支持用户以手动从地图点选或查询的方式指定起始点和目标点，指定不同的路线方案；并且可以展示实时路况，用户根据自己的偏好选择实际使用的线路。

⑦资讯服务：包括活动、优惠、安全、景点、票务、历史、人文、生态、行程、餐饮、住宿、交通等资讯。

（2）移动应用。

①资讯服务：包括活动、优惠、安全、景点、票务、历史、人文、生态、行程、餐饮、住宿、交通、即时路况、停车位等资讯。

②地图基本操作：支持地图基本操作，包括地图缩放、地图平移、地图切换、全景切换等功能。

③实时定位：支持实时获取定位点，并在地图上显示位置信息，点击可以查看详细信息。

④信息查询：支持关键词查询、类型查询、范围查询，用户可以自定义搜索范围半径；支持搜索结果在地图上展示；选择某一搜索结果，实现线路的规划，提供多种出行方式；并支持导航至该点。

⑤附近景点：支持关键词查询、类型查询附近兴趣点，点击可查看详情，也可设为目的地进行路线规划。

⑥路线规划：支持用户自定义起点和终点，规划出合理的线路方案；支持用户终点手动标注或搜索得到结果；支持以实时路况为参考，选择合适的出行线路。

⑦室外导航：支持实时显示用户位置，当与规划线路出现偏离后，用户可以选择重新规划线路；支持在前方需要拐弯或者到达出口入口等关键地点之前的合适距离时，对用户进行提示；支持导航定位跟随；支持语音导航。

⑧基于地理围栏技术的安全警示和危险报警求助服务。

（3）大屏应用。

户外大屏应用系统分别部署在沿线各服务区入口、景点入口或景区途经重要路口处，可显示各种交通出行信息、路况信息、景点信息、天气信息、活动信息，使出行者在交通站点、景区内能自主获得这些信息。主要包括导航服务资讯、公益宣传、商业广告（图 6.2-12）。

图 6.2-12 触摸屏查询

6.2.1.3 交旅融合建设成效

九绵高速公路通过交旅融合实践，取得了“服务拓展、价值提升”和“构建格局、品牌提升”两大成效。通过服务拓展、以点带线，拓展九绵高速公路关键节点交旅融合功能，提升九绵高速公路全线旅游服务功能，带动旅游相关产业实现大发展、实现旅游收益主导的价值提升。通过全面构建九绵高速公路大旅游格局，依托九绵高速公路，提升区域旅游产业发展规模与水平，带动区域旅游精品化、品牌化、国际化建设，实现打造世界知名高速公路旅游风景道的品牌提升。

具体而言，通过全线旅游景观融合与提升、服务区与观景台旅游功能拓展，满足驾乘人员的观光游览体验；通过服务区旅游功能拓展，强调对历史溯源、民族特色、民俗风情、红色资源的融入性体验，理解沿线文化的内涵和特色，满足游客全方位的文化参与体验；通过高速公路与周围旅游资源的连通，拓展白马藏族、中国羌城、熊猫故里、王朗科考、童话九寨、李白寻古等主题度假功能，满足高端游客主题深度游体验；通过旅游资源挖掘与功能拓展，充分融合物流、生态农业、特色手工业等产业方向，带动沿线产业发展，关注区域扶贫，满足游客对周边特色产业拓展体验。

6.2.2 零弃方少借方专项示范——重庆潼荣高速绿色公路

6.2.2.1 建设条件

1）工程特点

（1）地位突出，位置重要。

潼荣高速公路是渝西、川东接合部地区唯一的一条南北走向的高速公路，建成后不仅会成为成渝间南北走向的重要交通干道，而且将构成广安、南充、武胜、潼南、大足、荣昌、泸县、泸州高速公路的网状格局，构建便捷、通畅、高效、安全的综合交通运输体系，促进成渝经济区内部一体化发展。工程建设既能完善四川省高速公路网，也可有效推进重庆市交通现代化建设，为区域路网结构的调整和完善奠定良好的基础。同时对 G85 银昆高速公路重庆段进行优化，缩短其在重庆境内的里程，缓解过境交通对 G85 重庆至荣昌段的交通压力。项目经过渝西潼南、大足、荣昌各工业园及组团片区，是全重庆市未来工业城镇化的主战场，将发展成为现代山水田园城市集群，加快成渝地区城市连绵经济带的尽早形成。

（2）沿线生态环境敏感、旅游资源丰富。

本工程涉及重庆涪江国家湿地公园、窟窿河土鲶种质资源保护区、宝林寺市级森林公园三处生态敏感区；沿线穿越或临近涪江支流、高升桥水库等多处水体，涉及高升桥水库径流区（饮用水源准保护区）、潼南涪江国家级湿地公园湿地恢复重建区等水环境敏感区。

工程沿线分布有丰富的旅游资源，人文景观和自然景观各具特色。该项目潼南段主要有大佛寺（重庆市风景名胜区）、双江古镇（国家级历史文化古镇，杨尚昆、杨闇公、杨白冰故居位于其中）、东升茶山（国家级农业旅游观光示范点）、马鞍山森林公园、马龙山卧佛、龙多山、三块石运河、青云湖等风景名胜。大足区有大足石刻（世界历史文化遗产）、龙水湖（国家级水利风景区）、玉龙山国家森林公园、饶国梁故里等风景名胜。荣昌县有河包斜塔、路孔古镇、岚峰森林公园等风景名胜。

2）自然环境特点

（1）山岭丘陵、地貌多样。

项目位于四川盆地东部丘陵区，总体地势北西高东南低，地貌类型为构造剥蚀型、侵蚀堆积型和侵蚀剥蚀地貌。由于特殊的地形地貌特点，潼荣高速公路涉及工程类型多样、桥梁隧道和高填深挖路段较多、取土弃渣场地分散，均需要采取有效的应对措施。

（2）气候暖湿、降水集中。

拟建公路属亚热带温暖湿润气候区。具有冬暖、春早、夏热、秋凉、降雨充沛的特点。多年平均降雨量为 1100mm、年最大降雨量 1413.9mm、日最大降雨量为 247.0mm，最长连续降雨天数 17 天；降雨量受季风环流影响，季节差异较大，降雨集中在 5～9 月，占全年降雨量的 70%。降雨集中常诱发山洪、山体滑坡等地质灾害。

（3）野生动植物资源丰富。

项目沿线共有国家Ⅱ级保护动物 5 种，分别为黑鸢、松雀鹰、雀鹰、普通鵟和斑头鸺鹠，重庆市重点保护动物 17 种，包括棘腹蛙、棘胸蛙、黑斑侧褶蛙、泽陆蛙、沼蛙、乌龟和普通鸬鹚等，没有野生保护动物的集中分布区，也没有营巢区。

项目区属亚热带常绿阔叶林带，针叶混交林地带。境内以人工植被为主，自然植被较差。由乔木、灌木、草本植物和人工植被构成混交林。乔木以柏树、杉木、马尾松等为主，混有桤木、桉树、洋槐、麻柳和泡桐等；灌木以黄荆和马桑为主；草本植物以茅草、芭茅和各种一年生杂草为主；人工植被则以各种一年生农作物，桑树、果树、竹和油桐为主。

6.2.2.2 建设实践

施工图精心布设平、纵线位，合理控制填、挖高度，严格控制土石方数量，从源头解决水土流失问题。清表、挖淤换填弃方统一堆放，供绿化施工使用，并及时恢复临时用地。同时，为保证全线尽量填挖平衡，多次对线位平纵进行优化，基本达到了填挖平衡。

潼荣高速公路以打造绿色公路为宗旨，以实现全线土石方平衡为指导，从生态选线，到设计、施工阶段，均考虑土石方平衡问题。选线阶段在保证线位合理的情况下，以减少土石方量和对周围环境的破坏为基本原则，实现生态选线的基本要求。在设计施工阶段，尽量利用场地地形特点，随挖就填，尽量做到土石方平衡。通过土石方平衡将路基多余土石方用于其他场地的建设，实现废弃资源的循环利用，达到生态环保的目的。此外，对于不能消化的弃方，建议结合地方建设进行消化处理。

在施工期间，尤其注意对施工生产生活区、施工便道、临时占地等区域表土的剥离、保存与回用，将表土这一资源有效用于后期绿化，实现后期植物的良好生长并节约绿化成本。

经统计，拟建公路对沿线 160.24 万 m^3 表土进行剥离，并在后期全部利用，实现了表土平衡。此外，拟建公路对除表土以外的一般土石方进行挖填；其中，工程挖方 2169 万 m^3，填方 2288 万 m^3，弃方 360 万 m^3。对于弃方，在拟建公路沿线设置 36 处弃土场，对土方进行堆置处理。

在高速公路建设过程中，土石方平衡也体现了设计单位的整体水平。隧道弃渣通过“三级筛选”进行处理。筛选后绝大多数就地加工破碎，优质碎石用于隧道衬砌混凝土集料，次级碎石用于路面碎石垫层，残渣用于填筑路基（图 6.2-13）。

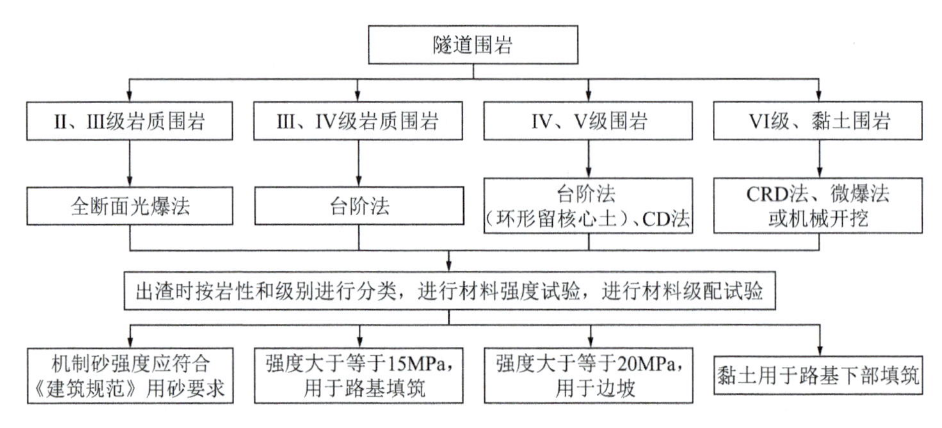

图 6.2-13　隧道弃渣处置方案

潼荣高速公路新建隧道 6 道/4548.5m,施工过程中将产生大量的隧道弃渣。按照传统处理办法，80%以上的弃渣将丢弃或就近填筑路堤，造成严重的环境破坏和资源浪费，同时又需要从外面采石场将砂石运至施工作业区，空耗运力，增加排放。因此，隧道弃渣采用“三级筛选”进行再利用，可用于加工机制砂的生产，还可用于复耕和绿化等。

该项目对于筛选出可用的隧道弃渣最大限度地进行了临时堆放，为工段利用弃渣施工提供时间储备。隧道弃渣场首选项目的永久占地，其次选择项目临时用地，禁止新占土地。

遵循绿色发展理念，工程利用沿线废旧竹片、稻草等制成稻草毯作为加固土壤的生态材料。废旧竹片丰富，利用竹片做成菱形网格或横向拦挡，为植物种子生长提供良好的外界条件。稻草毯由废弃材料加工而成，不但变废为宝，而且减少了对生态破坏，具有优良的保水保土功能，且耐雨水冲刷，为植物种子提供一个恒温环境。稻草毯自然降解后可作为肥料改良土壤，是绿色的生态材料。

废旧材料是低碳环保材料的一种类型，后期设计施工中也可根据实际需要使用其他可降解或可多次循环利用的材料，实现低碳环保。

6.2.2.3　建设成效

潼荣高速公路项目充分利用弃渣使其得到二次利用，将弃渣进行初选，加工制作不同规格孔径筛网进行过滤，将筛选出的隧道弃渣用于主线路基填筑（图 6.2-14）。对弃渣进行二次筛选，选择石质坚固、结构密实、色泽均匀、不易风化、无裂纹的石料，并对该石料进行取样并切割成标准试件，经过试验检验强度和性能满足设计要求的部分弃渣用于防护工程中（浆砌排水沟、拱形骨架、片石混凝土挡墙等），减少外购片石数量，节约成本。

图 6.2-14 弃渣再利用

对弃渣所剩下的土质、风化较严重的泥岩部分进行路堑碎落台回填、中央分隔带填土、土路肩培土及绿化施工用土，减少弃土场征地，减少对原有生态环境的破坏。曾家山隧道出口弃渣约 18 万 m^3，根据设计土石方调配原则将 9 万 m^3 用于 K127 + 730—K128 + 020，弃渣 9 万 m^3。弃土场需征地 36 亩，隧道出口路基为借土填筑，为减少弃土场和取土场征用，充分利用隧道洞渣，做到少弃多利用的原则，减少对当地周边环境的干扰。同时针对隧道内洞渣进行筛分用于碎石厂加工碎石，减少弃渣。取得成果如下：

取消弃土场征用，减少临时征地 36 亩，M7.5 浆砌片石 605m^3。减少费用约 150 万元。增建碎石厂，目前碎石厂建设完成已投资 80 万元，后期环保投资预估 30 万元，总投资约 110 万元。利用洞渣分拣后用于土石方填筑约 12 万 m^3，比设计增加 3 万 m^3，减少借方填筑成本约 50 万元。利用洞渣分拣后用于碎石加工约 6 万 m^3，加工成砂石料约 5.5 万 m^3，砂石料用于排水沟和护坡砂浆砌筑。根据目前市场价格，碎石场每加工一吨砂石料可比从市场购买节约 60 元，预估总节约 330 万元。

经综合分析，利用洞渣可节约临时征地和对田地的破坏，同时项目节约投资约 420 万元（表 6.2-1）。

弃渣再利用 表 6.2-1

序号	项目	工程量	资金节约或花费情况	备注
1	土石调配，用作填料	3 万 m^3	节约 50 万元	与借土填方比较
2	加工成砂石料	5.5 万 m^3	节约 330 万元	—
3	碎石场	—	花费 110 万元	建设及场地恢复
4	合计	—	节约 420 万元	—

弃渣采用“三级筛选”对符合要求的用于主线路基填筑，以及地方城镇建设土地平整、村镇地方道路建设等（图 6.2-15）。莲花隧道 9 万 m^3 弃渣中路基填料共用 2.15 万 m^3，防排水挡墙利用 0.8 万 m^3，直接减少成本约 80 万元。

图 6.2-15 弃渣“三级筛选”

6.2.3 推进绿色服务区建设专项示范——福建莆炎高速绿色公路

沈海高速公路莆田至炎陵联络线永泰梧桐至尤溪中仙段（福州市境）[简称“莆炎高速（福州段）”] 线路全长 42.241km，按双向 6 车道高速公路标准建设，设计速度 100km/h，路基宽度 33.5m，批准建设工期 3 年。《交通运输部办公厅关于实施第二批绿色公路建设典型示范工程的通知》（交办公路函〔2017〕5 号）已将莆炎高速（福州段）工程列为全国第二批 12 个绿色公路示范工程之一。

6.2.3.1 建设条件

1）工程建设特点

（1）工程规模不大，建设难度高。莆炎高速（福州段）项目起点位于福州市永泰县梧桐镇潼关村附近，线路终于福州市与三明市交界的珠峰 2 号隧道内。

总体来看，工程规模不大，但控制性节点较多，建设难度高。

（2）隧道比例高，隧道分布集中。全线隧道总长约 17419m/11.5 座，其中特长隧道 7004m/2 座，长隧道 7104m/3.5 座，中隧道 2289m/3 座，短隧道 1023m/3 座，隧道长度占工程总长度的 41.2%，占比较高。隧道集中分布在工程后半部，即从嵩口至终点处，形成连续的隧道群，后半部隧道总长约 15455m，占工程隧道总长的 88.7%。

（3）沿河路段长，高陡边坡较多。本工程从起点到嵩口互通段，基本沿大樟溪两侧布设，沿河路段较长，全长约 20km，约占工程总长的 47%。同时，由于特殊的地形地貌特点，桥梁隧道数量众多，根据施工图设计，存在的高陡边坡较多，高陡边坡随处可见。

（4）弃渣场较多，施工便道长。本工程全线挖方总量 731 万 m^3，填方总量 811 万 m^3，弃方量为 290.73 万 m^3。全线布设了 23 个弃渣场，分布较为分散。施工便道较长，利用已有道路长度为 155.93km，新建道路长度为 114.02km，共占地 51.31hm^2。

2）自然环境特点

（1）山岭重丘区，地形较复杂。该项目位于戴云山脉及其东南侧沿海丘陵地带，沿线以丘陵、低山、中低山为主，高程为 200～1019m，最高山峰为福州与三明交界的五雷隔，海拔为 1019m，项目处于山岭重丘区，地形较为复杂。

（2）伴河路段长，水环境敏感。该项目由于 20km 伴随大樟溪布设，伴河路段比例较高。涉及规模较大的河流主要为后亭溪、长潭溪和大樟溪等，均为Ⅲ类水体，水环境相对较为敏感，需要有针对性地进行保护。

（3）地貌起伏大，地质条件差。工程沿线的构造侵蚀低山与侵蚀剥蚀丘陵地貌相间。剥蚀丘陵地貌区高程一般为 250～500m，相对高度为 100～250m，山坡坡度为 15°～25°，局部达 40°以上，山体规模小，多呈浑圆形平顶状，常见孤丘、残丘，山脉脊线不明显。构造侵蚀低山高程一般为 500～900m，相对高度为 200～400m，山坡坡度为 25°～35°，山谷多呈“U”形，局部为“V”形，山体由花岗岩、花岗斑岩、熔结凝灰岩、凝灰熔岩及凝灰质粉砂岩、终点段少量砂岩、粉砂岩等岩类构成。项目沿线总体地貌起伏较大，沿线地质较为复杂。

（4）热量丰富，雨水充沛。该项目位于内陆山区，属中亚热带季风性湿润气候区，四季分明，年平均气温在 18.9℃，月均气温最低 8.9℃（1 月）、最高 27℃（7 月）。无霜期山地 235 日，河谷低地 290 日。年平均降水量 1460～1580mm，常集中于 5—6 月，7—9 月多为雷阵雨。受高差影响，立体气候明显，西北部山区与东部沿海气候差异明显。区域内光能充足，热量丰富，雨水充沛。该项目建设可充分利用沿线丰富的太阳能资源，在服务区、收费站推广光能发电、光纤照明等技术应用，减少碳排放和环境污染。

（5）旅游资源丰富，开发程度较低。永泰县历史悠久、群山林立、山清水秀，项目影响区域拥有丰富的人文与旅游资源，享有“李果之乡”“建筑之乡”“武术之乡”美称；是全国沿海经济开放县，全国农村第二批实现电气化县和全省林业生产重点县；近年来永泰县旅游业发达，旅游景区林立，素有“福州后花园”之称。项目沿线分布有“中国历史文化名镇”嵩口镇，国家 AAAA 级景区百漈沟，另有榕水谣、珠峰寨等景区。整体来看，项目所处区域及沿线旅游资源较为丰富，但旅游资源尚处于开发起步阶段，总体开发程度较低。

3）环境影响特点

（1）水环境影响显著。该项目涉及的主要水体大樟溪等为Ⅲ类水体，需加强水污染预防。由于工程伴河路段比例高达 47%，伴河路段相对较长，水环境影响较为严重，施工期和运营期水污染防治压力较重。

（2）生态破坏影响集中。由于该工程处于山岭重丘区，地貌较为复杂多样，客观上导致工程生态破坏多样且较为集中，主要有高陡边坡生态破坏、河流阶地生态破坏、施工便道生态破坏，以及表土破坏、水土流失和弃渣场的生态环境影响等。

（3）声环境影响敏感。该项目沿线共有声环境敏感点 16 处，其中村庄 15 处，学校 1 处，相对声环境影响敏感，且较为集中。

（4）景观融合难度高。传统公路建设往往考虑周围景观较少，公路建设和景观开发各成体系，融合效果较差，再考虑各个项目周围的具体景观特色，导致公路 + 景观规划困难，融合难度高。

6.2.3.2 建设实践

梧桐服务区是莆炎高速（福州段）唯一一个服务区，按照绿色服务区评价标准打造，绿色服务区打造过程中主要针对低碳服务区、半开放服务区、海绵服务区、人性化服务区和智能服务区五方面进行打造，包括服务区污水及固体废弃物生物处理与综合利用设计、被动房等节能建筑利用、太阳能等清洁能源利用、新能源充电桩和加气站的设计（或预留）、路面透水材料应用、雨水收集利用、智能化 App 服务系统、打造人性化无障碍设施等方面，结合梧桐服务区所处地域特色和环境特点等实际情况，开展有针对性、有特点的景观设计和建筑风格打造。

1）低碳服务区打造

服务区作为高速公路中大型公共建筑，有着较大的建筑面积、复杂的结构和功能，大量的设备和众多的使用人数，是资源和能源消耗集中的地方，该项目针对梧桐服务区开展低碳设计

（1）污水处理及出水水质监控工程。

根据分析，梧桐服务区污水具有以下特点：一是水质水量波动量大，高峰期污水量和低谷期污水量相差巨大，低谷期甚至有长时间段无污水，传统污水处理工艺对此解决具有一定难度；二是有机物浓度较高，可生化性强，主要污染物为悬浮物、碳氢化合物、蛋白质、动植物油、氮磷化合物、表明活性剂和无机盐等。

①ASBF®工艺是比较适合高速公路区污水处理的技术之一。采用 ASBF®的处理方案，能够满足出水水质要求，同时节约用地、节省运行费用、污泥产量少、可实时在线监控、绿色环保、实现水再生等，非常适合服务区和桥面径流集中污水处理的建设需求。该工艺具备以下特点：a. 工艺先进，启动时间短，管理方便；b. 占地面积小，设备一体化设计，投资相对较小，运行费用特低，自动化程度高；c. 使用寿命达几十年之久；d. 适用于有机废水，污水处理装置产生污泥量少，简化了处理流程，将污泥的二次污染减少到了最低程度。

②主要工艺设施见表 6.2-2。

ASBF®工艺设施列表 表 6.2-2

序号	单元	描述	备注
1	格栅	去除尺寸细小的悬浮物	
2	均衡池	与 ASBF®合建	
3	P1 泵	将污水从调节池提升至格栅	

续上表

序号	单元	描述	备注
4	ASBF®	目前国外最先进、最成熟的生物处理技术之一，将 AO2 工艺、高回流比、沉淀、生物絮凝、过滤技术、低能耗气提技术结合在一起，具有明显的脱氮、降解 COD（化学需氧量）、低能耗、高污泥浓度的特点。出水达到一级 A 的排放标准	
5	出水池	ASBF®直接处理后的出水	
6	消毒处理	ClO_2 加药系统，对 ASBF®处理后的水进行消毒。投放点在清水池的前端	根据服务区回用水需求设置
7	净水池	储存处理后的水，同时也作为 ClO_2 的消毒池使用。便于出水的监测，也可以作为将来中水回用的蓄水池	根据服务区回用水需求设置
8	鼓风机	为 ASBF®的生物反应提供氧气	
9	污泥贮藏池	ASBF®生物反应每天会产生一些污泥。储存由 ASBF®排出的剩余污泥	

③采用 ASBF®成套技术：污水出水口可配置 SCADA（远程实时水质监控）系统，主要包括远程监控系统和数据采集系统，把污水处理工程的运行数据采集到智能分析平台，对运行数据进行分析，与智能平台的经验数据库进行比较和分析，找出最佳运行方式，并通过服务区物联网系统对系统进行远程调节和监控。该智能平台的设计可以大大节省运行维护成本。系统还可以根据不同季节的水质水量提前发出运行参数调节的预警通知，能够很好地把握可能对系统造成冲击的时段，以保证稳定可靠的出水水质。

④中水回用系统：在梧桐服务区建设中水回用管道，收集 ASBF®系统处理完排出的中水和平时下雨的雨水，充分利用于服务区内部，主要可用于冲厕、绿化浇灌和洗车等（图 6.2-16、图 6.2-17）。

图 6.2-16　服务区中水用于绿化实景图

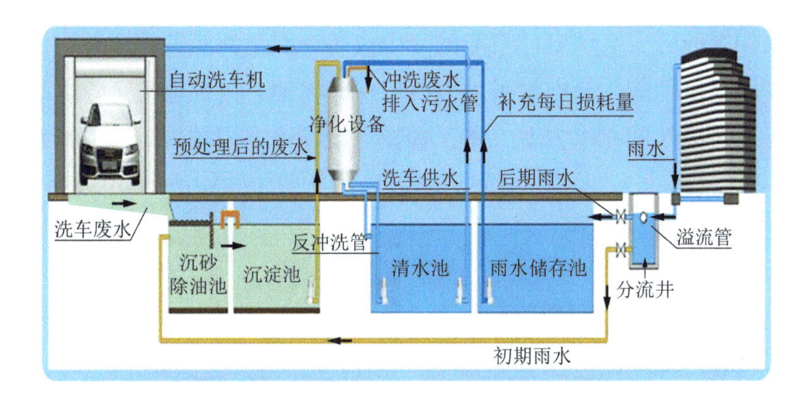

图 6.2-17 服务区中水用于洗车示意图

（2）清洁能源利用工程。

梧桐服务区地处内陆山区，属中亚热带季风性气候区，区内光能充足，热量丰富，无霜期长，可充分利用现有太阳能和风能发展清洁能源利用工程，针对梧桐服务区主要开展太阳能利用工程。

①太阳能利用工程。

梧桐服务区位于福州市梧桐镇丘演村，所在地域为丘陵斜坡地貌，利用服务区空间位置和周边空旷用地坡度朝向设计光伏发电系统，设置太阳能光伏发电板、太阳能光伏照明系统和太阳能热水系统，进行太阳能利用最大化的系统布置，既倡导了节能减排、绿色交通的新理念，又能实现绿色环保与经济效益的双赢。

光伏发电系统由光伏方阵（光伏方阵由光伏组件串、并联而成）、控制器、蓄电池组、直流/交流逆变器等部分组成（图 6.2-18）。光伏发电系统核心是光伏组件，而光伏组件又是由光伏电池串并联并封装而成，它将太阳的光能直接转化为电能，光伏组件产生的电为直流电，也可利用逆变器转换成交流电加以利用。因此，光伏系统产生的电能既能即发即用，也可以用蓄电池等储能装置将电能存放起来，根据需要随时释放使用。

②充电桩建设工程。

通过光伏发电系统设计，尽量实现服务区能源的自给，减少外界能源的供给。产生的电能既能用于服务区室内室外基本照明，又可作为新能源汽车充电的电能来源。

在梧桐服务区安装纯电动汽车的充电设备，支持新能源汽车的发展和推广应用。高质量多功能的充电设备可以有效保护电池，监控电池工作状态，并为电池组提供最高效的充电方案，本工程充电设施可采用图 6.2-19、图 6.2-20 所示系统。

图 6.2-18　太阳能利用工程实景图

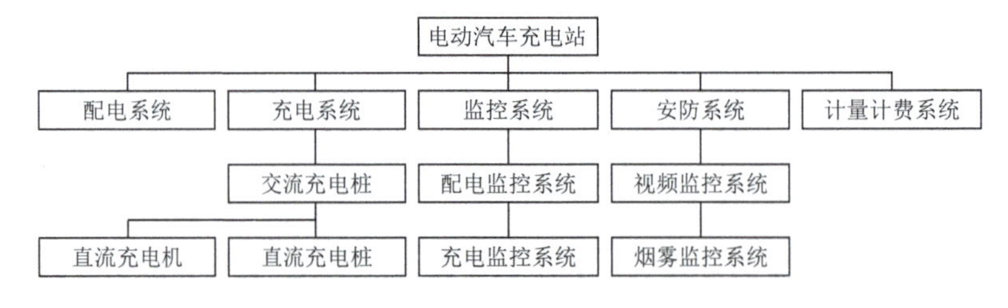

图 6.2-19　服务区充电桩系统框架

图 6.2-20　高速公路服务区电动汽车充电桩实景图

2）半开放式服务区

传统服务区为封闭式布局，限制了服务区的发展，也削弱了同地方经济的联系。在资源共享的需求下，根据现场调研，梧桐服务区紧邻省道 S203，将梧桐服务区打造为半开放式服务区，不仅能服务高速公路，而且能融入地方经济发展布局中。通过半开放布局形式拓展服务区的功能，将物流、旅游、商业等功能在服务区内实现的同时，也将服务区的发展与城市物流业、旅游业和商业的发展布局结合，成为城市经济发展的一部分。

（1）半开放式布局：梧桐服务区在原布置形式的基础上，于紧邻省道 S203 一侧设置一条连通服务区和省道 S203 的辅道，在进入服务区处设置出入口关卡管制，使来自省道 S203 的民众和社会车辆可以有序通过辅道进入服务区（图 6.2-21），高速公路车辆则经由服务区入口进入，离开服务区时车辆可经由辅道或高速公路出口离开，提高服务区的利用率，最终达到服务区获得经济效益、过往车辆和周边人们满足出行需求的目的。

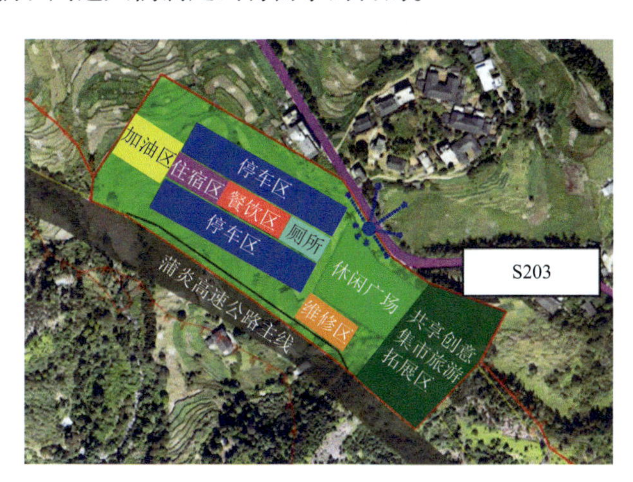

图 6.2-21　梧桐服务区布局示意图

（2）接驳路设置：接驳路对外连接省道 S203，对内的设置不能与服务区原有车行、人行活动产生干扰和矛盾。在设计中，注意人车分流，避免人行流线和车行流线交叉，保障交通安全，避免相互干扰。辅道不宜直接布置在超市、餐厅等静区，应布置在与车辆活动相关的邻近方位，建议连接加油站，停车场等场地。

（3）共享加油站：梧桐服务区，为了方便省道车辆加油，可根据梧桐服务区场地具体条件，在紧邻省道一侧设置开放型入口，通过辅道连接加油站和停车场，形成共享加油站。

（4）共享创意集市：梧桐服务区因其周围丰富的旅游资源，在总体布局上不仅要考虑其对内服务高速公路的功能，还要兼顾与地方旅游服务的对接。梧桐服务区附近的嵩口镇是永泰县李果生产地，并且会出产大量李干、梅干，除此之外还有香橼药茶、观音草、媲美松茸的麻菇、笋干、柿饼、水晶饼等当地土特产。半开放式服务区布局，可引入周边当地土特产和手工艺品，打造共享创意集市，给高速公路驾乘人员带来便捷服务的同时，带动周边经济的发展。共享创意集市可以结合景观打造，设置具有嵩口农家特色的小型商铺，营造轻松愉快的消费环境（图 6.2-22）。

图 6.2-22　共享创意集市意向图

3）海绵服务区打造

梧桐服务区内沟谷地带多发育小股常年性水流，流量较小，受季节性影响显著，雨季流量骤增，区内多为坡地，容易出现积水，同时因为梧桐服务区临近大樟溪，可引入溪水进行服务区的水景观营造，结合“海绵城市”的理念，设置雨水收集、净化、循环系统，重点打造雨水花园、生态水沟、可渗透路面和绿色停车位。

（1）雨水花园：雨水花园是指在一个浅的洼地区域种有灌木、花草乃至树木等植物的工程性措施，它主要利用土壤和植物的过滤、下渗雨水，起到滞留与渗透雨水的目的，减小径流量。在梧桐服务区绿地低洼地设置雨水花园，园中配置生态水池和生态湿地，汇聚并吸收来自屋顶或地面的雨水，利用耐淹耐旱植物，对周边汇水区域雨水径流进行控制净化，并使之逐渐渗入土壤，具有一定的径流总量和峰值流量控制效果。雨水花园建造费用低，运行管理简单、生态环保、自然美观、易与场地环境结合，适用于梧桐服务区（图 6.2-23）。

图 6.2-23　雨水花园示意图和实景图

雨水花园主要由蓄水层、覆盖层、种植土壤层、砂层、砾石层 5 部分组成。其中在填料层和砾石层之间可以铺设一层砂层或土工布，在砾石层中埋置集水穿孔管连接中水回收系统，用于绿化灌溉或冲洗厕所（图 6.2-24）。

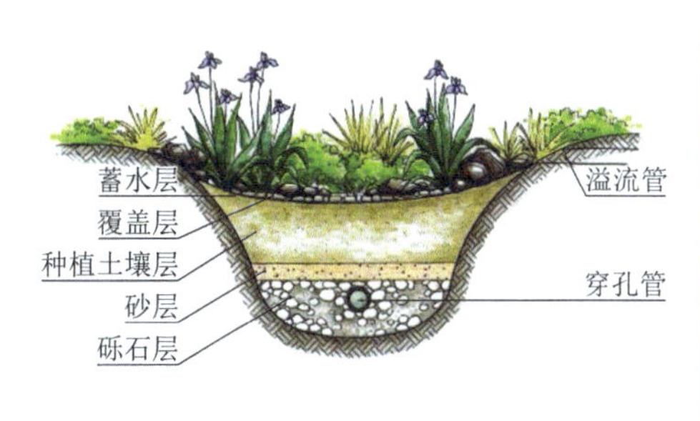

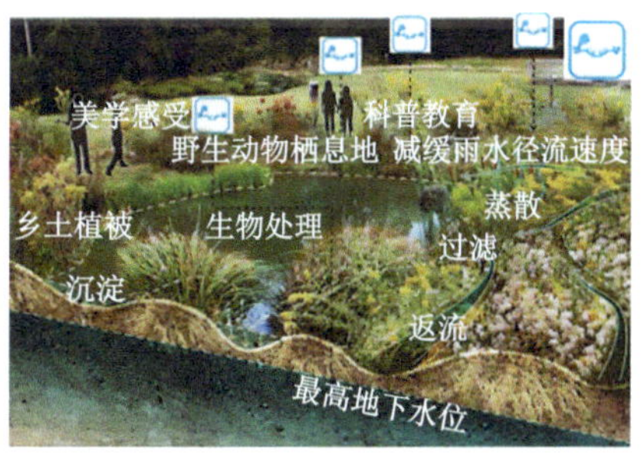

图 6.2-24　雨水花园结构图

（2）生态水沟：在服务区停车位前设置生态雨水调节沟，用于对雨水进行预处理。初期雨水冲刷的停车区含有大量污染物，需过滤掉雨水中的固体沉淀物、垃圾、油、有机物、金属，最后汇入雨水花园，其余部分雨水进入中水回收系统用于绿化灌溉和冲洗厕所。

（3）可渗透路面：可渗透路面是通过各种技术手段使不可渗的路面变为可渗透的水面，直接减少地表径流的工程性措施。梧桐服务区路面选择使用透水砖、透水水泥混凝土、透水沥青混凝土、嵌草砖、碎石等透水能力强、透气性强、强度高、轻度高的透水材料铺装路面。对于车行道这种对道路路基和稳定性要求高的地方可采用半透水方式；在土地透水能力有限的地段，应在透水铺装的透水基层内设排水管或排水板。

（4）绿色停车位：将梧桐服务区停车位地面利用植草格栅实现全草坪覆盖，区位间采用草坪加小乔木的方式构建绿化隔离带，利用绿色植物吸尘减噪，提升景观品质，同时达到为车遮阴、降低车内温度、减少能源消耗、增加人舒适感的目的，此外还能使雨水回归地下，调节地面温度，减少排泄量，提升地下水位。

4）人性化服务区打造

服务区作为保证高速公路安全、畅通，为公众提供出行方便的重要配套设施，随着人们出行客流量的增长及消费需求的变化，必然要求提升服务区合理的人性化设施建设和服务，最大限度满足驾乘人员的需求。同时为了保障残疾人、老年人、儿童及其他行动不便者在服务区活动时，能够自主、安全、方便地通行和使用所建设的物质环境，需要对无障碍设施进一步完善。人性化服务区主要包括无障碍设施打造、山水景观打造和服务区建筑的综合利用。

（1）无障碍设施打造。

①无障碍公共卫生间：在梧桐服务区设置无障碍公共卫生间，有 3.4m × 2.4m、3.3m × 1.6m 两种尺寸，内有无障碍入口、扶手、低位洗手盆等无障碍设施，在残疾人卫生间配备紧急呼叫铃，供残障旅客紧急使用。

②无障碍交通：在梧桐服务区各公共空间均应设置无障碍人行盲道和坡道，保障残障人士通道的连续性。在停车区设置残疾人专用停车位和叠放轮椅的专用区域通道。

③无障碍服务：在梧桐服务区设服务台，并降低服务台高度以服务行动不便者，并且提供网络查询、传真、影印、旅游咨询、代订旅馆等商务服务及提供轮椅等（图 6.2-25）。

图 6.2-25 无障碍设施

（2）山水景观打造。

梧桐服务区依山傍水，紧邻大漳溪，在场地总体布局上要充分考虑对周边自然水体、山体等景观的利用，为了满足人们亲水的天性，应顺应地形高差，分层设计不同高程的亲水平台，使游客从不同角度和不同水位都能欣赏周边优美的山水景观。山上植被茂密，上山就可融入翠绿的大自然环境，拾级而下就可与水进行零距离的接触。周围以当地树种李果为主要种植树种，打造可采摘田园风光。停车场结合停车位适当种植遮阴大树，降低环境温度。园区绿化还可起到屏蔽公路、防尘降噪、降低停车场热岛效应、提高服务区空气质量的作用。

（3）服务区建筑。

服务区内总平面单体布局需综合考虑建筑群体的空间环境、建筑朝向和节能。注重空间的整体感，在场地中开放多处自然轻松的交互空间，构建和谐的氛围。建筑风格提取嵩口古镇民居的飞檐、挂瓦、木雕等元素，将闽中古建筑轻盈、精美的特点展现出来，在美化服务区建筑外立面的同时，起到宣传福建省古民居风格特质的作用（图 6.2-26）。

图 6.2-26 服务区建筑意向图

（4）休闲服务。

建议利用服务区建筑露台设置观景台，布置茶座和餐桌，游客可以一边喝咖啡，一边赏山水美景。

6.2.3.3 建设成效

（1）将人工建设合理融入自然。项目在建设期充分贯彻“最小破坏就是最大的保护、循环利用就是最大的节约、自然合一就是最大的协调、以人为本就是最大的和谐”等生态文明理念，避免高填深挖，最大限度减少对地形地貌的破坏；充分利用已有道路或无耕地或林地的范围进行场站布设，有效降低对周围环境的污染和植被的破坏。施工中尽可能利用已有资源和设施，改变传统施工观念，利用新科技带动生产、促进安全和环保，充分体现“绿色”内涵。

（2）环境污染最小环境风险最低。通过该项目绿色公路建设，针对土石方平衡及综合利用、隧道弃渣综合利用、边坡生态修复、隧道通风与大气污染防治、桥面径流收集处理及事故应急系统、清洁能源综合利用等重点项目进行研究和示范，有效降低了对周围环境的污染。

（3）推动部分绿色公路建设技术创新发展。该项目绿色公路建设将结合工程本身及周边环境特点开展技术创新，在高陡边坡的生态防护和新工艺的应用、绿色隧道建设、隧道弃渣综合利用等领域引领公路环保技术的发展。

（4）通过观景台、山水景观、旅游信息指示与引导等游憩服务设施的建设，为游客和驾乘人员提供便捷、舒适的出行体验。

6.2.4 实施改扩建工程绿色升级——江西昌九高速绿色公路

昌九高速公路是《国家公路网规划（2013—2030）》中福银高速公路江西境内的一段，也是江西省“四纵六横八射”高速公路主骨架中的“第一射”，它连接江西省会南昌市和长江沿岸重要城市九江市，穿越江西首个国家级新区“赣江新区”，是江西省委省政府提出的昌九一体化战略核心的连接纽带。作为江西最早建成的交通大动脉，沿线城镇建设和发展布局基本以此为主轴，串联了区域内主要经济区，形成了沿高速公路发展的经济带，发挥了带动区域经济发展的“龙头”作用。

此次改扩建线路全长 87.819km，主要改扩建形式为“两侧及单侧整体加宽为主＋局部分离”。项目结合昌九高速公路交通大动脉和工业走廊带的作用，以及沿线生态环境较好、旅游资源丰富等特点，紧扣绿色公路建设理念要求，以资源节约、景观和谐，生态友好为核心，创新绿色公路建设技术，深挖资源再利用途径，提升绿化设计理念，严控公路对生态环境的污染。

1）创新理念与技术

（1）公路工业化建造模式。以打造构件制造中心作为理念创新、管理创新和技术创新的切入点，提出中心＋集约型管理、互联网＋工业化建造、资源＋社会效益与经济效益双赢的“三大创新模式”，走“集约化、智能化、装配化”道路，引领江西省高速公路建设管理新模式，做到“工厂化生产、流水化作业、智能化控制、信息化管理、装配化施工”，实现场站布局由“零散式”向“集约化、规模化”发展，生产方式由“作坊式”向“工厂化、流水化”发展，管理手段由“人工式”向“信息化、智能化”发展的突破，努力探索工业化建设道路。

（2）服务区社会化模式。以永修服务区为载体，通过在服务区建设大型综合商业体，集购物、餐饮、加油、新能源汽车充电等服务于一体，给驾乘人员带来全新体验，同时又面向地方城镇开放，吸引社会人员前来消费，跳出传统高速公路服务区单一的经营模式。

（3）创新改扩建设计理念。在公路改扩建设计过程中，要打破传统，不拘泥于规范，创新设计理念。尤其在原有公路改建设计中，如 18m 路基加宽，单侧拼宽老路横坡调整，原有安全设施和路面材料、旧梁板的再利用，原有路基的利用等，应以灵活设计为原则，做到道法自然、因地制宜。坚持以功能为导向，如根据需要取消或合并原有的涵洞通道及上跨天桥。

（4）装配化桥涵建造技术。结合改扩建保通行需要，全线 80%以上涵洞和部分桥梁实现以装配化施工替代传统的现浇方式，改善以往施工线长、点多、监管困难的弊端，通过后场集中预制、现场安装的方式，有效提升桥涵品质的同时，大幅缩短现场施工周期，为改扩建期间保持 4 车道通行提供更加有力的保证。

（5）自发热融冰雪技术。尝试将碳纤维埋置于高速公路桥面铺装内部，通电发热后可达到融冰除雪之目的。该技术解决了传统融雪添加剂长期性能衰减、人工撒盐融雪损坏构造物及环境污染问题。

2）资源集约与利用

（1）充分减少土地资源占用。①合理选择改扩建方案，减少高填深挖，充分利用原有公路路基，如用地受到限制的路段设置挡墙边坡，以减少占地和拆迁。②根据原高速公路断面情况合理选择横断面形式、调坡方式。结合本路段填土不高（最大填土小于 12m）的特点，取消填方大于 8m 设置的 2m 平台，改为折线型边坡。③项目驻地均租用当地民房或设施，拌和站、预制场等临时设施尽量利用现有场地或设于红线用地范围内，施工便道利用既有道路或设置在主线红线范围内，减少临时征地。

（2）合理循环利用旧材料。①高液限土改良利用：采用掺砂或碎石等改良措施利用沿线 49 万 m^3 高液限土，避免将其废弃及重新取土而占用大量土地。②路面再生利用：将沥青铣刨旧料通过再生利用作为沥青冷再生基层使用，将水泥稳定碎石基层通过再生利用作为路面的底基层使用。③交通安全设施再利用：旧波形护栏移至硬路肩内侧，作为施工时的临时护栏；路基施工时将原有路基两侧隔离栅移至护栏处，防止外来人员、牲畜等进入高速公路，维护高速公路的正常运行；中央分隔带新泽西护栏通过处理后作为新建公路的中央分隔带护栏使用。④旧桥梁板拆除再利用：对结构性较好的旧梁板且能满足扩建后桥梁梁板结构尺寸要求的，通过维修加固后将其作为扩建后的桥梁梁板利用。⑤旧混凝土再利用：全线拆除桥梁、涵洞等形成的旧混凝土较多，采取破碎再生形成集料，用于路基改良、台背回填、低等级路面等，不仅节约成本，而且避免了大量混凝土废弃物堆放污染环境、占用土地资源的问题。⑥路基弃土（渣）再利用：清表土提前规划用于绿化种植，隧道洞渣用于路基填筑，有效利用废弃资源的同时节约了废弃物所占用的土地资源。

（3）永临设施结合使用。①永久性交通安全设施提前布置，服务于临时交通秩序维护。②布置于主线范围的预制梁场地面硬化作为路面垫层利用。③隧道临时用电设施按照永久用电设施布设。④道路监控设施提前采购用于场站。⑤施工便道尽量结合当地道路利用，采取费用补偿的方式，节约成本的同时也缩短了便道建设的工期。

3）提升绿化和景观。

（1）主题突出，色彩多样。结合地域特色，通过两侧及中央分隔带树木颜色搭配，局部低路堑路段增加色带等方式突出主题颜色，打造三段景观主题。①多彩昌北段：主选紫薇、木槿、木芙蓉；②共青精神段：主选红叶石楠、紫叶李、金叶女贞等；③生态庐山段：主选夹竹桃、海桐球、八月桂。

（2）互通景观注重简约风格。结合互通地形，重点打造疏林草地的简约景观形式，沿线互通三角区根据所处区域文化，拟设立昌九一体化、袁隆平2处雕塑。

（3）收费大棚契合当地文化。收费大棚景观设置，契合当地人文和历史要素，做到相互协调和统一。

4）特色声屏障打造。

（1）声屏障封、露结合。景观不良地段采用全封闭形式，同时为了缓解长距离封闭给驾驶员带来的压抑感，在一定的距离设置阶梯渐变的透明窗口。景观优美地段采用全透明声屏障。

（2）根据地域选择风格。穿城路段选择设计感较强的声屏障突出都市风格，田园郊区路段通过绿色涂装、种植爬藤等方式突出田园风格。局部路段采用文化墙，如靠近古建筑风格的收费站采用与收费站建筑风格一致的文化墙。

5）环保及污染防治。

（1）做好文明施工。①路基施工做好临时排水、疏通原有水系。②拌和站设置沉淀池进行施工废水的净化，进行循环利用，场站裸露的地表采取硬化、铺设草皮等防护措施，避免水土流失。③边坡开挖成形后及时复绿，做到带绿施工。④泥浆不外排、集中处理。⑤施工便道及主要施工场地安排专人洒水降尘。⑥取弃土时，避开水源地、生活区等环境敏感地带，做好防护和绿化。

（2）有效控制污染。①饮用水源保护路段试点采用生态边沟。②优化桥面污水处理系统，采用人工湿地系统处理桥面径流。③在收费站试验采用光催化技术吸收路面废气，改善收费站点环境。④服务区排污与市政排污系统对接，实现服务区污水零排放。

6）低碳及节能减排。

（1）利用清洁能源。①推进拌和楼煤改气技术的应用，节约成本，减少废气排放。②推广安装屋面太阳能板，提高清洁能源利用比例。③交通安全设施等具备条件的，均采用太阳能供电。④服务区配备电动汽车充电桩，为汽车环保出行提供保障。

（2）提高能源效率。①对于地质条件适合的桥梁桩基，推广使用旋挖钻工艺，提高效率。②隧道推行节能照明技术，降低能耗。③服务区、所站用房侧重节能设计。

6.2.5 积极应用 BIM 新技术专项示范——浙江瓯江北口大桥绿色公路

6.2.5.1 创建条件

1）工程概况

温州瓯江北口大桥位于温州市瓯江出海口，该项目高速公路起于乐清市柳市镇黄华，由北往南跨过瓯江北口至温州灵昆岛，终点位于灵昆岛中部，线路全长 7.913km；南金公路起点与国道 G228 乐清段终点相接，跨过瓯江北口后与国道 G228 灵昆段相接，线路全长 3.905km。项目采用宁波至东莞国家高速公路（G15W3）和南金公路（G228）共线过江的双层桥梁方案，桥位及路线平面布置见图 6.2-27。

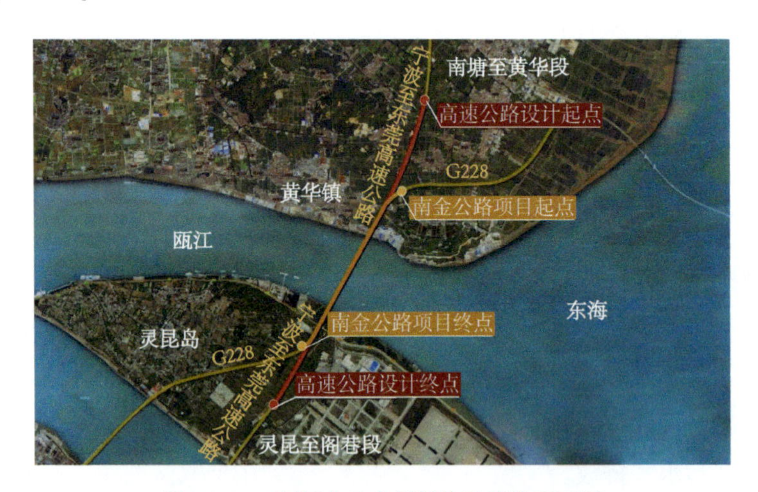

图 6.2-27 瓯江北口大桥桥位及接线平面图

瓯江北口大桥主桥为世界首座三塔四跨连续双层钢桁梁悬索桥，总长 2.091km。上层高速公路按设计速度 100km/h、双向 6 车道标准建设，桥面宽 33.0m；下层国道 G228（南金公路）按设计速度 80km/h、双向 6 车道一级公路标准建设，桥面宽为 34.3m。全桥加劲梁采用板桁组合式整体钢桁梁，主桁架为华伦式桁架结构，上、下层车行道桥面均采用正交异性钢桥面板，全桥钢结构用量约 30 万 t。悬索桥中塔采用沉井基础 A 型横向门型混凝土塔，边塔采用群桩基础混凝土门式塔。锚碇为重力式锚碇，北锚碇基础采用扩大基础，南锚碇基础采用沉井基础。

主桥北岸引桥全长 3219.86m，其中分离段全长 2454.86m，合并段全长 765m。南岸引桥全长 2603m，其中分离段全长 1553m，合并段全长 1050m。主要结构形式为：南北岸 30m 左右跨预应力混凝土现浇连续箱梁，北岸 30m + 50m + 30m 跨预应力混凝土连续箱梁，南北岸 50m 跨径钢混组合箱梁，南岸 50m 跨预应力混凝土节段预制拼装连续箱梁（图 6.2-28）。

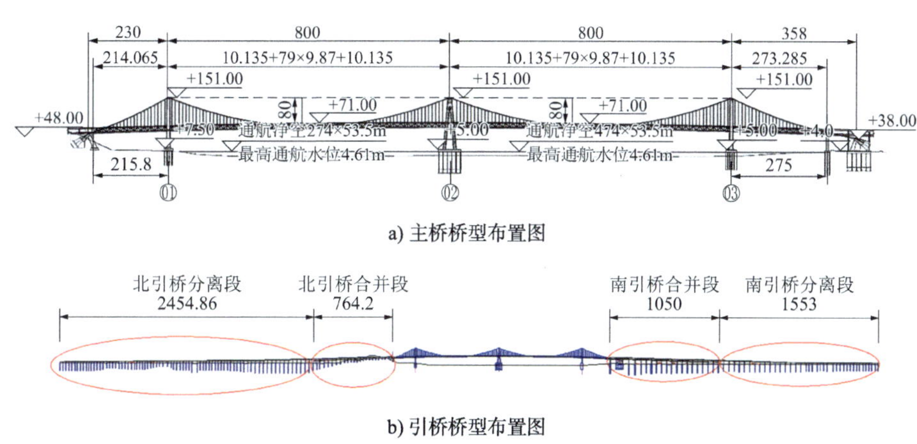

图 6.2-28　北口大桥主桥及引桥桥型布置图（尺寸单位：m）

2）环境概况

温州瓯江北口大桥位于温州市瓯江出海口。区域环境特征如下：

（1）工程桥位位于感潮河段。瓯江河口附近海区潮汐属正规半日潮，感潮河段长 83km。经模型分析，该项目桥址处 300 年一遇高潮位为 + 5.52m，桥址落潮最大垂线平均流速为 1.85～2.83m/s。

（2）区域存在台风、强降水等不利气象条件。区域全年雨水充沛，多锋面雨、台风雨。每年 4—6 月为主要汛期，其次为 7—9 月。区域夏季盛行偏东风，冬季盛行西北风，每年 7—9 月为台风活动期，其间项目所在地易受到风暴潮侵袭。

（3）区域生态环境质量现状相对较好。工程海域海水水质无机氮、活性磷酸盐、CODMn（高锰酸盐指数）超标，沉积物质量达标。区域环境空气质量达标，工程沿线无明显噪声源，声环境质量较好。区域生态系统以农田等人工生态系统为主，植被覆盖率约 47%，工程沿线植被覆盖率约 15%。

（4）区域地方文化特色鲜明。工程所在区域属瓯越文化体系，典型文化要素包括古老瓯越民俗遗存、海洋文化、商贸文化等瓯越民俗特色；黄杨木雕、米塑、彩石镶嵌、编梁木拱桥营造、瓯绣等传统民间工艺。历史文化名人包括东晋山水诗鼻祖谢灵运，南朝“山中宰相”陶弘景，北宋科学家沈括，南宋永嘉学派代表人物叶适，南宋“永嘉四灵”徐照、徐玑、翁卷、赵师秀，明代开国元勋刘基，元代南曲之祖高则诚等。

（5）工程环境保护目标：本工程有黄华镇中学 1 处声环境和空气环境敏感目标，无水环境保护目标。生态环境保护目标为沿线高边坡开挖，地表的植被保护、基本农田保护、土地利用、临时用地，以及瓯江口海域生态。社会环境保护目标为沿线两侧居民的生活质量，特别是被征地拆迁居民生活质量。

6.2.5.2 建设实践

1）建筑信息模型（BIM）技术

（1）设计阶段 BIM 技术。

建立全桥施工图深度的 BIM 模型，辅助设计人员进行复杂空间设计，明确构筑物之间的联系，将二维的平面设计提升至三维的空间虚拟设计。对设计成果提前进行虚拟交付，通过 VR 等技术提前感知使用感受，从而提升整体设计质量；结合三维可视化设计成果，利用 BIM 软件强大的碰撞检查功能，提前发现设计中的碰撞隐患，及早研究解决方案，避免后期返工的不必要浪费；利用 BIM 模型的信息属性，进行工程量的自动统计计算，可辅助工程量和工程造价的统计计算。在软件中自由根据设计路线进行漫游，检查功能设计、不满足功能需求的问题，并记录。

①建立全桥 BIM 模型。在设计阶段，采用传统设计与 BIM 设计结合的协同设计方式开展工作，根据本桥专用统一的 BIM 模型构件编码标准，建立全桥的施工图设计模型。全桥共建立模型构件 17750 个、钢筋 106.7 万根、零件（钢）27.4 万个（图 6.2-29）。

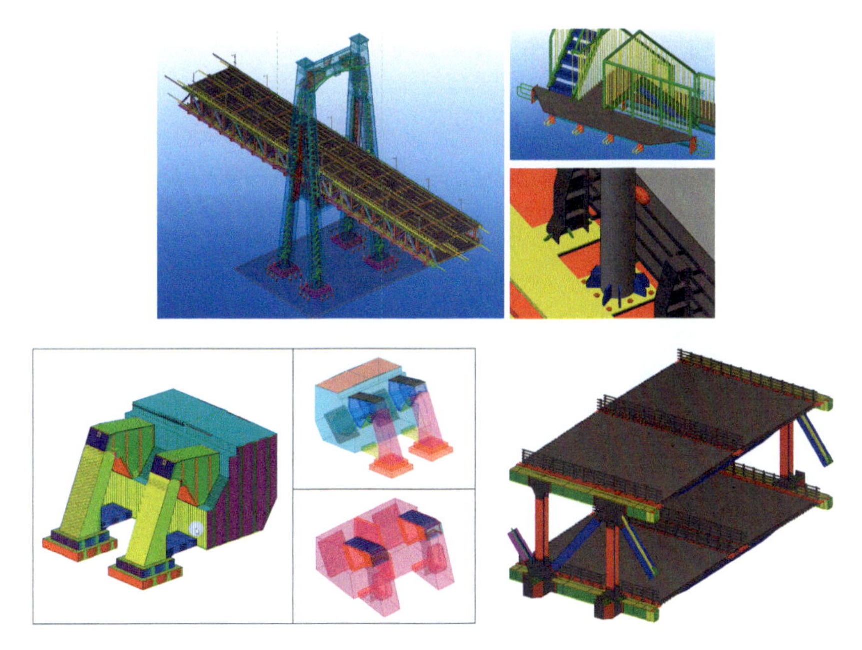

图 6.2-29 项目 BIM 模型示意

②复杂结构的三维可视化设计。主桥索鞍、索夹、锚固系统等属于复杂的空间构造结构，采用平面设计很难对其空间位置进行精准表达，因此采用三维的可视化正向设计，可以提升设计质量，方便设计交底（图 6.2-30）。

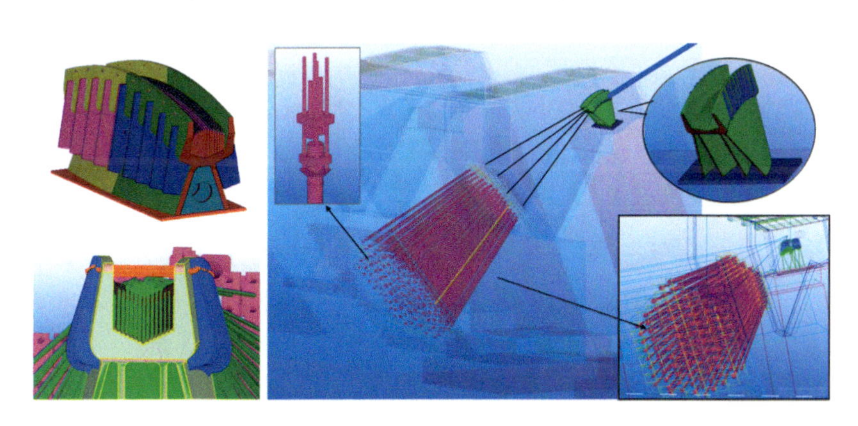

图 6.2-30 鞍座、锚固系统的复杂空间构造 BIM 模型

③跨专业协同设计。项目主梁涉及交安工程、机电工程以及大量的管线预留预埋工程，在常规设计过程中，各专业为确保统一的平台，交接界面模糊。通过三维的可视化模型，在清晰的主体结构上可进行合理的附属工程布设，大

幅提升了各专业协同设计的效率（图 6.2-31）。

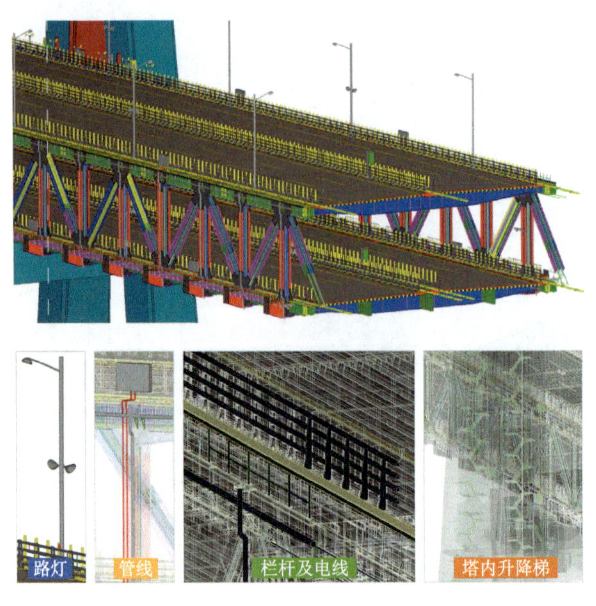

图 6.2-31　加劲梁交安、机电及预留预埋示意图

④解决主筋与预应力筋的碰撞问题。通过 BIM 模型发现该项目索塔上下横梁位置处主筋同预应力筋存在冲突问题，通过开展三维正向设计，合理利用空间避让碰撞问题（图 6.2-32）。

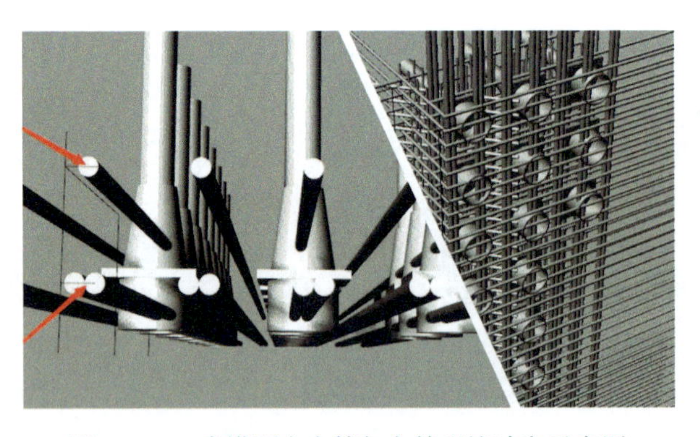

图 6.2-32　索塔预应力筋与主筋碰撞冲突示意图

⑤发现结构物“错、漏、碰、缺”问题。通过 BIM 模型复核，发现设计中的“错、漏、碰、缺”问题，形成问题报告反馈设计人员，提升设计质量（图 6.2-33）。

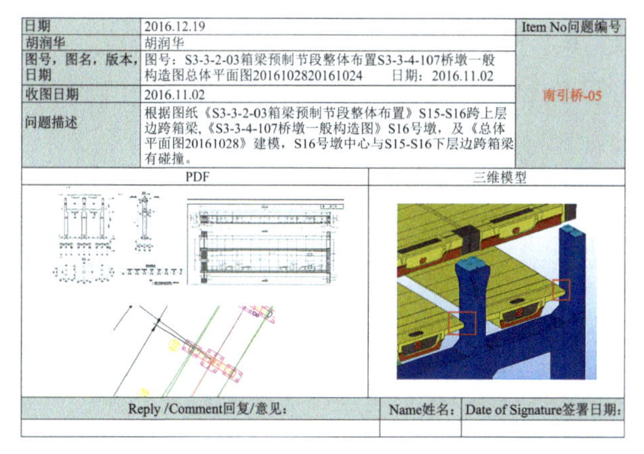

日期	2016.12.19	Item No问题编号
胡润华	胡润华	南引桥-05
图号，图名，版本，日期	图号：S3-3-2-03箱梁预制节段整体布置S3-3-4-107桥墩一般构造图总体平面图2016102820161024　　日期：2016.11.02	
收图日期	2016.11.02	
问题描述	根据图纸《S3-3-2-03箱梁预制节段整体布置》S15-S16跨上层边跨箱梁，《S3-3-4-107桥墩一般构造图》S16号墩，及《总体平面图20161028》建模，S16号墩中心与S15-S16下层边跨箱梁有碰撞。	
PDF	三维模型	
Reply /Comment回复/意见：	Name姓名：	Date of Signature签署日期：

工程分项	图纸问题	工程量表问题
主桥	108	527
南引桥	30	512
北引桥	140	1590
大临设施	16	0
合计	294	2629
总计	2923	

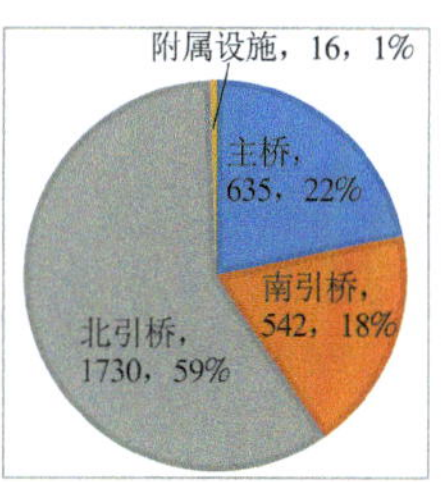

图 6.2-33　设计问题报告及问题数量统计图

⑥自动算量，辅助招标。利用模型与工程量的联动特性，设计改变自动关联工程数量，工程量及时响应，算量高效、精确（图 6.2-34）。

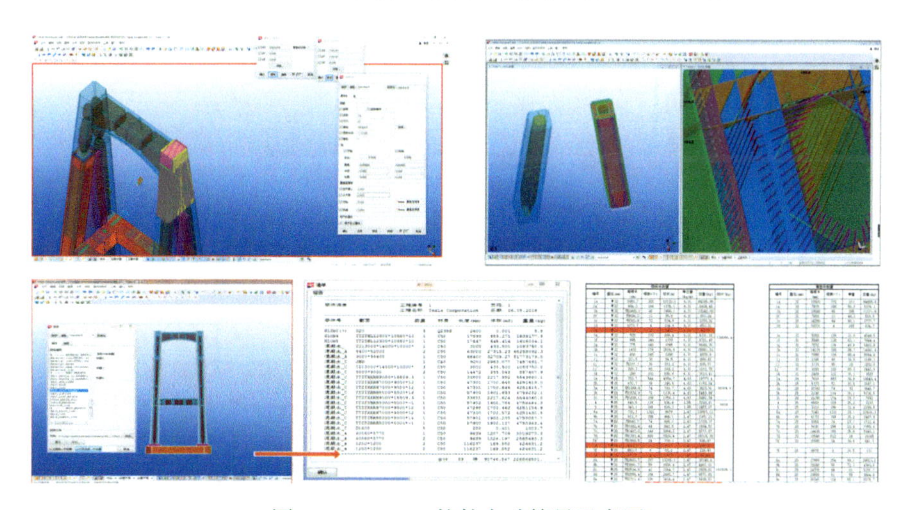

图 6.2-34　BIM 软件自动算量示意图

⑦虚拟漫游，可视交底。根据工程实际情况，在设计阶段利用 BIM 软件模

拟建筑物的三维空间，通过漫游、动画的形式，及时发现不易察觉的设计缺陷或问题，减少由于事先规划不周全而造成的损失，有利于设计与管理人员对设计方案进行辅助设计与方案评审。

（2）施工阶段 BIM 技术应用。

①临时场地布设。

利用 BIM 模型，进行临时驻地建设规划，合理布置临时建设场地功能，实现临时驻地的“三集中”控制（图 6.2-35～图 6.2-37）；利用 BIM 技术进行精细化的施工方案模拟，提升施工方案编制质量；利用 BIM 技术，推动钢结构制造的产业升级。

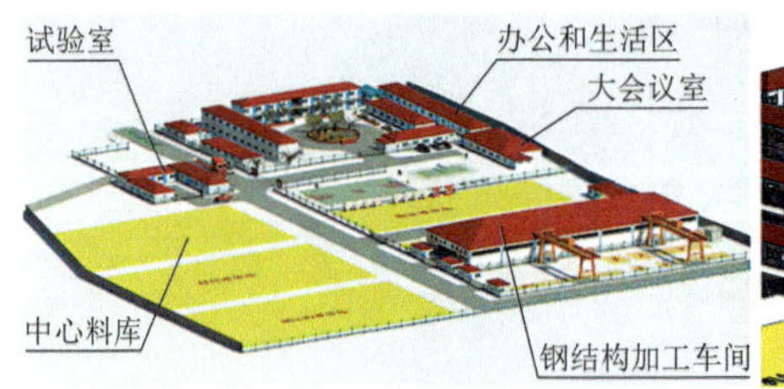

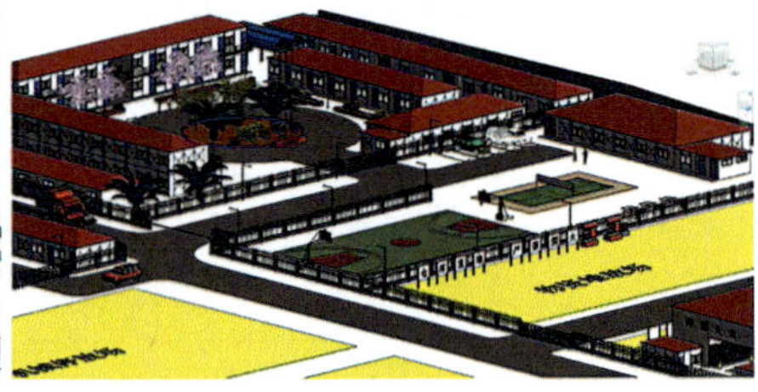

图 6.2-35　土建一标临时驻地 BIM 模型

图 6.2-36　土建二标临时驻地 BIM 模型

图 6.2-37　土建三标临时驻地 BIM 模型

②施工方案模拟。中塔钢壳沉井施工工序之间转换复杂，通过 BIM 技术模

拟，可大幅提升现场作业人员对于方案的理解（图 6.2-38）。

图 6.2-38　沉井接高 BIM 模拟与现场施工照片

南锚沉井专项施工方案模拟。南锚沉井系国内首座超大型深厚软土陆上沉井基础，施工工艺复杂（图 6.2-39）。

图 6.2-39　南锚沉井施工吸泥平台布设方案研究

北引桥钢筋混凝土组合梁专项施工方案模拟。通过倾斜摄影技术，生成具体真实模拟地形，再结合可视化的 BIM 模型，直观展示建筑物在真实现场地形中的位置和相对空间关系，大幅提升了方案编制的质量（图 6.2-40）。

③钢结构产业升级。

自动下料切割。由 BIM 模型导出加工制造零部件，同时进行智能编码，通过余料添加系统，生成数字化自动切割程序，对原材料钢板进行智能切割（图 6.2-41）。

图 6.2-40　倾斜摄影地模 + BIM 模型展示图

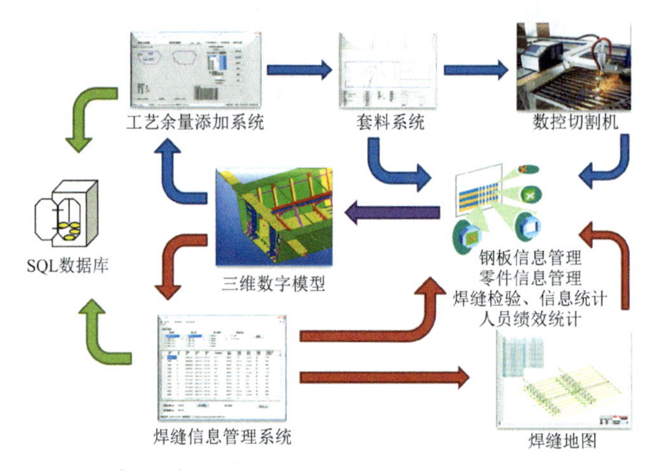

图 6.2-41　BIM 模型自动出料系统

虚拟预拼装技术。采用三维激光扫描，形成点云模型，通过建模软件进行节段之间的虚拟预拼装，有效提升现场匹配精度（图 6.2-42）。

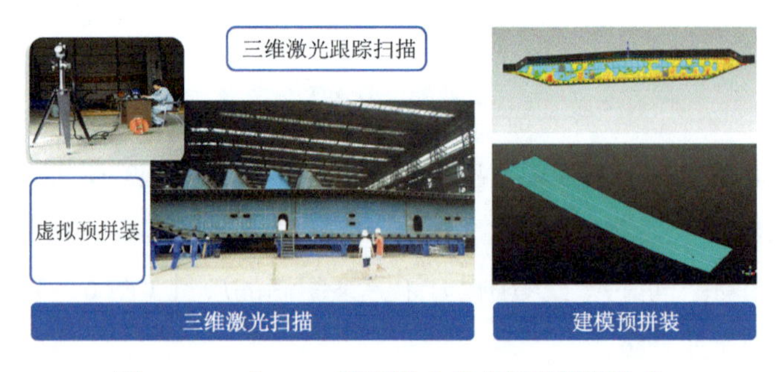

图 6.2-42　与 BIM 模型结合的虚拟预拼装技术

（3）养护阶段 BIM 技术应用。

利用“BIM + 互联网”技术打造信息化协同管理平台，有效提高协同工作效率、质量安全管理水平，提高项目管理现代化程度和工程数据科学利用水平。

①化简为繁，打造多方协同平台。打造建桥多方共用的信息化管理平台，将“迷宫式”的复杂流程、审批手续转移至云服务器端，提高工作效率，实现数据的自动流转、分析、归档、展示（图 6.2-43）。

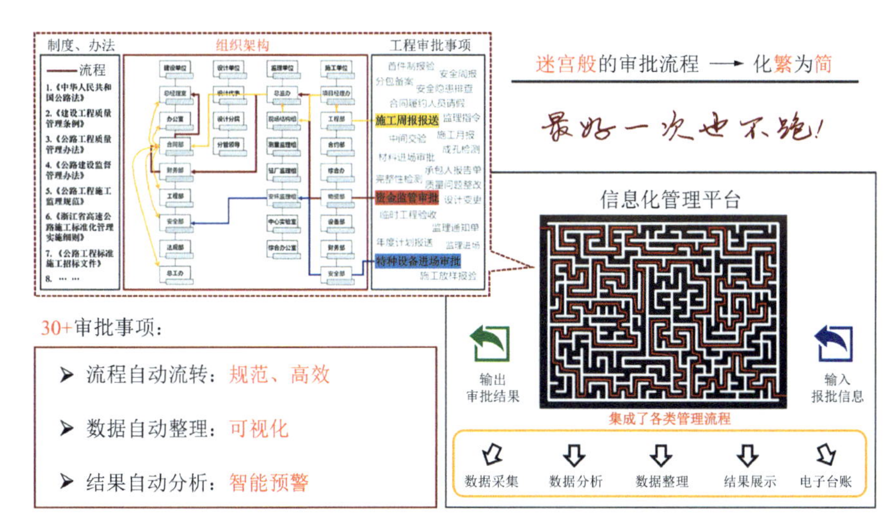

图 6.2-43　建桥多方的信息化管理平台

②信息仪表盘模式，高效分项汇总信息。通过后台的数据自动筛选、分析，形成综合性图表，直观、高效展示数据结果信息（图 6.2-44）。

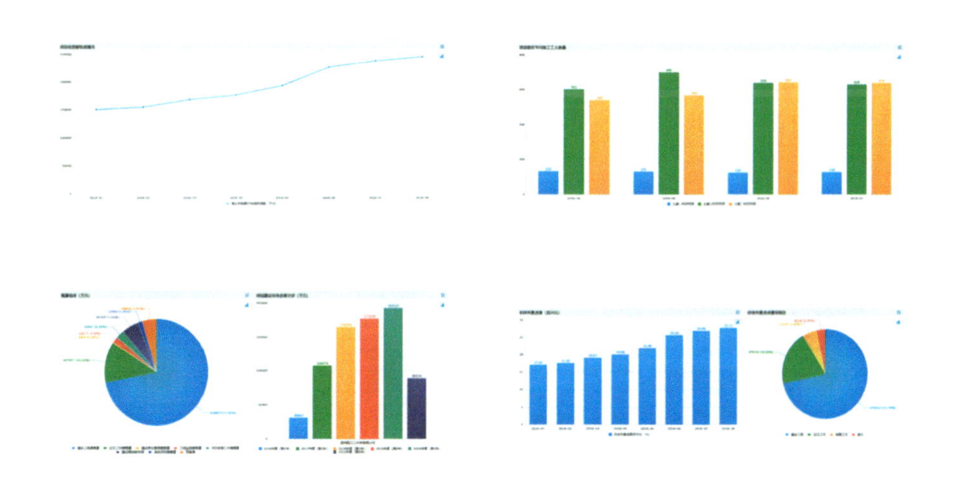

图 6.2-44　建桥多方的信息化管理平台示意图

2）QHSE 管理体系

基于 QHSE（质量、健康、安全、环保）管理体系的整体性、层次性、持久性和适用性基本特性，构建整合型 QHSE 管理体系，结合“绿色公路”要求，建立标准化施工长效机制，实现工地标准化、工艺标准化和管理标准化，让“标准成为习惯，习惯符合标准，结果达到标准”，打造绿色工程，推动示范引领。

（1）QHSE 管理体系手册。

QHSE 管理体系手册是对 QHSE 管理体系进行的全方位阐述，是 QHSE 管理体系的指导性文件，是对 QHSE 管理体系正常运转和不断更新的保障。QHSE 管理体系手册的内容构成见表 6.2-3。

QHSE 管理体系手册内容构成　　表 6.2-3

序号	类别	内容
1	战略目标	（1）打造桥梁建设领域的 QHSE 管理体系的示范工程； （2）创建工程建设领域的 QHSE 管理体系规范； （3）引领工程建设领域管理体系高效化、规范化和制度化
2	管理目标	（1）QHSE 管理体系以质量为核心，严把工程质量关，提升工程质量，实现品质建桥； （2）QHSE 管理系以健康为保障，以人为本，注重施工人员健康，保障大桥建设的顺利进行，实现健康建桥； （3）QHSE 管理体系以安全为底线，将安全作为工作重点，落实安全工作，力争大桥建设过程中零事故，实现安全建桥； （4）QHSE 管理体系以环保为基础，将环境保护贯穿工程始终，杜绝污染事故，实现环保建桥
3	管理方针	系统思考，综合发力；部门协同，简约高效；决策有序，流程规范；点线结合，统筹管控
4	管理理念	质量核心，品质建桥；保证健康，以人为本；安全底线，预防为主；节能环保，绿色发展
5	管理体系思路	领导与承诺是 QHSE 管理体系建立实施的前提，策划与保障是 QHSE 管理体系建立实施的基础，运行与管控是 QHSE 管理体系建立实施的关键，监测与纠偏是 QHSE 管理体系有效运行的手段，评估与优化是 QHSE 管理体系持续改进的载体
6	管理体系模式	各模块关系；各模块耦合关系；管理事件分类；统筹管理模式
7	管理体系要素	领导与承诺、策划与保障、运行与管控、监测与纠偏、评估与优化

（2）QHSE 管理体系规程。

温州瓯江口大桥有限公司 QHSE 管理体系规程是 QHSE 管理体系的程序文件，将管理工作所涉及的 94 个事件（职责）按照排列组合的方式划分为 15 类，并分别编制出各事件的流程图。QHSE 管理体系规程的内容构成见表 6.2-4。

QHSE 管理体系规程内容构成　　表 6.2-4

序号	类别	内容
1	编制目的	（1）建立 QHSE 管理体系，根据法律法规和应遵守的其他要求，消除或尽可能降低工程建设中所面临的风险； （2）实施、保持和持续改进 QHSE 管理体系； （3）确保自身符合其所阐明的 QHSE 方针； （4）做出自我评价和自我声明； （5）承包人在对符合规范要求方面的一致性； （6）对其 QHSE 管理体系的确认； （7）全面提升温州瓯江口大桥有限公司和参建单位全体员工的 QHSE 意识，营造良好职业健康、安全与环境保护企业文化，以确保实现各项要求
2	编制依据	（1）管理部门的规模； （2）工程实施的复杂程度和程序； （3）针对性的法规或标准规范； （4）企业现有的制度措施规程等
3	适用范围	（1）适用于温州瓯江口大桥有限公司管理层，各职能部门工作人员； （2）适用于温州瓯江口大桥有限公司日常管理工作中质量、健康、安全和环保四方面职责的履行； （3）适用于瓯江北口大桥设计、招投标、施工，竣工验收的建设全过程
4	事件分类	按照排列组合的规则，将 QHSE 管理体系中涉及的 94 个事件划分为 15 类
5	事件（职责）处置流程	分析各事件处置流程，绘制流程图，根据 15 个事件类别分类进行整合。每个事件流程图明确了事件处置的环节和部门责任

（3）QHSE 管理办法汇编。

参考各部门和相关项目管理办法，遵循 QHSE 管理体系要求和 PDCA（计划、执行、检查、处理）运转模式，依据相关法律法规编制 94 个事件所涉及的管理办法。并按照编码规则进行整理，使其与各事件、分类、部门、参建单位等信息相对应，确保有章可循，按章办事，依章追责，循章奖罚。QHSE 管理办法汇编的内容构成见表 6.2-5。

QHSE 管理办法汇编内容构成　　表 6.2-5

序号	类别	内容
1	编制模板	统一的封面，统一的编写记录表
2	主要内容	适用范围；参考文件；术语与定语；涉及部门职责；管理内容；运行流程；附件
3	编码规则	一级编码；二级编码；三级编码；四级编码；五级编码
4	办法汇编	办公室 3 个；总工办 16 个；工程管理部 17 个；安全管理部 37 个；计划合同部 14 个

6.2.5.3 建设成效

温州瓯江北口大桥项目为首个采用“BIM + 互联网”技术进行全寿命周期信息化管理的桥梁工程，根据双桥共线设计和钢结构桥梁建造特征，依托 BIM 技术与 QHSE 管理体系创新，实现了三维可视化设计、工程自动算量、施工精细化模拟与全过程深度智慧化信息协同管理，着力提高了工程建设在资源集约、生态保护和周期成本控制方面的水平，提升了工程建设品质，减少了工程资源能源消耗，控制工程生态环境影响。

（1）BIM 应用于设计阶段。辅助设计人员进行复杂空间设计，明确构筑物之间的联系，对设计成果提前进行虚拟交付，通过 VR 等技术提前感知使用感受，从而提升整体设计质量；结合三维可视化设计成果，利用 BIM 软件强大的碰撞检查功能，提前发现设计中的碰撞隐患，及早研究解决方案，避免了后期返工的不必要浪费；利用 BIM 模型的信息属性，进行工程量的自动统计计算，可辅助工程量和工程造价的统计计算。在软件中自由根据设计路线进行漫游，检查功能设计、不满足功能需求的问题，并记录。

（2）BIM 应用于施工阶段。利用 BIM 模型，进行临时驻地建设规划，合理布置临建场地功能，实现了临时驻地的“三集中”控制；利用 BIM 技术进行精细化的施工方案模拟，提升了施工方案编制质量；利用 BIM 技术，推动了钢结构制造的产业升级。

（3）QHSE 管理体系建立，实现了更加规范、更加科学的施工管理体系，实现了对工程团队、工程质量的全方位监督管理，实现了对工程人员、工程设备和工程运输等各个环节的垂向管理，高效推进了工程进度，最大限度地利用资源、节约能源、减少污染和保护环境，实现工程效益和环境效益的统一。

6.3 经验与启示

经过课题研究和实践探索，在新时期绿色公路建设中局部绿色不是真正绿色，将绿色理念与技术全面贯穿公路项目设计、建设、治理全过程已成为行业共识。具体而言，前期设计要想好，要向设计要绿色，这是最基本、最直接的绿色；施工过程要管好，要向施工要绿色，这是最重要、最有效的绿色；后期末端要治好，这是最基础、最有效的保障。

6.3.1 前期设计要想好

（1）理念指导绿色。

理念的先进才是最大的绿色，要在绿色公路建设中践行和发扬绿色公路建设理念，不断推动公路建设发展的转型升级。要求树立“保护自然环境”理念，强调“最大限度地保护、最低程度地破坏、最强力度地恢复”；坚持“以人为本、预防、容错、纠错”的宽容设计理念，系统提高公路行车安全；坚持“集约节约利用资源”，提高资源能源利用效率；坚持“精心创作设计”，变设计工作为设计创作，把设计产品变为设计作品；坚持“灵活选用技术指标”，最大限度维护公路与沿线自然、人文环境的协调；树立“全生命周期成本最小”理念，统筹公路规划、设计、施工、运营、管理、服务全过程和资源、能源、生态、环境各方面；坚持“传承历史文化”，宣传公路发展历程、弘扬公路文化精神、体现历史文化特征；坚持“景观绿化适度”，追求景观绿化与周围环境的协调。

（2）设计规划绿色。

规划和设计往往是交通工程项目最先开始的阶段，只有在前期规划设计阶段，注重绿色理念的贯彻，做好顶层部署和专项设计，从源头上指导工程建设选择合适的工程形式、技术方案、工艺材料等内容，才能在后期切实地实现绿色建造。

在立项论证和可行性研究阶段，应坚持“以人为本、安全至上、自然和谐、生态环保、因地制宜、节约资源、技术合理、服务提升”的总目标，系统把握各专业之间的关系，科学论证技术标准，合理确定建设方案及规模。

在勘察设计阶段，加强工程建设落实绿色理念的可操作性，开展详细设计，应遵循安全优先、生态环保的原则，就规划阶段提出的总体方案，进一步深化和细化，主要包括绿色服务区设计、桥梁全寿命周期设计、隧道节能减排设计、生态修复设计等。

（3）源头选择绿色。

通过设计阶段选择最合适的工程类型，最自然环保的建设材料，从源头控制建设绿色工程。从全寿命周期和对环境影响最小的角度选择合适的工程类型，如跨越湿地时，应对桥梁、涵洞、透水路基等不同构筑物对湿地影响的缓解效果进行比选评价，选择影响较小且切实可行的构筑物形式。从生态环保的角度选择最自然环保的建设材料，如生态边坡材料尽量选用可降解、对环境无污染的材料，同时护坡材料尽量就地取材，降低成本。

6.3.2 施工过程要管好

（1）推广使用先进工艺和设备。

选择合适高效的设备和工艺，积极推广使用节能、节地、节水、节材的施工工艺，实现资源高效利用，减少施工场地噪声和废水、固体废物、尾气排放。积极应用新技术、新设备，降低人员、材料、机械消耗等，节省成本，提高施工质量和效率。

（2）推进公路建设领域人才培养，倡导“工匠精神”。

人力资源是实施公路建设转型升级的最核心因素，不论是新理念、新技术、新材料、新装备、新工艺，都离不开管理人员、技术人员和技术工人。需要打造一批具有新时代使命感、拥有较高知识水平、富有实践经验的高水平人才，并在施工单位稳定一批具有高超技能的“新时代工匠”。

（3）严格施工过程监管。

加大事中事后监管力度，通过完善监管制度、提高监督检查频率、创新监管手段等措施落实监管责任，提高监管效率。在招标文件和合同条款中落实相关环保要求，制定特殊环境敏感点专项环保施工方案。各参建单位应组织落实责任单位及责任人，在施工过程中履行监管、监察和实施的职责，由建设单位在建设全过程组织监督检查。各参建单位均应严格执行绿色公路实施方案，落实绿色施工措施。过程控制应按照验收评审的相关内容进行过程管控、检查。

（4）落实施工单位的主体责任。

公路工程线长面广，隐蔽工程多，建设周期长，管理、监督难度大，完全依靠监理、行业主管部门监管来提高建设品质是不现实的。“好工程是干出来的”，因此，要从根本上提高工程建设品质、降低管理成本，就必须发挥施工单位的积极性，落实施工单位质量安全的主体责任。当前，亟须建立工程质量追溯制度，落实工程质量终身责任制，使施工单位对质量的管理从一种被动行为变成一种自觉行为和内在要求。

6.3.3 后期末端治理好

（1）人工干预减少影响。

公路作为一种人工构筑物，所经之处必然要开山架桥，虽然在前期规划阶段强调要贯彻绿色理念，但在公路工程建设过程中依然不可避免地会对环境产生一定的破坏，需要后期实施必要的人工干预，减少工程线路对环境造成的“伤疤”效应。可以通过采取生态修复、污染控制、景观营造等人工手段来解决建设后遗症。

（2）绿色运营管理方式。

将公路运营和维护一并纳入公路工程建设中进行考虑，突出全寿命周期管理，强调系统性，强化公路结构设计与养护工程的统一。鼓励代建制、设计施工总承包等管理模式的创新与应用，营造绿色公路市场发展环境。

充分发挥相关专业机构的优势，基于路网层面，推广公路环保设施建设等第三方运维管理，推行养护及环境管理的市场服务机制。

积极推广合同能源管理，稳步推进公路建设与运营能耗在线监测管理。

第7章

CHAPTER 7

综合效益分析

绿色公路技术政策研究与实践产生了一系列社会、经济和环境正效益，促进交通运输行业实现高质量、可持续发展。

7.1 社会效益

当前，我国社会主要矛盾已经转化为人民日益增长的美好生活需要和不平衡不充分的发展之间的矛盾。绿色公路相关研究，通过全过程、全要素和全方位的举措，补齐公路建设在绿色发展方面不平衡不充分的短板，提供更好的生态产品、服务能力，降低资源消耗和污染及碳排放，保护生态环境，减缓气候变化，为人民美好生活保驾护航。同时，本研究以公路建设为载体，践行并支撑了生态文明建设、交通强国建设、高质量发展等重大国家战略，具有突出的政治意义和现实价值。

7.2 经济效益

绿色公路技术政策研究与实践具有三方面显著的经济效益。

（1）资源节约与循环利用。本研究着重通过选线优化、工程设计和隧道洞渣机制砂等技术实现土石方平衡，通过废旧材料和路面再生实现循环利用，通过污水处理和中水回用实现水资源节约，通过推进钢结构桥梁、建养一体化设计和预防性养护实现全寿命周期成本最优。

（2）能源节约与碳减排。本研究通过推动施工机械油改电、温拌沥青、绿色建筑、LED 照明等各种措施，全过程节约能源消耗，降低建设和运营成本。

（3）交通旅游融合形成新的经济增长点。绿色公路建设为交通旅游融合发展创造了必要条件，为交通运输行业提供了一个参与并共享地方发展成果的窗口。本研究通过生态保护修复、服务区功能提升、路域景观打造、慢行系统规划等系列研究，提升公路流量和服务水平，促进公路生态价值向经济价值的转化。

7.3 环境效益

绿色公路技术政策研究与实践具有三方面突出环境效益。

（1）促进生态保护与修复，系统研究总结了低路基缓边坡、创面植被修复、动物通道、湿地连通、取弃土场修复等技术，推动建设公路绿色廊道，减少生态阻隔，与生态保护红线和自然保护地相协调、与生态承载力相适应，保护生态系统完整性和重要物种生境。

（2）推动打赢污染防治攻坚战，通过施工扬尘治理、温拌沥青、弃土场修复、桥面径流收集处理、低噪声路面，以及机械、生态型声屏障等技术研究，推动路域和区域环境质量改善。

（3）节能降碳，采取多种方式的能源节约举措，同时探索利用公路路域进行太阳能光伏发电、风光互补、地热能等技术应用，通过植被绿化推进碳汇建设，全面降低碳排放，减缓温室效应，为交通运输行业助力履行国家碳减排承诺提供有效支撑。

参考文献

[1] AASHTO. Roadside Design Guide[R]. US: AASHTO, 2011.

[2] ABBS T J. A Model Study of the Hydraulics Related to Fish Passage Through Backwatered Culverts[A]. The 18th CSCE Canadian Hydrotechnical Conference[C]. Manitoba: Winnipeg, 2007.

[3] AKBAR K F, HALE W H G, HEADLEY A D. Assessment of scenic beauty of the roadside vegetation in northern England[J]. Landscape and Urban Planning, 2003, 63: 139-144.

[4] ALLEN T M, NOWAK A S, BATHRURST R J. Calibration to determine load and resistance factors for geotechnical and structural design[C]. Washington, DC: Transportation Research Board Circular E-C079, , 1993.

[5] BARBER M E, DOWNS R C. Investigation of Culvert Hydraulics Related to Juvenile Fish Passage(Technical Report WA-RD 388. 1)[M]. Olympia, Washington: Washington State Department of Transportation, 1996.

[6] BATES K. Design of Road Culverts for Fish Passage[M]. Olympia, Washington: Washington Department of Fisheries and Wildlife, 2003.

[7] BATES K, BARNARD B, HEINER B, et al. Fish Passage Design at Road Culverts: A Design Manual for Fish Passage at Road Crossings[R]. Olympia, Washington: Washington Department of Fish and Wildlife, 1999.

[8] CLEVENGER A P, HUIJSER M P. Wildlife crossing structure handbook Design and Evaluation in North America[R]. Washington DC: Federal Highway Administration, 2011.

[9] COATA R M, SANCHEZ L E. Environmental performance evaluation in highway rehabilitation works[J]. Rem-Revista De Minas. 2010, 63(2): 247-254.

[10] EAD S A, AJARATNAM N, KATOPODIS C. Turbulent Open-Channel Flow in Circular Corrugated Culverts[J]. Journal of Hydraulic Engineering, 2000, 126(10): 750-757.

[11] EAD S A, RAJARATNAM N, KATOPODIS C. Generalized Study of Hydraulics of Culvert Fishways[J]. Journal of Hydraulic Engineering, 2002, 128(11): 1018-1022.

[12] ENDERS E C, BOISCLAIR D, ROY A G. A Model of Total Swimming Costs in

Turbulent Flow for Juvenile Atlantic Salmon(Salmo salar)[J]. Canadian Journal of Fisheries and Aquatic Sciences, 2005, 62(5): 1079-1089.

[13] ENDERS E C, BOISCLAIR D, ROY A G. The Effect of Turbulence on the Cost of Swimming for Juvenile Atlantic Salmon(Salmo salar)[J]. Canadian Journal of Fisheries and Aquatic Sciences, 2003, 60(9): 1149-1160.

[14] FEURICH R, BOUB E J, OLSENN R B. Improvement of Fish Passage in Culverts Using CFD[J]. Ecological Engineering, 2012, 47: 1-8.

[15] FORMAN R T T, SPERLING D, BISSONETTE J A, et al. Road Ecology: Science and Solutions[M]. Washington DC: Island Press, 2003.

[16] GARNER M E, KELLS J A, KATOPODIS C A. Model Study of the Hydraulics Related to Fish Passage Through Embedded Culverts[C]. Proceedings of the Joint Conference of IAHR, ASCE and CSCE. Vancouver, 2009.

[17] GOODWIN R A, NESTLER J M, ANDERSON J J, et al. Forecasting 3-D fish movement behavior using a Eulerian-Lagrangian-agent method(ELAM)[J]. Ecological Modelling, 2006, 192(1-2): 197-223.

[18] YEBOAH G A. Erosion risk assessment of controlled burning of grasses established on steep slopes[J]. Journal of Hydrology, 2006, 317(3-4): 276-290.

[19] HURRISON C R. Climatic factors controlling roadside design and development[R]. Highway Research Board Roadside Development Committee Reports, 1949: 9-19.

[20] KAPITZKE R. Fish Passage Planning and Design(VER2.0)[R]. Townsville: School of Engineering and Physical Sciences of James Cook University, 2010.

[21] KRISNASWAMY R K, MADHAVI L G. Model studies on geocell supported embankments constructed over soft foundations[J]. ASTM Geotechnical Testing Journal. 2000, 23: 45-54.

[22] LIU J G, OUYANG Z Y, PIMM S L, et al. Protecting China's biodiversity[J]. Science, 2003, 300: 1240-1241.

[23] Ministry of transportation and highways of province of British Columbia. Manual of Aesthetic Design Practice[R]. Victoria: MTHPBC, 1991.

[24] MORRISON R R, HOTCHKISS R H, STONE M. Turbulence Characteristics of Flow in a Spiral Corrugated Culvert Fitted with Baffles and Implications for Fish Passage[J]. Ecological Engineering, 2009, 35: 381-392.

[25] RAJARATNAM N, KATOPODIS C, LODEWYK S. Hydraulics of Offset Baffle

Culvert Fishways[J]. Canadian Journal of Civil Engineering, 1988, 15(6): 1043-1051.

[26] RICHMOND M C, DENG Z Q, GUENSCH G R. Mean Flow and Turbulence Characteristics of a Full-scale Spiral Corrugated Culvert with Implications for Fish Passage[J]. Ecological Engineering, 2007, 30(4): 333-340.

[27] SCRUTON D A, MCKINLEY R S, KOUWEN N, et al. Use of telemetry and hydraulic modeling to evaluate and improve fish guidance efficiency at a louver and bypass system for downstream-migrating Atlantic salmon(Salmo salar)smolts and kelts[J]. Hydrobiologia, 2002, 483(1-3): 83-94.

[28] SITHARAM T G, SIREESH S, DASH S K. Model studies of a circular footing supported on geocell-reinforced clay[J]. Canadian Geotechnical Joumal, 2005, 42(2): 693-703.

[29] SMITH D L, BRANNON E L, ODEH M. Response of Juvenile Rainbow Trout to Turbulence Produced by Prismatoidal Shapes[J]. Transactions of the American Fisheries Society, 2005, 134: 741-753.

[30] SMITH D L, BRANNON E L, SHAFII B. Use of the Average and Fluctuating Velocity Components for Estimation of Volitional Rainbow Trout Density[J]. Transactions of the American Fisheries Society, 2006, 135(2): 431-441.

[31] The Highways Agency. Design Manual for Roads and Bridges[R]. London: The Highways Agency, 2001.

[32] YAN B, KELLS J A, SPARLING B F. Turbulence Characteristics of the Flow in a Corrugated Steel Pipe Culvert in the Context of Fish Passage[C].//the 20th Canadian Hydrotechnical Conference. Ottawa, Canada, 2011.

[33] YANG H P, LIN L P, et al. Soil erosion caused by highway construction in expansive soils districts and its prevention measures[J]. Geotechnical Engineering for Disaster. 2007: 696-702.

[34] 陈海鹏, 梁洪国, 王云. 中巴喀喇昆仑公路改扩建工程设计与施工中的植物保护技术研究[J]. 交通标准化, 2013, 16: 8-11.

[35] 陈红, 梁立杰, 杨彩霞. 可持续发展的公路建设生态观[J]. 长安大学学报: 自然科学, 2004, 24(1): 69-71.

[36] 陈济丁. 绿色公路建设理论与实践[M]. 北京: 人民交通出版社股份有限公司, 2017.

[37] 陈胜营, 关昌余, 石良清, 等. 绿色公路建设技术指南[M]. 北京: 人民交通出版社股份有限公司, 2019.

[38] 程逸楠, 刘杰. "绿色"改扩建[J]. 行业·建设, 2018. 16. 016: 60-62.

[39] 单社. 浅谈G345线玛曲至青海久治公路建设项目生态环境保护设计理念与技术措施[J]. 甘肃科技, 2017, (15): 88-91.

[40] 邓学钧. 路基路面工程[M]. 3 版. 北京: 人民交通出版社, 2008.

[41] 杜蕴慧, 张乾, 赵海珍. 交通工程野生动物通道建设现状、存在问题及对策建议[J]. 公路交通科技(应用技术版), 2013, 9(11): 424-425.

[42] 冯立光, 张金伟, 江玉林, 等. 基于动态特性的公路景观设计方法研究[J]. 中外公路, 2006(6): 235-239.

[43] 冯忠居, 门小雄, 贾泽祥. 高速公路排水边沟水土流失防治[J]. 中国水土保持, 2006, 2: 42-44.

[44] 高恩玲. 辽宁东部山区排水边沟技术研究[D]. 大连: 大连理工大学, 2009.

[45] 高均昭, 王增琪. 高速公路生态修复研究动态[J]. 路基工程, 2011(5): 1-3.

[46] 关昌余, 丽萌. 新理念公路设计指南[M]. 北京: 人民交通出版社, 2005.

[47] 郝建国. 建设绿色公路生态工程势在必行[J]. 基础设施建设, 2000, 5: 70-72.

[48] 何杰坤, 郜二虎. 中国陆生野生动物生态地理区划研究[M]. 北京: 科学出版社, 2018.

[49] 胡圣能. 高速公路景观规划与设计技术研究[D]. 西安: 长安大学, 2011.

[50] 黄宝涛, 田伟平, 李家春. 热带雨林地区思小高速公路景观与绿化的研究[J]. 中国园林, 2008(2): 4.

[51] 黄颂昌. 沥青路面低碳建造技术及工程示范[R]. 北京: 交通运输部公路科学研究所, 2018.

[52] 黄祥谈. 福建省高速公路新型结构沥青路面的研究[R]. 福州: 福建省高速公路建设总指挥部, 2010.

[53] 简丽, 姚嘉林, 陈学平. 高速公路服务区污水处理回用研究[J]. 公路, 2016, 5: 199-203.

[54] 简丽. 我国公路服务区污水处理现状问题及技术对策[J]. 公路交通科技(应用技术版), 2018, 8: 319-322.

[55] 江玉林. 公路路域生态恢复技术研究与实践[M]. 北京: 中国农业出版社, 2004.

[56] 交通部第二公路勘察设计院. 公路设计手册: 路基[M]. 2 版. 北京: 人民交通

出版社, 1997.
[57] 交通部公路司. 新理念公路设计指南[M]. 北京: 人民交通出版社, 2005.
[58] 康智鹏, 康瑞芳. 绿色公路建设的瓶颈分析与发展建议[J]. 交通世界, 2020(11): 12-13.
[59] 李红, 王思麒, 李彬, 等. 城镇密集区生态绿地中近自然植物群落的应用[J]. 北方园艺, 2012, (6): 80-83.
[60] 李家春. 黄土山区高等级公路排水技术研究[D]. 西安: 长安大学, 2000.
[61] 李齐丽, 吴睿, 等. 基于交通旅游融合的雅康高速公路综合开发规划思路探析[J]. 公路交通科技, 2019, 173(5): 317-319.
[62] 李铁军, 张羽. 鹤大高速绿色公路建设施工管理实践[J]. 公路, 2016, 6: 6-10.
[63] 李伟. 高速公路的绿色建设理念探讨[J]. 产业观察, 2019, 5: 2-3.
[64] 李岩. 我国现代公路绿地景观规划设计中色彩学的应用研究[D]. 大连: 大连工业大学, 2009.
[65] 刘海峰. 环境友好型植物生长多孔混凝土的研究与应用[D]. 南京: 东南大学, 2004.
[66] 刘恒贵, 雷静, 高玉雄, 等. 咸宁发展近自然林业对策研究[J]. 湖北林业科技, 2020, 1: 74-76.
[67] 刘杰. 绿色公路的瓶颈分析与管理体系建设[J]. 中国公路, 2018, 518(10): 26-29.
[68] 刘孔杰, 刘龙, 周存秀. 生物多样性在路域植被恢复中的应用[J]. 交通环保, 2002, 23(4): 10-12.
[69] 刘麦坚. 绿色公路建设的内涵及障碍分析——兼以广东省为例[J]. 江西电力职业技术学院学报, 2019, 32(1): 162-164.
[70] 刘盛. 试论城市近自然园林的营建以及当前公众认知[D]. 长沙: 中南林业科技大学, 2017.
[71] 刘学欣, 孙鹏程, 王德民, 等. 季冻区服务区污水处理技术分析研究[J]. 吉林交通科技, 2015, 4: 43-45.
[72] 柳浩. 矿山固体废弃物筑路技术及示范[R]. 北京: 北京市政路桥建材集团有限公司, 2018.
[73] 罗旺华, 孙兴汉. 高等级公路路面排水设计[J]. 中国公路学报, 1994, 2: 20-26.
[74] 宁晓峰. 用近自然林业理论指导森林资源保护工作开展[J]. 黑龙江科技信息, 2016, 17: 269.

[75] 彭清波. 高速公路绿化美化几个问题的探讨[J]. 中外公路, 2002, 3: 63-65.

[76] 秦晓春, 沈毅, 邵社刚, 等. 低碳理念下绿色公路建设关键技术与应用的探讨[J]. 公路交通科技(应用技术版), 2010, 6(10): 308-310.

[77] 秦志斌, 刘朝晖, 李宇峙, 等. 路域生态系统建设原则[J]. 公路交通科技, 2005, 8: 152-154.

[78] 全国干部培训教材编审指导委员会. 推进生态文明建设美丽中国[M]. 北京: 人民交通出版社股份有限公司, 党建读物出版社, 2019.

[79] 任海, 王俊, 陆宏芳. 恢复生态学的理论与研究进展[J]. 生态学报, 2014, 15: 4117-4124.

[80] 石宝林, 欧阳斌, 李忠奎, 等. 我国资源节约型、环境友好型交通发展模式及政策取向[J]. 公路交通科技, 2010, 27(6): 154-158.

[81] 孙莎. 城市生态公园的近自然景观设计研究[D]. 哈尔滨: 东北农业大学, 2016.

[82] 陶玉, 阎青, 黄帅, 等. 公路建设项目存在的生态环境问题及保护措施分析[J]. 低碳世界, 2014, 9: 17-18.

[83] 王国栋. 高速公路排水系统生态性研究[D]. 西安: 长安大学, 2013.

[84] 王海银, 邹志荣. 宝天高速公路生态修复与景观设计研究[J]. 西北林学院学报, 2012, 27(1): 205-209.

[85] 王萌萌, 中巴喀喇昆仑公路沿线景观特征与旅游需求初探[J]. 中外公路, 2013, 4: 6-8.

[86] 王旭东. 广西旧水泥路面加铺耐久性沥青面层关键技术研究[R]. 北京: 交通运输部公路科学研究所, 2012.

[87] 王钰. 生态公路探索与实践[M]. 北京: 人民交通出版社, 2007.

[88] 王云, 关磊, 周红萍, 等. 公路哺乳动物通道设置方法的研究[J]. 公路, 2018, 4: 253-257.

[89] 王云, 简丽, 顾晓锋. 关于赴日本参加 2015 年国际野生动物管理学大会的报告[J]. 交通运输研究, 2015, 1(5): 104-110.

[90] 魏晓华. 干扰生态学: 一门必须重视的学科[J]. 江西农业大学学报, 2010, 5: 1032-1039.

[91] 谢韦韦. 基于视觉特性的高速公路景观要素设计研究[D]. 西安: 长安大学, 2011.

[92] 徐剑. 废旧沥青路面再生利用技术、装备及示范[R]. 北京: 交通运输部公路科

学研究所, 2018.
[93] 杨瑾, 刘志强, 申卫博. 公路建设的生态环境保护对策——以南方绕城公路为例[J]. 生态经济, 2015, 11: 157-160.
[94] 姚占勇, 庞静, 高发亮. 高速公路中央分隔带绿化景观色彩尺度的研究[J]. 公路, 2009, 4: 267-269.
[95] 姚祖康. 公路排水设计手册[M]. 北京: 人民交通出版社, 2002.
[96] 易贵. 基于绿色公路理念的建设关键技术与应用[J]. 环保前沿, 2019, 10: 189-191.
[97] 余敏. 浅析色彩在环境景观中的应用[D]. 北京: 北京林业大学, 2003.
[98] 袁梦. 自然观视角下近自然园林理论研究[D]. 杭州: 浙江理工大学, 2019.
[99] 张国辉, 杨汉忠, 宋桂锋, 等. 高速公路边坡植被恢复措施比较[J]. 福建林业科技, 2018, 184(3): 77-81.
[100] 汤振兴. 高速公路与沿线景观协调性研究[D]. 北京: 北京林业大学, 2008.
[101] 张阳. 公路景观学[M]. 北京: 中国建筑出版社, 2004.
[102] 张长滨, 范欣. 国内外近自然河道生态修复初探[J]. 森林工程, 2013, 29(6): 40-43.
[103] 衷平, 陈济丁, 孔亚平, 等. 人工湿地处理桥面径流的试验研究[J]. 公路, 2007, 3: 165-170.
[104] 周用山. 绿色公路的瓶颈分析与管理体系建设[J]. 管理, 2018, 10: 165-166.